論集 カミとほとけ

——宗教文化とその歴史的基盤——

ザ・グレイトブッダ・シンポジウム論集第三号

東大寺

表紙カバー　杉本健吉 画伯

序

平成十六年十二月十八日・十九日の二日間にわたり、第三回「ザ・グレイト・ブッダ・シンポジウム」を開催いたしました。お蔭でのべ約二三〇名のご参加を得て、盛況の内に終えることができました。東大寺といたしましても、仏教に関わる諸学交流の場として学問の発展に寄与することができ、寺内一同の喜びと致すところであります。

第三回は、国際社会の現代的課題でもある〈異宗教の交流・受容・相剋〉の問題を、私たちの足下から考えてみようということから、「カミとほとけ―宗教文化とその歴史的基盤―」を総合テーマに掲げました。分野は昨年度までの例に倣い、「華厳思想」・「美術史学」・「歴史学」の三部門に分かれ、合計十二名の報告者・コメンテーターから、最新かつ専門的な報告を行っていただきました。また、東大寺国際シンポジウムにおいては、インド・中国・日本における異宗教の受容について、基調報告とパネリストによる報告をいただきました。総合討論では、学問・実践における現代的課題も出され、今後の指針が示されたように思います。さらに、記念講演では、「ボロブドゥール遺蹟」の世界的権威であられるティンブル・ハリョノ先生から、宗教施設としての同寺院の役割を最新の発掘成果をもとにご講演いただきました。東大寺とほぼ同時代に生まれた異国の仏教文化の遺産に触れることができ、東大寺創建の歴史と意義を改めて想起させられました。

本論集は、シンポジウムの報告と討論の成果をより多くの方々に共有していただくため、当日のご報告をもとに書き下ろされた論文をまとめたものです。また討論・質疑につきましては、当日の臨場感を再現できるように努めました。本論集を読了された方々が歴史を振り返り、さらには現代社会に関わる一助となればと願っております。

平成十七年十二月十日

東大寺別当　森本公誠

目次

編集協力者／木村高子　英文要旨作成／原まや

［報　告］

神像成立に関わる一考察
―古代日本の八幡神―

長岡龍作

はじめに

神像への注目度は、近年特に高まりを見せている感がある。神像彫刻の文化財指定が続いていること[1]に加え、神像をテーマにした展覧会やシンポジウム[2]、出版[3]が相次いでいる状況がそれを物語る。また、岡直己『神像彫刻の研究』（角川書店　一九六六年）以来のこの分野の単著である、長坂一郎『神仏習合像の研究』[4]が上梓されたのも記憶に新しい。今年に入ってからも、丸山士郎による神像論[5]が出た。本シンポジウムもそのような流れの一つに位置づけられるだろう。

このような中にあって、本稿でも、神像の成立をめぐる問題にいささかでも近づくことを目指したい。

一　神像成立をめぐる基本的課題

「カミとほとけ」をテーマに据える本シンポジウムに際して、美術史から提起できる話題は、おのずと「像」をめぐる問題となる。神仏の習合という観点からすると、より端的には神像の成立ということだ。そこで、神像を考える上で、基本となる課題について確認しておきたい。

まず、常識的な理解では、神は依り憑くものであるため固有のかたちをもたないと位置づけられている。[6]しかしながら、ある時期から神像は事実出現する。なぜ神は「像」にならなければならなかったのか。一般に、神像の成立には仏像の影響があるというが、そのような説明だけでは、なぜ「像」が生まれたのかという問いに十分に答えているとはいえない。私見では、「仏像を造る」ということは一連の流れを伴う制度である。したがって、神像に仏像の影響があるとした場合、その制度の何を、どの部分を継承したのか、を問うことが第一の課題になる。次に、神祇儀礼が依り代を用いるものだったとすれば、その場に神の「像」は不要だったと考えられる。神像の存在は、その背後に、神をめぐる儀礼の変容または成立という問題が横たわっている。神像をめぐる儀礼、これが第二の課題である。最後に、神像には、仏像における儀軌のような依るべき規範がない。では、神像のかたちとはどのように生まれたのか。この点が、神像を考える上での第三の課題となろう。

まず、第一の課題から考えてみたい。「仏像を造る」ということは一連の流れを伴う制度であるといったが、それをより具体的に示せば、次のような内容となる[7]。

①造像の発願、②造像主体の形成（造像のための組織の結成）、③造像者（仏師）への依頼、④造像から奉渡、⑤像をめぐる儀礼の勤修

つまり、神像の造立を仏像の影響下にあるものとして理解した場合、そこには以下のような要件を想定する必要が生まれる。

・仏像と同質な造像の動機
・仏像と同質な造像主体者／受容者
・仏像に対するのと同質な儀礼
・仏像と同質な像の機能

このうち儀礼に関しては、すでに中井真孝によって的確にも指摘されているように[8]、国家仏教期の神仏習合の意義が神祇祭祀を発展させた点にあることと深い関わりあると考えられる。したがって、神への儀礼が仏教に倣うものとして展開した、そのことが神像成立の重要な要件であることが浮上するといえるだろう。

さて、本稿では、神像の中でも特に八幡神に話題を絞りたい。八幡神には、神像成立初期の遺例が多く、また、この神をめぐるコンテクストが明瞭なため、かたちと意味の問題を考えやすいというのがその理由である。そのような点から、神像一般を考える上でのひとつのモデルとなることも期待できる。

二　八幡神のかたちの二系統

周知のように、八幡神像には大きく二つの系統がある。そのひとつは、老相の僧形が、単独像としてあらわされるものだ。神護寺に伝わる八幡神画像がその代表的事例である（図1）。この画像については、すでに詳細な研究が重ねられ、とりわけその転写過程については克明に跡づけられている[9]。これらの研究に従えば、現在の神護寺の画像は、神護寺に当初存在したオリジナル画像の忠実な写しである可能性が高く、鎌倉期の写本とみられる本画像を通して、当初のかたちは復元的に考えることができる。

一方、他の系統として、若年相の僧形に女神が一体、もしくは二体伴う事例がある。この系統の現存する最古例は、東寺の八幡三神像（図2）であり、他に薬師寺八幡三神像（図3）もよく知られている。また、近年発見され指定を受けた、広島御調八幡宮に伝わる神像のうちの一組（図4）は、僧形像と女神像が一対の像として伝わる古例だ。御調八幡宮には、他に女神を二体伴う三神形式の八幡神も伝わっている。さらに、宇佐八幡宮に近い国東半島にある奈多宮の三神は、平安時代後期の作例とみられ、九州に伝わる八幡神の代表的な事例である。

では、同じ八幡神にこのようなふたつの系統が生まれるのはなぜ

図４　女神像　御調八幡宮

図４　僧形八幡神像　御調八幡宮

図１　八幡神像　神護寺

図２　女神像２　東寺

図２　僧形八幡神像　東寺

図２　女神像１　東寺

図３　仲津姫命像　薬師寺

図３　僧形八幡神像　薬師寺

図３　神功皇后像　薬師寺

なのだろうか。

この点について、かたちを基礎にして発想する美術史の立場からは、少なくとも次のようにいうことができる。かたちの差は像の意味や機能の差を想定させ、それはつまり八幡神をめぐるコンテクストの差、振幅を想定させる。八幡神という神格は、かたちを前提にすると一元的には捉えられない。

以下、このふたつのかたちが拠っている場とその意味について考えてみたい。

三　八幡神の神格とそのイメージ

周知のとおり、八幡神は、『続日本紀』天平九年（七三七）四月乙巳条の「使いを伊勢神宮、大神社、筑紫住吉、八幡二社、及び香椎宮に遣わして、幣を奉り、以って新羅の無礼之状を告げしむ」において、突如として史書に現れる。近年、ここに併記される大神社、筑紫住吉、香椎宮の諸社がいずれも神功皇后伝説に関わる神であることから、この段階から八幡は、神功皇后の子たる応神天皇であり、新羅を帰属させる神としての意味があるという説が示された[10]。首肯すべき見解だろう。つまり、八幡神は当初から明確な輪郭を備えた神として出現したと考えられる。このことを前提とすると、八幡神の入京を伝える著名な、『続日本紀』天平勝宝元年（七四九）十二月丁亥条において、大神に一品、比咩神に二品という破格の高位が与えられていることも無理なく理解できる。つまり、天皇神としての八幡神と、皇后神としての比咩神という位置づけである。

さて、宇佐八幡に「大帯姫」（神功皇后）が合祀され三神形式となるのは、承和十一年（八四四）の『宇佐八幡宮弥勒寺建立縁起』[11]によって、弘仁十四年（八二三）のことと知られる。それ以前は、神功皇后を祀る香椎宮が、一貫して対新羅の効験をあらわす神として見なされている[12]。また、香椎宮は八幡神と同時に史料上にあらわれるのだ。ここから、神功皇后伝説の重要性と、それを前提として、特に北部九州に所在する八幡・香椎・筑紫住吉の各社が連関したものとして大和から信仰されている経緯を見てとることができる。

上述した経緯から考えると、八幡神はまず応神天皇として出現したと考えられる。そして、現存する八幡神のかたちから考えて、八幡神の多くが「僧形」をとるという状況が生まれている。では、応神天皇が僧形となったのはなぜだろうか。

この点は、そもそも神像の成立が仏教との習合を条件とするとした当初の前提から考えなければならない。つまり、八幡神の「像」が求められた状況がすべて仏教の制度内にあったと考えれば、そのかたちは仏教内部に求められたと想定されるからである。つまり、八幡神は僧形でなければならなかった。

ここで想起されるのが、八幡が「大菩薩」と称された周知の事実である。その初例は、延暦十七年（七九八）の太政官符[13]であるとされている。この「菩薩」という呼称の意味する内容が「菩薩僧」であることを津田徹英は指摘しているが[14]、妥当な見解だろう。出家し菩薩行に励んだ者としてこの呼称を捉えれば、八幡神は仏教制度内に正しく位置づけられ、それが「僧形」となった最も確かな理由となる。しかしながら、この「菩薩」の呼称が造形された八幡神のイメージを特定するものでないことは、津田氏が「賤形の沙彌」と通じるとした「菩薩僧」のイメージからははずれる、若々しくふくよかな僧形像が八幡神像に含まれていることからも明らかである。

ところで、このことは、八幡神が「僧形」であることを語る一方の条件でしかないともいえる。つまり、神である応神「天皇」が「僧形」であることを保証する条件が必要となる。この点について重要な提言をしているのが東野治之だ[15]。氏は天皇を現人神として位置づけた上で、その神である聖武天皇が出家したことの重大な画期性について注意を喚起している。応神天皇が「僧形」となるためには、神である天皇が法体となるということが許容されなければならない。聖武天皇の出家は「僧形」八幡神成立のための不可欠な条件ということができるだろう。

そして、『宇佐八幡宮弥勒寺建立縁起』が引く弘仁六年(八一五)の大神清麻呂の解状には「大菩薩これ品太天皇の御霊なり」とあって、大菩薩の呼称が応神天皇という神格と矛盾するものではなかったこともわかる。やはりこの呼称は、八幡神が仏教の内部におり菩薩行に励んだということ、造形された八幡神においてはそれが「僧形」であるということを語る以上のものではないと思われる。つまり、僧形の八幡神がさらに系統を分けることには、また別な説明が必要であると考えられるのだ。

四 「誓約」と神祇

さて、ここで、上代日本における神祇の役割について振り返っておかねばならないだろう。神祇信仰史、神仏習合史の研究には多くの蓄積があり、ここでその全体を振り返る余裕も力もないので[16]、その要点のみを確認しておこう。

神仏習合史の中で神は、初期神宮寺の創建を語る縁起譚[17]に基づき、神道の報いを自覚し神身を離脱するために三宝に帰依する存在として描かれてきた。そして、近年、吉田一彦により、このような語り口は中国の『高僧伝』(梁・慧皎撰)や『続高僧伝』(唐・道宣撰)にすでに見られるように中国に起源するものであることが指摘された[18]。吉田が的確にも指摘するように、このロジックは八世紀前半に一気に移入されたと見られるため、このような語り口に載る神は、時期またはコンテクストに一定の傾向があることが窺われる。つまり、そのような神の位置づけは普遍的なものとは見なせないことになる。

一方、古代から中世への神の役割について明快な見通しを示した佐藤弘夫の研究もある[19]。佐藤によれば、古代の神はその意志を測れない「命ずる神」として「祟り」を引き起こす存在であるのに対し、中世以降の起請文に登場する神は「応える神」として「罰」を下す存在へと変貌するという。この位置づけの中には、上記のような、神身離脱を希求する神はない。

このように、神観念には確かに大きな振幅がある。本稿の課題にとってさしあたり重要なのは、神像を必要とした神観念とは何だったのか、という点である。この点をあきらかにするために、以下に「誓約」における神祇の役割を見たい。

中田薫は、起請文におけるそれと同型の宣誓を「確約的宣誓」と位置づけ、上代の事例からそれを説き起こしている[20]。この種の宣誓は、超越者をその保証者とし、違約した場合は自身または自身の指名した者の上に災禍が及ぶことを主張する自己呪詛である。上代の日本には、後の起請文の原型ともいうべきこのような「宣誓」(以下、

「誓約」と称す）の事例が散見される。

『日本書紀』敏達天皇十年（五八一）閏二月条では、蝦夷が泊瀬の中流に下て、三諸岳に向かって誓約し、違約した場合は、天地諸神・天皇霊の罰を受けることを主張している。また、『日本書紀』大化元年（六四五）六月乙卯条では、天皇・皇祖母尊・皇太子らが、大槻木の下で、天神地祇に対して誓約し、違約の後の天災・地妖と、鬼による懲罰を主張している。さらに、『日本書紀』天智十年（六七一）十一月丙辰条は、大友皇子が、内裏の西殿の織の仏像の前で臣下と共に天皇への忠誠を誓盟した例である。ここには、「若し違ひこと有らば、四天王打たむ。天神地祇、亦復誅罰せむ。三十三天、此の事を證め知しめせ。」とあり、誓約の保証者が三十三天、違約した場合の懲罰を遂行するのが四天王と天神地祇であるとしている。この例は、誓約が実際の像の前でなされたものとしてとりわけ注目される。さらに、『続日本紀』天平宝字元年（七五七）七月戊午条と『続日本紀』神護景雲三年（七六九）五月丙申条には、それぞれ橘奈良麻呂らの謀反の罪と県犬養姉女らの厭魅の罪を露見させる「不可思議威神力」を持った盧舎那如來以下の神仏が列挙されているが、その中に、天皇霊とともに天神地祇が含まれている。[21]

このように、古代の神祇には「誓約」の保証者、または懲罰の執行者という位置づけがあることがわかる。[22]これは、後の起請文における神の役割と同一のものと見なしてよいだろう。つまり、佐藤のいう「罰する神」というあり方は、すでに古代においてみられることになる。

そして、このような神祇は、とりわけ「誓約」という儀礼に関わって意識されている点で重要である。さらに、天智十年（六七一）十一月の例のように、「仏像」がその対象とされていることは、この儀礼における「像」の存在を裏付けるといえるだろう。

では、このような神祇と八幡神はどのような関係にあるのだろうか。『続日本紀』天平勝宝元年（七四九）十二月丁亥条の著名な一節には次のようにある。

豊前國宇佐郡に坐す廣幡の八幡大神に申賜へ勅りたまはく、「神我天神・地祇を率ゐいざないて必ず成し奉らむ。」

八幡神自身のこの託宣から、この神が天神地祇を率いることができる存在であると意識されていることはあきらかだろう。同様の内容はまた、後の『日本三代実録』貞観三年（八六一）正月二十一日条「然則使八幡大菩薩、別得解脱、令諸餘名神々力自在」にもある。天神地祇を代表するものとして八幡神が認識されていたとすれば、少なくともこの神が「誓約」の対象足りうることを示していよう。八幡神「像」成立のための基本的な認識と儀礼の存在がここから想定されてくる。

五　八幡をめぐる仏事―神像成立の基本条件

ここで、先に神像成立の要件とした、仏像における場合と同質な儀礼、造像の動機、像の機能を、八幡神をめぐる仏事の中にみてみたい。

まず、儀礼である。天平十三年閏三月に、八幡神に対して秘錦冠、金字最勝王経・法華経各一部、度者十人、封戸、馬五匹を奉り、同時に三重塔一区を造らしむとあるのは[23]、仏教的な内容を持つものだが、これは藤原広嗣の乱の際の祈願に対する報賽という意味で、奉幣と同義であり、まだ八幡への仏事といえるものではない。あるいは、天平十七年九月に、八幡神へ奉幣と写経と造像が同時に行われているのは[24]、これらが聖武天皇の病平癒という同じ目的のためにおこなわれたことを示しているに過ぎない。つまり、ここからは神仏の同質性ということが確認できるに過ぎない。

神像成立の基本条件である、神への儀礼が仏教に倣うものとなったこと、すなわち八幡神に対して仏事がおこなわれたことを確かに示すのが、『続日本紀』天平勝宝元年（七四九）十二月丁亥条の、八幡神の入京を伝える以下の記事である。

八幡神を平群郡に迎へしむ。是日京に入る。即ち宮の南の梨原の宮に新殿を造り、神宮とす。僧卌口を請し、悔過すること七日なり。

この儀礼は、つまりは八幡悔過というべきものだ。「悔過」には「懺悔」と「祈願」という意味合いが含まれるが[25]、では、この段階での八幡悔過の意味は何だったのだろうか？

これより先、天平十六年（七四四）十二月には薬師悔過がおこなわれており[26]、いわゆる尊別悔過はすでに登場している。筆者は近時、薬師悔過は持戒清浄を期するための儀礼だったことを指摘したが[27]、先の聖武天皇の不豫に際して薬師悔過と同時に八幡への奉幣が行われていることをふまえると、この八幡悔過は薬師悔過と共通する意味合いをもっていた可能性が高い。つまり、ここにおいて八幡神は、礼拝者から罪過を懺悔され清浄性をもたらす存在として位置づけられているのを知ることができる。これは、吉祥悔過や十一面悔過など、これ以後登場し法会として整備される尊別悔過の事例よりは早く、この段階における八幡神という神格の位相を明瞭に示すものと見られよう。

ここで、悔過の空間というものを想定する必要がある。上記した尊種における場合を想起すれば悔過には対象となるべき対象物が必要であり、とりもなおさずそれは仏像だった。この段階において、すでに八幡神の「像」が出現していたかどうかは確かめえないものの、このような儀礼の出現は、八幡神像成立の基本的な条件が整いつつあることを示しているとはいえるだろう。

次に、動機である。八幡神ではないものの、神像成立の具体的現場を伝えるものに、著名な『多度神宮寺伽藍縁起資財帳』がある。ここには、多度神が重い罪業を作し神道の報いを受けたため、神身離脱と三宝への帰依の願いを託宣したと語られた後に、満願が小堂と「神御像」を造立したとある。神のためにする福業（作善）は神宮寺の造立なので、本来ここで満願が造るべきものは寺であり仏像であるはずだ。現に、若狭国比古神の場合、同様の願いに応えた赤麿が造ったのは正しく道場と仏像だった[28]。したがって、多度神宮寺の場合、満願による神像造立の動機は多度神の願いとは無関係なものと考えられる。そのことを証するのが、この神像を「多度大菩薩」と称した事実である。多度神は罪業を自覚し、滅罪のための菩薩行に励んだために神像となったのだ。そのように理解すれば、この像は礼拝の対象となった尊像と位置づけられる。つまり、何らかの儀礼に用いられた状況が想定できる。神像造立の動機もそこに存するといってよい。

さらに、神像成立の具体的な現場を伝えるのが、『東宝記』が伝える東寺八幡神の場合だ[29]。ここで注目されるのは、造像に先立ち、まず御立願があり、御願成就の後に空海による八幡の勧請があったとしていることである。はじめに祈願が示されそれが成就したのちに造像を行うというのは、聖徳太子における四天王寺建立の場合にみるように、造寺・造仏の動機付けの基本的なパターンである。東寺のこの例は、それが事実か否かは別にしても、神像が仏像と同じ経緯で造立されるようになった段階を示すといえるだろう。

以上を通じ、神像造立に必要な造像の動機と儀礼の成立が確認できたことと思う。つまり、神像成立の基本的な条件がふたつ揃ったことになる。では、次に、神像の機能的な側面についてみることにする。

六　僧形八幡神とふたつの場／コンテクスト

(一)　空海と八幡神—ふたつの場／コンテクストの想定

すでに八幡神の二つの系統の代表としてみた、東寺八幡神像と神護寺八幡神像はともに空海との関わりが伝承されている。いずれも、空海がその姿を写し留めたとするのだ。この二つの寺院はともに空海ゆかりの寺だから、そのような伝承が生まれたこと自体は自然なのだが、問題なのは、ともに空海によって写されたとされる八幡神が、そのかたちを大きく違えていることである。『東宝記』が語る八幡三神が、法体・俗体・女体とする点で現存する三神と構成が違うことがしばしば問題となるが、これらの神格は、八幡、仲哀天皇、神功皇后であると『東宝記』は、また別な箇所で述べている(30)ので、これらが神功皇后伝説に強く依拠した構成であることは明らかである。この点で、この三神は女神二体を伴う三神構成と意味的には同質であると位置づけてよいだろう。

八幡神のかたちの二系統がともに空海に結びつけられて語られていることは逆に、このようなかたちの差は感得した僧侶というレベルで説明されるものではないことを示している。したがって、ここに想定したいのは、このかたちは、東寺と神護寺という場の差、いいかえれば、そこで必要とされた八幡神の機能の違いに由来するのではないかということである。

(二)　女神合祀像

まず、女神を伴う系統の八幡神についてみよう。この場合における女神は、すでに見たように、応神天皇の后としての皇后神、応神天皇の母としての神功皇后とみなされる。したがって、八幡三神に含まれる女神はともに、八幡神の応神天皇としての神格を明瞭化するものと位置づけることができる。

さらに、女神を合祀した僧形八幡は、一貫して、ふくよかな若々しい相貌で表されている（図5）。その母とともに祀られることは、神功皇后伝説における応神天皇の重要な役割である、新羅を将来帰属させるという聖なる「御子」のイメージを喚起すると考えることができる。ここから､この若々しい相貌は､八幡神へ付与された「御子」イメージをあらわすと解釈することができるのではないだろうか。

女神を伴う八幡三神の背景には、神功皇后伝説が深く横たわっている。したがって、この系統の八幡神には、直接的には対新羅の神、ひいては鎮護国家のための神という意味があらわであると位置づけることができる。『東宝記』が、この東寺の八幡を「帝都鎮護」の

図5－1　僧形八幡神像頭部　東寺

図5－2　僧形八幡神像頭部　薬師寺

図5－5　僧形八幡神像頭部　奈多宮

図5－3　僧形八幡神像１頭部　御調八幡宮

図5－4　僧形八幡神像２頭部　御調八幡宮

為のものと位置づけ、また、『三代実録』貞観七年（八六五）条によって同じく三神構成だったことがわかる石清水八幡も、「王城鎮護」（『石清水八幡宮護国寺略記』）を標榜していることが、そのことを確かに示している。

　このように見てくるとき、女神のかたちがどのように生まれたのかということが問題となろう。この点についてはさまざまな解釈があり得るとは思う。ここでは、仏像の中にそれを求めてみたい。そのように見たとき、まず唐装束をまとった女性像として、吉祥天をあげるべきだろう。ここでは、会津の個人蔵吉祥天像をその古例として示そう（図6）。また、兜跋毘沙門天の足下にいる地天女との類似性も指摘できる。その一例が観世音寺の兜跋毘沙門天の地天女（図7）だ。吉祥天にしろ、兜跋毘沙門天にしろ、いずれも護国的な機能が期待された尊種であることを考えれば、これらの共通したかたちの背景には、共通した意味があることが想像される。

　さらに近年紹介された、新羅の女神像という存在はきわめて興味深い[31]。仮に、対新羅という目的に沿った造像に、新羅に起源する図像が移植されたとするならば、図像と意味の反転現象というべきものが窺えることになる。女神図像の起源についてはなお考察を加える必要があろう。

七　神護寺八幡神画像の位相

(一)　神護寺における八幡神の位置づけ

以上のように見てくると、神護寺の画像は、女神が不在であると

図６　吉祥天像　個人蔵

図７　兜跋毘沙門天地天女　観世音寺

いうことと、老相を見せるということで、神功皇后伝説に由来する八幡神の意味からは、大きくはずれていることがわかる。この点について、以下に考えたい。

まず、神護寺に当初存在した八幡神画像の原本の成立時期についてである。『神護寺略記』によれば、八幡神画像原本は、弘仁資財帳に記載はなく、承平元年（九三一）の『承平実録帳』に載ることから、弘仁年間（八一〇―八二三）以降から承平元年までの間の制作であることは確実である。また、この画像には「大師御筆」とする強い伝承が付属している。[32] 神護寺に関わる初期の記録に「弘法大師作」とされる他の資財はそれほど多くはなく（根本堂脇侍菩薩像、八幡大菩薩像、根本真言堂胎蔵界曼荼羅、五大堂五大尊、食堂聖僧文殊などの像）、またそのように称されているものはいずれも空海の時代に造られたと考えられる。[33] この点から考えると八幡神画像のそのような伝承を軽く扱うことはできないと思われる。つまり、この画像の成立時期は、神護寺が空海の影響下にあった弘仁から天長年間（八二四―八三三）から大きく下るものではないと考えられる。

次に、現存の画像と原本との関係についてである。『三僧記類聚』（禅覚〈一一七四―一二二〇〉編）に原本には右の上部に色紙形があった（「右方上有色紙形其銘可尋」）とあることから、色紙形のない本図を原本の写しではなく、「第二写本」である平岡神宮本系の図像とみる見方がある。しかしながら、本図の上部が切りつめられている可能性も指摘されており、また、平岡神宮系の図像と原本とに大きな図像上の差はないと考えられることから、本図を原本の忠実な模本とする見方[34]に賛同したい。

さて、周知の通り、神護国祚真言寺つまり神護寺の成立の事情を伝えるのが、天長元年（八二四）の太政官符だ。[35] 今、この内容をひとわたり概観すると、まずは、和気兄弟によるこの事業の動機が「孝」と「忠」にあることが述べられたのち、道鏡事件を契機とした父清麻呂と八幡神の関係が説明される。そして、八幡神は、「我、皇緒を紹隆し、國家を扶濟せむが爲に、一切經及び佛を寫造し、最勝王經万巻を諷誦し、一伽藍を建たば、凶逆を一旦に除き、社稷を万代に固めむ。」と清麻呂に託宣したことを受け、清麻呂が八幡に対して神願寺造立の誓約を行ったことが述べられる。その後、やや曲折があるが、神願寺は造立された。ここでの注目点は神願寺が定額寺となったということだ。そして、いよいよ神護寺の成立へと話題は移るのだが、次に注目すべきは、神護寺成立に当たって目指されていることであろう。

まず、第一には、高雄寺を神願寺と相替して定額寺にしたいと述べている。これをより実態に即していえば高雄寺が神願寺に支給される正税を継承するということだ。ここから、神護寺誕生の第一の目的が経済的背景にあることが想定される。

そして、その実現のために整備されるべき仏像が「大悲胎蔵及金剛界等」という密教像であるとし、そこに、二種類の僧侶が望まれていることが特に注目される。その第一が「真言を解せし僧」、第二が「貞操の沙彌」だ。この「貞操の沙彌」は経典（守護国界主経・調和風雨成熟五穀経等[36]）転読という役割を担うべきものとして期待されている。

ところで、ここに誕生した神護寺は「大神の大願」を果たすべきものとしても位置づけられている。この「大神の大願」とは先に見た、「一切經及び佛の寫造」、「最勝王經万巻の諷誦」、「一伽藍の建立」を指す。では、この三つの事業は、八幡神とどのような関係にあるのだろうか。天長元年（八二四）の太政官符に基づくならば、この事業はやはり八幡神に対する作善であると想定される。仏教事業を内容とする奉幣といいかえてよいかもしれない。翻ってそれは国家守護につながるのである。

このことは、寺にとってこの事業が強烈な建前を伴っていると位置づけることになる。この太政官符には新生神護寺自身にとって大きなメリットにつながる内容が込められている。この事実から、この官符の内容は、高雄寺が定額寺として国家の援助を得るために、寺によって周到に準備された由緒付けであると見ることができるだろう。そして、その推進者は檀越としての和気氏と高雄寺別当としての空海であったと考えられる。神護寺に望まれている密教像を空海の立場を反映するものとして理解することは容易だ。そして、八幡神はこのプロジェクト全体を理由づける無二の存在であるといえるだろう。したがって、八幡神画像成立の動機もまさにこの時点においてこそあるといえる。

さて、八幡の神願を果たすためのこの事業は完遂し、神護寺は成立した。では、そこに存在したであろう八幡神の画像は、その段階においてどのような役割を果たしたのだろうか。

ここで、この八幡画像が安置されていた場所について見たい。『神護寺略記』が引く『承平実録帳』あるいは『神護寺交替実録帳』という、八幡神画像について触れるもっとも古い記録によって、この画像は根本堂すなわち後の金堂にあったことがわかる。また、『神護寺交替実録帳』には八幡画像の前にしつらえがあったことが示される。[37]

図８　伝聖僧文殊像　東寺

図９　八幡神像頭部　神護寺

八幡大菩薩像一鋪
御座床二前　前机二前
白木禮盤二基

丸山士郎はこの記述に注目し、御座床は八幡神の座、前机は神饌のための神机、礼盤は礼拝者用の盤とした上で、それぞれが二組あることから、一つは八幡神、一つはヒメ神のものとした[38]。しかしながらすでに見たように、女神の付される八幡神は一様に若年相であることを想起すれば、ここに女神があった可能性は低い。そうすると、この二組のしつらえは、一つが八幡神、もうひとつが「互いの御影」として伝承されるとおりの弘法大師像であった可能性が生じよう。いずれにしろ、礼盤の存在はここで僧侶による儀礼が行われたことを示している。

さて、この根本堂には、筆者が高雄山寺以来の本尊と考えている[39]著名な薬師如来像が安置されていた。この薬師如来に対する第一の儀礼は薬師悔過である。つまり、この根本堂は、悔過をおこなうための空間、それは「浄処」であり、いいかえれば浄行僧のための空間とみなすことができる。

ここで、本画像の相貌にもっとも類似するものを想起するならば、聖僧像があげられる。東寺の伝聖僧文殊像（図８）は本来聖僧像として造られたものと考えられるが、この像の眼光鋭い目つき、額・目尻のしわ、えらの張った輪郭、あらわになった首筋という特徴は、神護寺画像と共通し（図９）、この二者の顔立ちは非常によく似ているといっていい。聖僧像とは布薩儀礼において上座に置かれる像である[40]。布薩とは僧侶集団の結束と戒の維持を目的として行われる僧侶のための儀礼だ。つまり、聖僧像は、持戒のシンボルともいうべき、僧侶のための像である。神護寺八幡神の相貌が聖僧と類似することは、この像が僧侶を向いている、いいかえれば、この像の受容者が僧侶であった、という事態を示していると考えられる。

以上から、この画像の前では、「貞操の沙弥」による布薩が行われたことが導かれる。これは、天平勝宝元年（七四九）に行われた「八幡悔過」と正しく連続性を持ったものと位置づけられよう。根本堂という浄行僧の空間において彼らの清浄性を維持する役割を八幡神画像は果たしたのだ。

ところで、神護寺八幡画像は弘法大師御筆ということに加えて、空海が渡唐する際の船上に影向したとする伝承を伴っている。このことは、本画像のもう一つの側面を窺わせるものだ。つまり、渡海成就祈願の像という意味である。このような八幡神のあり方は、最澄、円仁、円珍の天台僧の場合においても知られている(41)。つまり、ここでの八幡神の機能は、僧侶守護神という点にも求められる。

以上のことから、神護寺における八幡神とは次のように位置づけられよう。

・神願寺から継承した由緒を保証する存在であった。
・「貞操の沙弥」であることを維持する布薩儀礼の対象となった。
・渡海成就守護、ひいては僧侶守護神としての性格を持っていた。

(二) 神護寺八幡神画像のかたちの成立

さて、ここで神護寺画像の図様がどのようにできあがったのかについて私考してみたい。そもそも、この画像が空海の神護寺在住時に近接してできあがったとして、その典拠となったものは何だったのだろうか？

まず相貌についてはすでに聖僧像との類似性を見た。この点に関連して、神護寺山内には空海作と伝える聖僧像があったことが注目される。『神護寺略記』には食堂条に「文殊安置之。聖僧云、。」とあり、また『神護寺規模殊勝之條々』には、食堂条に「貞元実録帳云。根本堂。云聖僧像一躯長二尺七寸。或記云。此像大師御作云々。」とあるのがそれだ。

また、この画像の八幡神がやや右に身体を向けている構図も大きな特徴である。紺野敏文は、『八幡宇佐宮御託宣集』自十二巻の次の一節に注目しながら、本図の斜め向きの構図が真言七祖図（図10）と共通するものであることを指摘している(42)。

御袈裟波衲衣也、裏波少志御頸乃邊利見由、其色白青也、筋波墨

図10　龍猛像　東寺

乃色也、文波紅梅臙脂白青等也、金剛智乃袈裟如志

この指摘はたいへん重要である。八幡神の図像が新たに構想されたときに参照された図様が、そのような祖師像だった可能性は極めて高いと思われるからだ。

また、『八幡宇佐宮御託宣集』は、八幡神の背後にある頭光を月輪としている。(43) このことをふまえるならば、この月輪は『日本後紀』の卒伝に記される(44)清麻呂がまみえたという八幡神の満月が如きかたちに由来するとみることができるのではないかと思われる。つまりこのモチーフは、神護寺が継承している神願寺の由緒を保証するためには、とりわけ象徴的なものだったと位置づけられるのではないだろうか。

以上の図像上の検討をまとめると、八幡神画像を構成する要素のそれぞれは、神護寺という寺が備えている諸側面に対応していると見ることができる。

・相貌←聖僧像…浄行僧の寺としての神護寺
・構図←真言祖師像…真言寺院としての神護寺
・月輪←清麻呂伝説…和気氏の寺としての神護寺

このように考えると、本画像は、高雄山寺が神願寺の由緒をも継承したときに、それを表象するものとして、神護寺に備えられた事情をまさに表すものといえよう。本画像は神護寺という場を抜きにしては成立しなかったと想定される所以である。

おわりに

以上述べてきたことを前提に、神像成立の事情をまとめると以下のようになる。

神像が仏像の影響を受けて成立したことは疑いない。そこで継承されているのは、造像の動機付けと像の機能という側面である。仏像における造像の動機付けは、大きく二つに分かれる。その第一は何らかの祈願の成就を目的としてそれが果たされたときに造像される場合で、その第二は何らかの儀礼の対象として造られる場合だ。上記したように、神像における、第一の場合は東寺八幡三神像に、第二の場合は神護寺八幡神画像において確認できた。像の機能はこのことに連動している。東寺八幡神像は、対新羅神としての八幡神本来の性格から導かれる護国神としての機能を文字通り果たしているのに対し、神護寺画像にはそのような意味合いは見られない。神護寺像は僧侶に特化された儀礼の対象であり、僧侶を守護するという機能を果たしていると位置づけられる。このように考えると、八幡神像の二つの系統の差は、それを受容する者の差であるとも見ることができよう。東寺八幡三神像には、僧俗を含んだ広い受容者が想定されるからだ。

このような八幡神像成立の事情は、他の神像にも敷衍できる。すでに第四節において、上代の神祇には「罰する神」という側面があり、それが「誓約」という儀礼の中で意識されていたことを述べた。『続日本紀』天平宝字元年（七五七）七月戊午条と『続日本紀』神護景雲三年（七六九）五月丙申条には「不可思議威神力」を持った

神仏として、盧舎那如來、最勝王経、観世音菩薩、梵天・帝釈、四天王、天皇霊、天神地祇が列挙されているが、これらの尊種は後の起請文で働く主要尊に対応している。すでに筆者は、上代の四天王の役割について論じ、そこには「観察」と「懲罰」という二つの役割があることを指摘した。(45) 四天王のこの役割は「悔過」儀礼においても発揮される。(46) 神像の意味を考える場合も、この「観察」と「懲罰」という観点は不可欠であると私考する。四天王像においてこのふたつの役割の差は特にその表情に現れているのと同様、神像の表情にもその差が見られるからだ。現存最古の俗形神像の遺例である松尾大社三神像は、厳しい表情ながら怒りをあらわにしない壮年像と女神像の一組に、瞋目する老年像が加わっている。丸山士郎がこの神像の表情に四天王のそれとの類似性を見ているのは重要だ。(47) 表情の差を前提とすると、特に瞋目する神像は懲罰者という観点から理解することができるからである。(48) したがって、これら三神像も「誓約」や「悔過」と類する儀礼の対象になった、いいかえると、それを礼拝する者のおこないを見届ける役割を持っていたことが想定される。

さて、最後に、ここ東大寺における著名な八幡神について触れ、本稿を閉じたい。快慶によって建仁元年（一二〇一）に造立された八幡神像は、神護寺の画像に酷似していることが知られている。このことは、神護寺の画像が強い規範となって後世に伝えられたことをよく示している。しかしながら、本像の像底墨書銘には次のような一節がある。

願我臨欲命終時　盡除一切諸障礙
面見彼佛阿弥陀　即得往生安楽国

これは、『往生要集』から引用された偈文だ。ここに表れている阿弥陀往生祈願は、八幡神が極楽往生を導くという信仰の存在を示している。鴨長明『発心集』に「花園左府、八幡に詣で往生を祈ること」が載るのも同様の信仰を示すものだ。八幡による往生祈願という信仰自体、たいへん興味深いものだが、一方で、そのような信仰は、神護寺画像が成立した時期にはなかったものであることも明らかであろう。

しかしながら、ここには八幡神が奈良時代以来保持している重要な機能が明示されている。「盡除一切諸障礙」とあるのがそれだ。つまり、天平勝宝元年（七四九）の八幡悔過から一貫して、八幡神は滅罪をもたらす存在であると理解されていることがわかるのである。

その意味で、この八幡神像はこの図像が持っている本質的な意味を正しく継承しているといってよいだろう。一方、この像底には、貴顕を含む多くの結縁者の名が見える。ここに、本来僧侶を向いていたと考えられるこの八幡神図像が、すでに広いすそ野を獲得していることを認めることができる。八幡信仰の中世的な変容がここに確かに表れているといえるだろう。

（ながおか　りゅうさく・東北大学教授）

註

（1）重要文化財指定：京都出雲大神宮男神坐像（一九九六年六月）、滋賀小槻大社男神坐像二躯（一九九七年六月）、広島御調八幡宮僧形八幡神

坐像他六躯（二〇〇三年五月）、国宝指定：熊野本宮大社家津御子大神坐像・速玉大神坐像・夫須美大神坐像（二〇〇五年五月）

（2）京都国立博物館「神々の美の世界」（二〇〇四年八月十日～九月二十日）、栗東歴史民俗博物館「近江の神道美術」（二〇〇四年十月十七日～十一月二十三日）、『仏教美術研究上野記念財団助成研究会報告書第三十二冊　研究発表と座談会　神の姿をあらわす』（二〇〇五年三月）

（3）『別冊太陽　神像の美―すがたなきものの、かたち』平凡社　二〇〇四年十月

（4）長坂一郎『神仏習合像の研究』中央公論美術出版　二〇〇四年十二月

（5）丸山士郎「初期神像彫刻の研究」『東京国立博物館紀要』四〇　二〇〇五年三月

（6）註（3）前掲書

（7）造像の制度という点について、現段階でまだまとまった見解を示していないが、これに関わる議論は、拙稿「仏像をめぐるいとなみ―上代の法隆寺を場として考える」（『講座日本美術史4　造形の場』二〇〇五年九月）及び根立研介「院政期の僧綱仏師をめぐる仏像制作の場―仏師賢円を中心にして」（同）を参照されたい。

（8）中井真孝「神仏習合」　上田正昭編『講座日本の古代信仰1　神々の思想』学生社　一九八〇年

（9）津田徹英「僧形八幡神像の成立と展開―神護寺八幡神像と東寺八幡三神像をめぐって―」『密教図像』一八　一九九八年十二月

（10）津田勉「応神八幡神の成立年代及びその発生過程」『神道宗教』一七五　一九九九年七月

（11）『宇佐八幡宮弥勒寺建立縁起』（承和十一年〈八四四〉）『神道大系神社編四七　宇佐』

（12）・天平九年（七三七）四月　香椎宮に新羅無礼之状を告ぐ。（『続日本紀』）
・天平宝字三年（七五九）八月　香椎廟に新羅を伐つべき状を奏せしむ。（『続日本紀』）
・天平宝字六年（七六二）十一月　香椎廟に奉幣せしむ。新羅を征めむ為に軍旅を調え習はしむるを以てなり。（『続日本紀』）
・弘仁元年（八一〇）十二月　八幡大神宮樫日廟に幣帛を奉る。静亂の祷を賽すればなり。（『日本後紀』）

（13）『新抄格勅符抄』第十巻

（14）註(9)前掲津田論文

（15）東野治之「現人神の出家」『図書』五八〇　一九九七年九月

（16）ここではさしあたり、前掲註（4）長坂書の第一章を参照されたい。

（17）気比神宮寺（『家伝』下「武智麻呂伝」）、若狭比古神願宮寺（『類聚国史』巻百八十）、多度神宮寺（『多度神宮寺伽藍縁起資財帳』）など

（18）吉田一彦「多度神宮寺と神仏習合―中国の神仏習合思想の受容をめぐって―」『伊勢湾と古代の東海　古代王権と交流4』名著出版　一九九六年十一月

（19）佐藤弘夫『アマテラスの変貌』法藏館　二〇〇〇年八月

（20）中田薫「起請文雑考」『法制史論集』第三巻　岩波書店　一九四三年六月

（21）ここに列挙された神仏の意味については、奈良国立博物館夏期講座「古密教」における口頭発表「悔過と仏像」（二〇〇五年八月二十三日、於奈良女子大学）において論じた。なお、この発表の内容については、別に稿を成す予定である。

（22）他に『日本書紀』天武天皇八年（六七九）五月乙酉条、『続日本紀』天平十二年（七四〇）十月壬戌条にも、保証者または懲罰者という位置づけの天神地祇が見られる。

（23）『続日本紀』天平十三年（七四一）閏三月庚戌条

（24）『続日本紀』天平十七年（七四五）九月甲戌条

（25）佐藤道子『悔過会と芸能』序論「懺悔と祈願の法会」法藏館　二〇〇二年

（26）『続日本紀』天平十六年（七四四）十二月壬辰条

（27）前掲註(21)、口頭発表

（28）『類聚国史』巻百八十、天長六年（八二九）三月乙未条「若狭国比古神」

（29）『東宝記』第三佛寶下、鎮守八幡宮
至嵯峨聖代、平城天皇御事出来之時、與大師有御密談、先御立願、御願成就之後、去弘仁年中、大師奉勅重勧請之、三所御躰、法躰、俗躰、并女躰武内宿禰親影現虚空、初寫紙形、後刻木像、被奉安置社壇

（30）『東宝記』第三佛寶下、鎮守八幡宮
三所御躰同大師御作也。中僧形八幡大井右女躰神功皇后左俗躰仲哀天皇。

（31）朴亨國「古代韓国の女神信仰と現存女神像について」『仏教芸術』二七八　二〇〇五年一月

（32）『神護寺最略記』（応永元年〈一三九四〉盛淳書写）
・内陣　桓武天皇延暦廿三年大師御渡唐時。於船中顕御形給時。大師令

寫留御影也。
『神護寺規模殊勝之條々』（応永十五年〈一四〇八〉尊恵書写）
八幡大菩薩像一鋪事泰安置金堂艮角帳、承平実録帳云。八幡大菩薩像一鋪云〃。大師御筆。大師渡唐之時船中有影向影像。互令寫之給。號互為御影是也。

(33) この点については、拙稿「神護寺と東寺―それぞれの顕密」『朝日百科日本の国宝　別冊　国宝と歴史の旅3　神護寺薬師如来像の世界』（朝日新聞社　一九九九年十二月）において簡単に触れたことがある。

(34) 註(9)前掲津田論文

(35) 『類聚国史』巻百八十

(36) 『守護国界主経』は、すでに空海により、弘仁元年（八一〇）十月二十七日に高雄山寺において仁王経、仏母明王経とともに教修されている（『性霊集』第四、「国家の奉為に修法せんと請う表」）。また、『調和風雨成熟五穀経』は未詳だが、「五穀成熟経」が天平十一年（七三九）七月十四日に天下諸寺において転読され、あわせて悔過が勤修されている（『続日本紀』）。

(37) 『神護寺交替実録帳』（承平元年〈九三一〉）、影印は、註(5)前掲丸山論文参照。

(38) 註(5)前掲丸山論文

(39) 拙稿「神護寺薬師如来像の位相―平安時代初期の山と薬師―」『美術研究』三五九号　一九九四年三月、同「神護寺薬師如来像再論」註(33)前掲書所収

(40) 奥健夫「東寺伝聖僧文殊像をめぐって」『美術史』一三四　一九九三年三月

(41) 最澄　『続日本後紀』承和四年（八三七）十一月十一日条、『叡山大師傳』（弘仁十四年〈八二三〉、傳教大師全集第五巻所収）弘仁五年春部分。
円仁　『入唐求法巡礼行記』承和十四年（八四七）十一月部分。
円珍　「肥前国講師某言上文」（『園城寺文書』第一巻）、「円珎書状」（同）、「祈祈禱転経牒状写」（建久九年三月日書写奥書、同）。

(42) 紺野敏文「平安彫刻の成立（8）神像の成立と習合像」『仏教芸術』二一九　一九九五年三月

(43) 『八幡宇佐宮御託宣集』自十二巻「御頭光波御肩與利有利、月輪也、」

(44) 『日本後記』延暦十八年（七九九）二月二十一日条
清麻呂祈曰。今大神所教。是国家之大事也。託宣難信。願示神異。神即忽然現形。其長三丈許。色如満月。清麻呂消魂失度。不能仰見。

(45) 拙稿「仏像の意味と上代の世界観―内と外の意識を中心に」『講座日本美術史』第三巻　東京大学出版会　二〇〇五年六月

(46) この点は、前掲註(21)における口頭発表において詳論した。

(47) 註(5)前掲丸山論文

(48) この観点からすると、長坂一郎が神像の形式を仏教への帰依者たることを標榜するものとしてのみ評価する（前掲註(4)長坂書及び長坂一郎「彫刻にあらわされた神の形」〈前掲註(2)報告書所収〉）ことには、問題が残る。これに関連して、浅湫毅は「座談会「神の姿をあらわす」」（同報告書）の中で、神像の忿怒相と長坂の主張との齟齬を認識する観点から、長坂への質問を行っている。なお、佐藤弘夫『霊場の思想』（吉川弘文館　二〇〇三年十月）は、神像の眼に直接言及はしないものの、祖師像のまなざしについて詳論しており、きわめて示唆に富む。神護寺八幡神画像は、「互いの御影」として弘法大師画像と併置されたと想定されるように祖師像との機能的な共通性が認められるからである。

図版出典

図2・図5-1・図10（『新東宝記―東寺の歴史と美術』東京美術　一九九六年）、図4・図5-3・4（註(3)掲載書）

付記

稿を成すにあたり、熊本県立美術館有木芳隆氏よりさまざまな資料のご提供をいただいた。厚く御礼を申し上げたい。

[コメント]

仙人と「現人之神」

―吉備塚古墳出土三累環頭大刀刀身象嵌文様の紹介を兼ねて―

山岸公基

近年出土した奈良・吉備塚古墳出土三累環頭大刀刀身象嵌文様（五世紀後半と推定）は、神仙を人の姿で表した日本における古例であり、中国神仙図像の日本への伝播や日本における神像の成立に示唆を与える新出作例として逸することができない。本稿では、吉備塚古墳出土三累環頭大刀刀身象嵌文様を紹介することで私のコメントに代えることとする。

吉備塚古墳[1]は奈良市高畑町奈良教育大学構内に所在し、径二五mを超える円墳、または推定全長約四〇mの前方後円墳とみられる。平成十四～十五年度に学術調査が行われて墳頂に南北二つの埋葬施設があることが確認され、三累環頭大刀は北側の第二埋葬施設から出土した。全長約九三cm、幅約三cm。三累環頭・筒金具・銀線・柄縁金具・鞘口金具・鞘尻金具などからなる刀装具（木部は腐朽して一部残存）を伴い、刀装具大半の年代としては六世紀第二四半期頃が想定される。しかし奈良・東大寺山古墳出土花形飾環頭大刀が中国・後漢中平年間（一八四～一八九）の金象嵌銘をもつ刀身に日本四世紀の花形飾環頭を伴出したように、象嵌の施される稀少な刀身の刀装具は更新される場合もあり得たことに留意しておきたい。

吉備塚古墳出土三累環頭大刀刀身の文様は銀象嵌とみられ、表裏に柄側から人物像（図1）・龍虎（図2）・植物（図3）が表される。文様は研ぎ出しが未了で現状ではレントゲン写真に拠るしかなく、重なり合う表裏の文様の分離にやや課題を残すが、人物像は烏帽子状の被り物をつけ、算用数字の3に似た耳が大きく、肩・腰からは羽が生えている。この像容は「図仙人之形、体生毛、臂変為翼、行於雲」（『論衡』無形篇）、「耳出頭頂、下垂至肩」（『神仙伝』王興伝）といった中国後漢～魏晋南北朝時代の道教文献に見える仙人（羽人）の姿とよく対応している。また植物文ではロゼットから生じる芽生えのような部分から平行波線状の光焔（または気？）が生じ目を引く。

吉備塚古墳出土三累環頭大刀刀身象嵌文様に個別に表された図様を一画面中に総合的に表現した例として、中国江蘇省丹陽市建山金家村墓・胡橋呉家村墓等にみられる羽人戯虎図・羽人戯龍図磚壁画（図4）が注目される。ここでは羽人（仙人）が光焔（または気？）を放つ植物（芝草か）を手にして龍や虎を導き、光焔を放つ植物は空間をも満たしつつ飛行する。羽人は耳が大きく肩・肘・膝などから羽が生えており、腿から膝・脛・足先にかけての輪郭が露わなところも吉備塚古墳出土三累環頭大刀刀身象嵌文様の仙人像と軌を一にしている。金家村墓は南朝斉明帝（四九八年葬）の興安陵、呉家村墓は同じく南朝斉和帝（五〇二年葬）の恭安陵と考証されており、[2] 吉備塚古墳出土三累環頭大刀刀身象嵌文様は中国南朝の羽人戯龍・羽人戯虎図像の日本的展開と考えて大過ないものと思われる。[3]

　ところで南朝斉は、五世紀の日中交渉史の掉尾を飾るかのように、建元元年（四七九）いわゆる倭の五王の第五に当たる倭王武（＝雄略天皇）に鎮東大将軍の号を授けており（『南斉書』東南夷伝）、中国南朝の羽人戯龍・羽人戯虎図像が直接的に日本に伝えられる時期としては、日中直接交流の途絶える六世紀よりも五世紀後半（雄略朝）の方がよりふさわしい。また雄略朝期日本における金属象嵌技術の飛躍的進展は、「獲加多支鹵大王（ワカタケル大王＝雄略天皇）」金象嵌銘を有する埼玉・稲荷山古墳出土鉄剣（辛亥年＝四七一年）、「獲□□□鹵大王」銀象嵌銘を有する熊本・江田船山古墳出土大刀などからも窺い

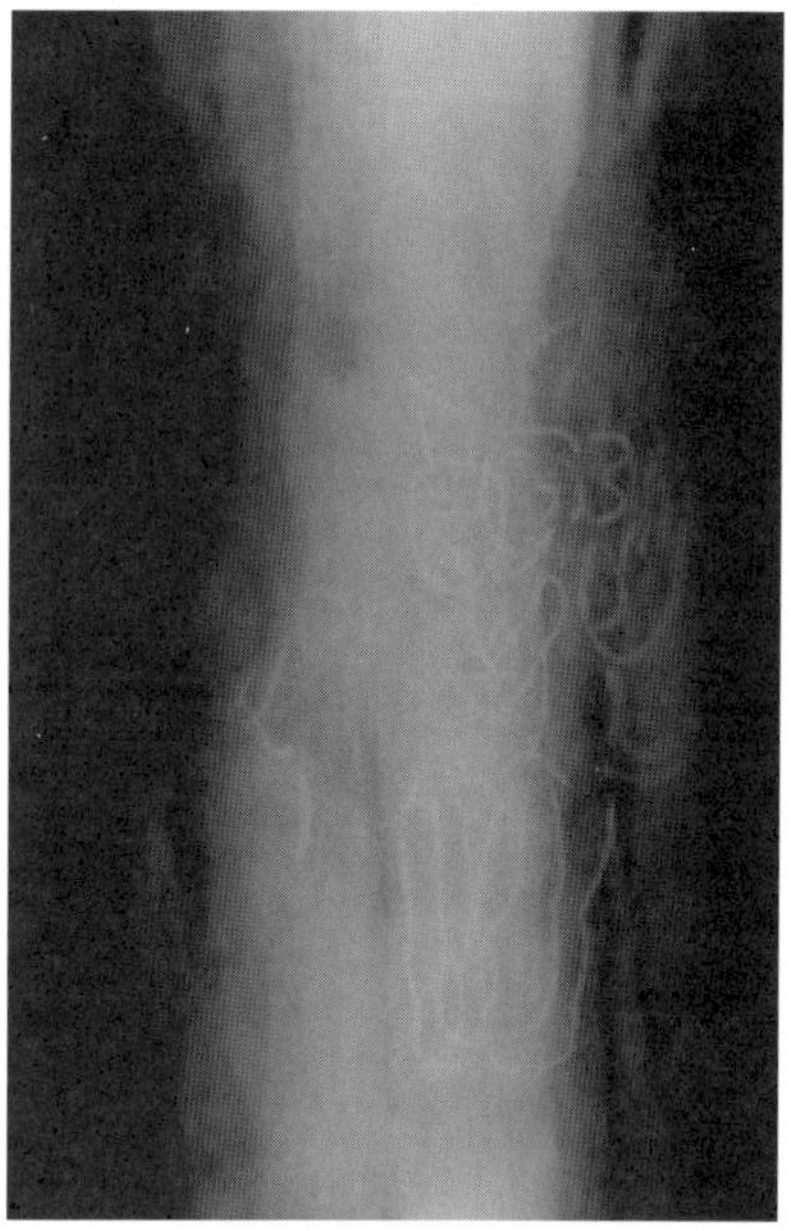

図1　吉備塚古墳出土三累環頭大刀刀身象嵌文様　仙人像（図1～図3はいずれもレントゲン写真）

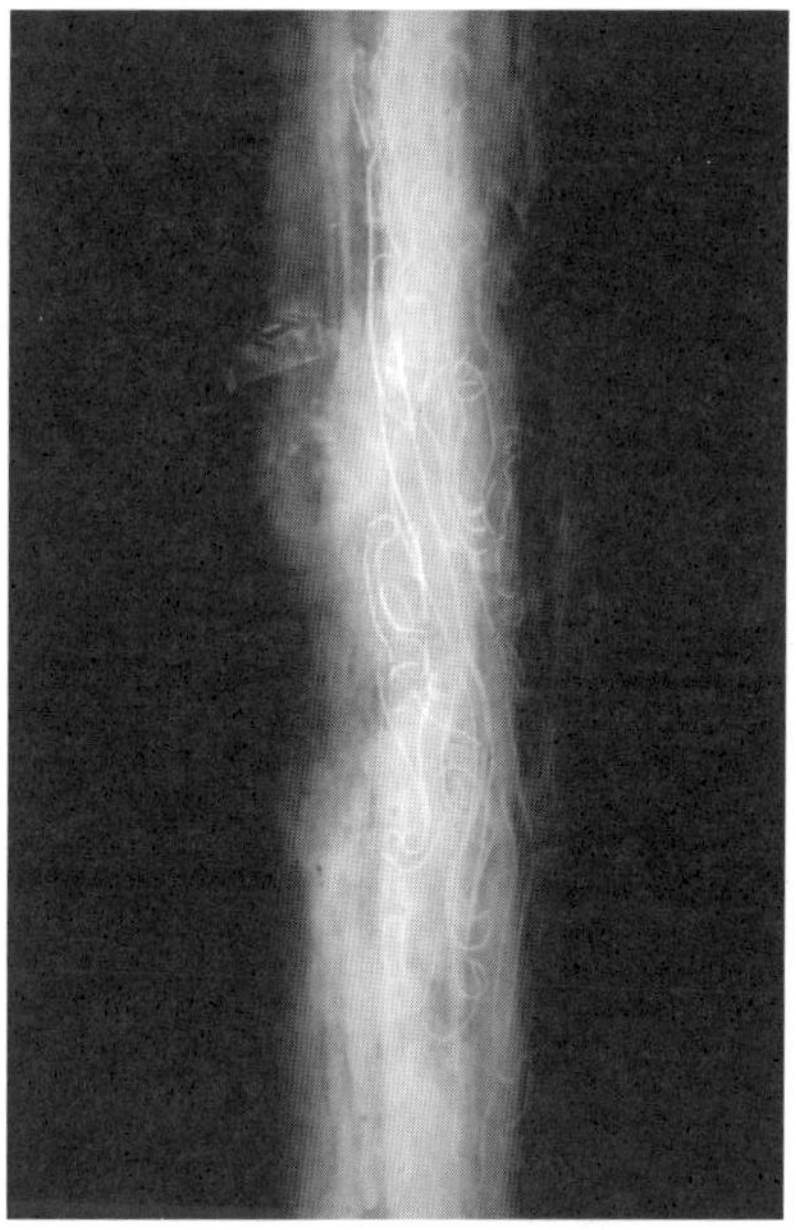

図2　吉備塚古墳出土三累環頭大刀刀身象嵌文様　龍虎

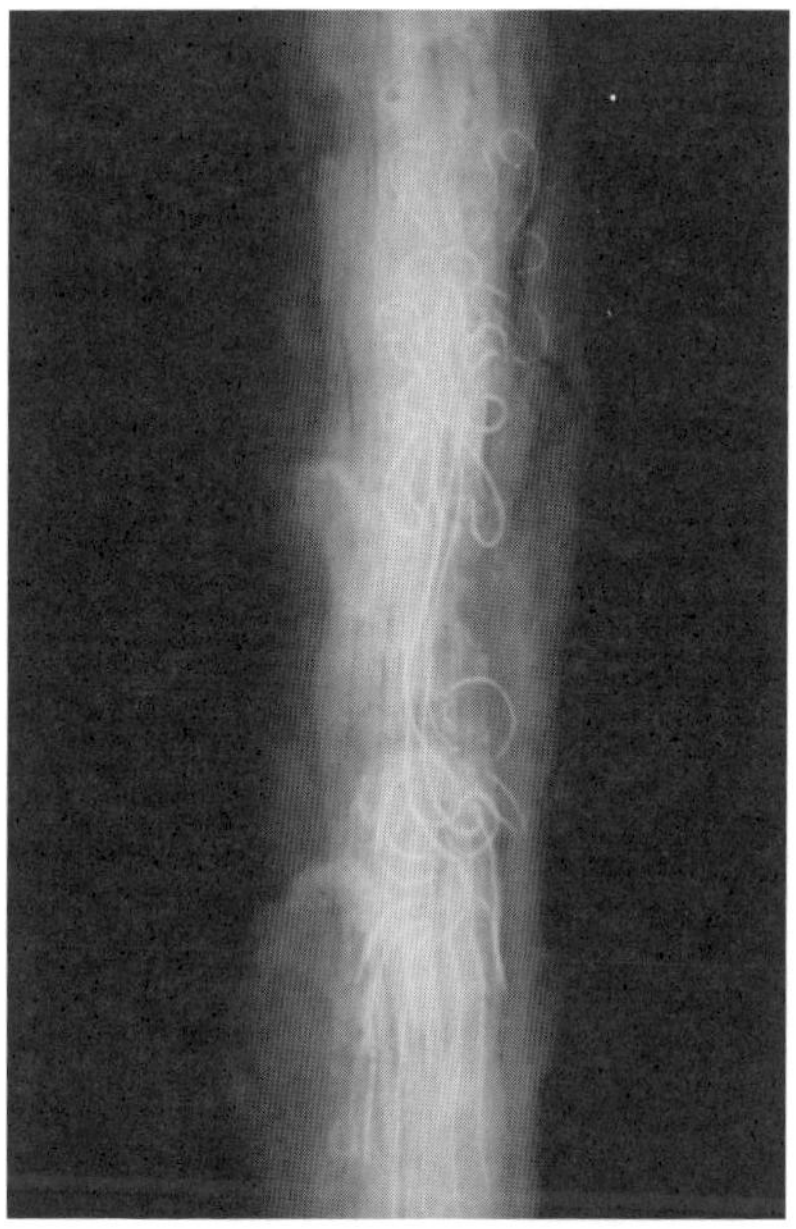

図3　吉備塚古墳出土三累環頭大刀刀身象嵌文様　平行波線状の光焔（図では下方）を伴う植物

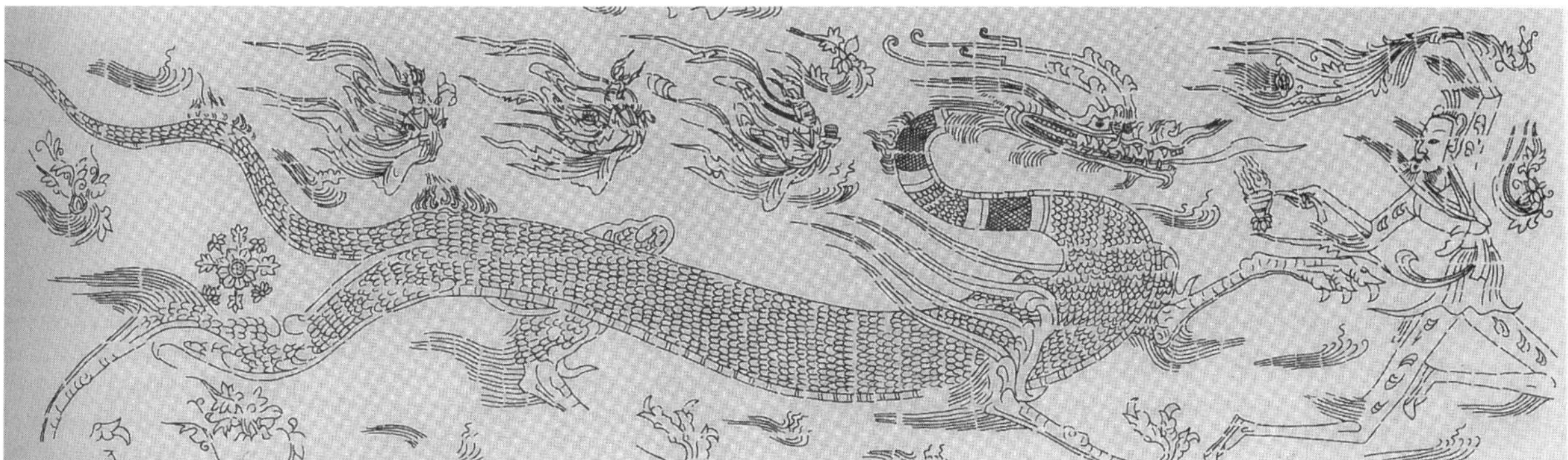

図4　中国江蘇省丹陽市胡橋呉家村墓羽人戯龍図磚壁画線図
［『江南の文物　中華人民共和国南京博物院・無錫市博物館特別展』図録（明石市立文化博物館）より］

知ることができ、吉備塚古墳出土三累環頭大刀刀身を五世紀後半に位置づける想定は国内作例との比較からも支持される。[4]

『日本書紀』巻十四雄略紀に神仙思想の色合いの強いことはつとに指摘されるところだが、特に雄略四年二月条の次の伝承は、中国起源の神仙思想と日本における「現人之神（あらひとがみ＝姿を現した神）」との繋がりを示唆し興味深い。

「四年の春二月に、天皇、葛城山に射猟したまふ。忽に長き人を見る。来りて丹谷に望めり。面貌容儀、天皇に相似れり。天皇、是神なりと知しめせれども、猶故に問ひて曰はく、「何処の公ぞ」とのたまふ。長き人、対へて曰はく、「現人之神ぞ。先づ王の諱を称れ。然して後に噵はむ」とのたまふ。天皇、答へて曰はく、「朕は是、幼武尊なり」とのたまふ。長き人、次に称りて曰はく、「僕は是、一言主神なり」とのたまふ。遂に與に遊田を盤びて、一の鹿を駈逐ひて、箭発つことを相辞りて、轡を並べて馳騁す。言詞恭しく恪みて、仙に逢ふ若きこと有します。是に、日晩れて田罷みぬ。神、天皇を侍送りたてまつりたまひて、来目水までに至る。是の時に、百姓、咸に言さく、徳しく有します天皇なり」とまうす」（読み下しは『日本古典文学大系』本による）

ここで雄略天皇は「現人之神」一言主神に対し「仙に逢ふ若き」容儀で対しており、人の姿をとる「仙」が前提とされている。この雄略紀の伝承は同工異曲の形で『古事記』雄略天皇条にも収載されて[5]おり成立の古さが窺われるが、雄略朝期の様相をある程度反映するものとすれば、両脚部の輪郭におぼつかないながら同時代の埴輪などの概念的表現とは一線を画した自然味を見せる吉備塚古墳出土三累環頭大刀刀身象嵌文様の仙人像は、雄略朝期の仙人のイメージを現代に甦らせる稀有の図像資料と評価されることになろう。また「現人之神」とは、無相とされた神[6]が人の身体をもつものとみなされてはじめて成立する語であり、吉備塚古墳出土三累環頭大刀刀身象嵌文様の仙人像は「現人之神」観念、ひいては日本における神像成立の前史を目睹させるとも解されよう。憶測をたくましくすれば、五世紀後半雄略朝期における人の姿をとる神＝仙人像の「現人之神」としての受容が、六世紀前半の仏像を伴う仏教伝来の前提をかたちづくったとも私考されるが、その詳細な検討は機会を改めて行うこととしたい。

（やまぎし こうき・奈良教育大学助教授）

註

（1） 吉備塚古墳の概要については金原正明「吉備塚古墳」（『考古学ジャーナル』五二〇号所収。平成十六年九月）参照。なお平成十七年度中に学術調査の概報が刊行される予定である。

（2） 曾布川寛「南朝帝陵の石獣と磚画」（『東方学報 京都』第六三冊所収。平成三年三月）

（3） 方格規矩鏡や三角縁神獣鏡など、二～三世紀以降日本に将来された漢・魏晋時代の鏡背文様でも羽人と龍虎はしばしばセットで表現されているが、平行波線状の光焔を持つ植物の表現は管見に及ばず、吉備塚古墳出土三累環頭大刀刀身象嵌文様に影響を及ぼしたと考える材料に乏しい。

（4） なお吉備塚古墳第一埋葬施設からは江田船山古墳出土例と同型の画文帯環状乳神獣鏡が出土している（註(1)金原論文参照）。第一・第二埋葬施設の年代差は一世代程度であり、両埋葬施設の被葬者間には直系親族のような極めて近しい関係が想定される。

（5） 『古事記』での一言主神の形容「宇都志意美（うつしおみ＝現し御身）」が『日本書紀』の「現人之神」に対応する。

（6） 紺野敏文「神仏造像のイコノロジーと象徴」（『日本宗教文化史研究』第八巻第二号所収。平成十六年十一月）参照。

［コメント］

聖徳太子の忿怒相と八幡神

藤岡　穰

長岡氏の発表では、八幡神像には、①老相の僧形で、単独で表された神護寺系の八幡神、②若年相の僧形に2体の女神をともなう八幡三神、の二系統があり、後者については対新羅という効験が期待された神として、神功皇后の子である応神天皇の神格を明示していること、一方、前者は神護寺固有の事情、悔過の思想に基づいて造像された神であることが指摘された。また、八幡神像の成立が天平勝宝元年（七四九）に行われた八幡悔過にまでさかのぼるかもしれないという指摘もとても刺激的であった。

さて、こうした長岡氏の発表に関連して、私自身の関心に沿ってコメントを述べたい。私は、かねてより聖徳太子像に関心を寄せてきたが、聖徳太子像の多くが忿怒相をしめしていることに疑問を抱いてきた。法隆寺聖霊院の聖徳太子像は、わずかに口を開けて歯を見せている。勝鬘経を講じる姿との見方もあるが、それにしては眉をひそめ、目をつりあげ、明らかに忿怒相をしめしている。四天王寺では楊枝御影、法隆寺では水鏡御影と称され、一般に摂政像と称される太子像も、やはり忿怒相をしめす（図1）。さらには孝養像と通称される、角髪を結い、柄香炉をささげる童形像も、一乗寺の絵像をはじめ平安時代にさかのぼる作例では必ずしもそうではないが、鎌倉時代以降には忿怒相をしめすものが大半をしめる（図2）。実は、鎌倉末期から盛んに造立された南無仏太子像でさえ忿怒相をしめす作例が多い（図3）。そして、聖徳太子像のこうした忿怒相については、まず摂政像と通称される成人像が松尾大社、速玉大社などの男神像のしめす忿怒相と何らかの関わりをもって成立し、その忿怒相が童子像や南無仏太子像など他の太子像にも敷衍されていったのではないかと考えてきた。しかし、定かなことは不明と言わざるを得ない。

ところで、神像が忿怒相をしめすことについては、自然や天変地異、あるいは怨霊とも結びつけられる荒ぶる神としての性格を反映しているとみるのが一般的な解釈であろう。一方、平成十六年九月、京都国立博物館で開催された仏教美術研究上野記念財団助成研究会『神の姿をあらわす』において、長坂一郎氏は、忿怒相はむしろ神身離脱できない神の苦渋の表情ではないかとの見解を提示された。しかし、いずれにしろ聖徳太子像が忿怒相をしめすことの謎が解けたようには思われない。長岡氏の指摘によれば、神像における忿怒

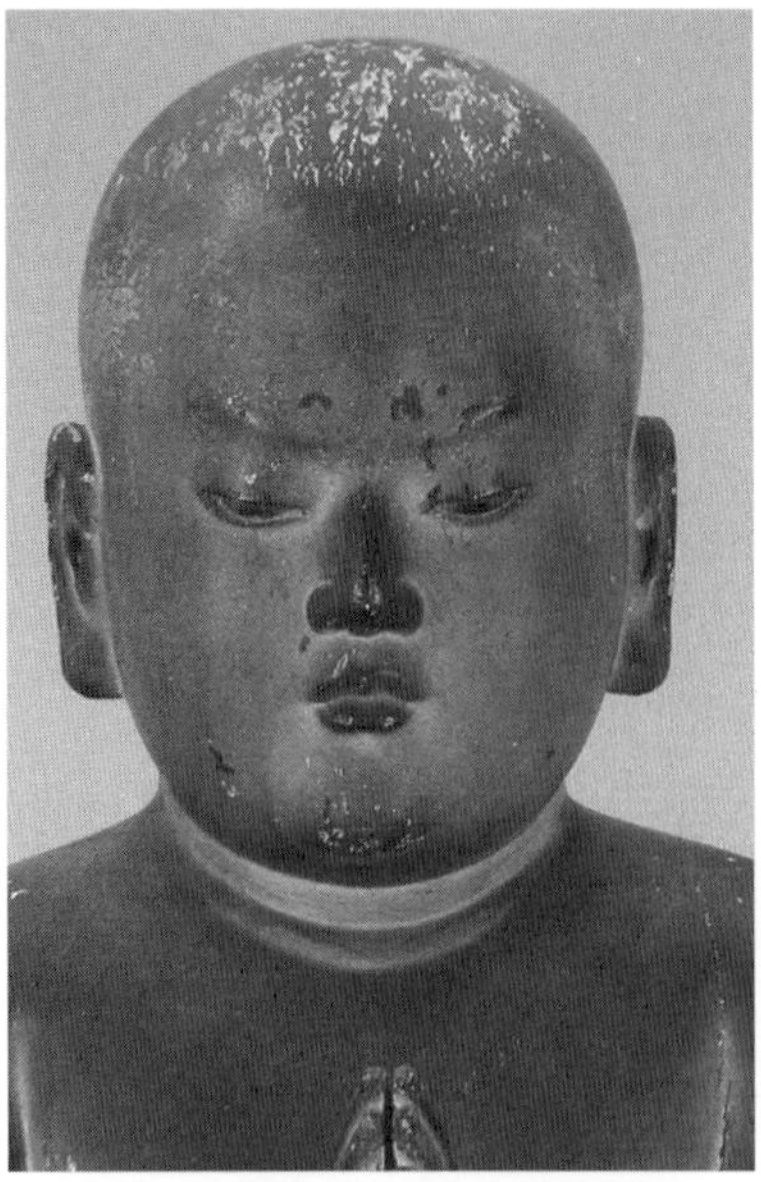

図３　南無仏太子像　鎌倉時代
大阪・四天王寺蔵

図２　聖徳太子像　寛元５年（1247）
慶禅作　埼玉・天洲寺蔵

図１　聖徳太子像　建治３年（1277）
院恵・院道作　奈良・達磨寺蔵

相を考える場合、確実なものとしては神護寺系の八幡神がもっとも古い成立となる。聖徳太子の忿怒相について考えていくにあたり、この神護寺系の八幡神の存在について今後さらに注目していきたい。

なお、第二の系統の八幡神がしめすふくよかな若年相が、神功皇后の子としてのイメージが反映されているという指摘については、対新羅という性格を考えると少し優しすぎるのではないかとも思われる。また、神護寺系の八幡神が忿怒相をしめしていることについては、神護寺の成立事情から悔過の思想に基づくという解釈は確かに魅力的ながら、他の男神像がしめす忿怒相との関わりはないのだろうか。それとともに、眉尻を長く垂れる老相については、聖僧像との関係についても興味がもたれるところである。

（ふじおか　ゆたか・大阪大学助教授）

［報告］

大仏造立と日本の神観念
―神仏習合の多重性を探る―

三橋　正

はじめに

　東大寺大仏造立を神仏習合という視点で捉えようとした場合、最初に想起されるのは、天平勝宝元年（七四九）に明らかとなった宇佐八幡神による託宣であろう。ここで宇佐八幡神は天神地祇を引き誘って必ず大仏造営の勅願を成し遂げると告げ、上京を果たすのである。神仏習合史の研究では、これを「神が仏法を悦び、その供養を受け、之を護る」という最初期の思想表明[1]、あるいは仏に対する神の従属性を示す現象[2]などと位置づけている。しかし、大仏造立の歴史を見てみると、これ以前に日本の神観念が様々な形で投影され、多様な神仏習合的現象が表出していることに気づく。

　本稿では、東大寺大仏造立時に見られる諸現象について、紫香楽宮における開始期、平城京に移しての再開期、八幡神の入京などが行われた完成期の三つの時期に分けて検証し、従来の研究からは見落とされていた、思想として言語による説明がなされる以前に展開していた神仏習合の多重性を探ってみたい。また、宇佐八幡神の託宣に関する史料についても検討の余地が残っていることを指摘し、奈良時代の神仏習合史を再構築するための視点を提示したいと思う。これは、聖武天皇の仏教政策や信仰の変遷を解明する糸口ともなるだろう。

一　大仏の体骨の柱を建てる儀

㈠　甲賀寺における大仏造営の開始

　天平十五年（七四三）十月辛巳（十五日）の詔により開始された盧舎那大仏の建立は、たとえ「一枝の草、一把の土」を持ち寄るという小さな力でも自発的な智識たちの力を合わせて造営させようという、聖武天皇の「菩薩の大願」が込められた国家事業であった。同月乙酉（十九日）、紫香楽宮で大仏造立のための寺地を開く作業に行基が登場していることも、その大乗仏教の理念と無関係ではないであろう。

それから一年以上経って、甲賀寺で盧舎那仏像の体骨の柱を建てるという儀が行われた。『続日本紀』天平十六年（七四四）十一月の条に、

> 壬申（十三日）、甲賀寺始建二盧舎那仏像体骨柱一、天皇親臨、手引二其縄一、于時種種楽共作、四大寺衆僧僉集、襯施各有レ差、

とあり、「始」に「やっと」という意味があることを考え合わせると、当初の理念に基づく造営がいかに困難であったかを知ることができる。都が定まっていなかったことや皇太子の薨去なども、もちろん影響したであろう。(3) それらを克服して催すに至ったこの儀では、種々の楽や衆僧への布施があっただけでなく、聖武天皇自らが参加し、手ずからその縄を引いたという。これは、単に造立の開始を意味するのではなく、その「柱」に宗教的な意義を込めた儀だったのではないだろうか。

そもそも、仏教の大事業を神祇との関わり抜きにして進めることが出来たのか、という基本的な問題と合わせて考えなければならない。これより先、天平十三年（七四一）三月に出された国分寺・国分尼寺建立の詔では、年来の不作と疫病流行という事態に対処するため、まず使を遣わして「天下の神宮を増し飾」ってから、丈六の釈迦牟尼仏像の造立と大般若経の書写を諸国に命じたとある。(4) すなわち、神祇に対する処置を最初に行なってから仏事へと展開するのが、古代国家における神祇と仏教の基本的な関係であったと考えられる。(5) そうだとすれば、大乗仏教の理想に基づくモニュメントの造立を本格化するに際し、仏教的な要素だけではなく、何らかの神祇的要素が取り込まれた可能性は十分に想像される。では、「柱」に込められた神祇的・宗教的な意義とは何か、以下検討を加えていきたい。

(二) 古墳時代の「柱」祭祀

古代日本における「柱」の宗教的な意義を考える上で、鍵になると考えられる史料が、次の『日本書紀』推古天皇廿八年（六二〇）十月条である。

> 冬十月、以二砂礫一葺二桧隈陵上一、則域外積レ土成レ山、仍毎レ氏科之、建二大柱於土山上一、時倭漢坂上直樹柱、勝之太高、故時人号之、曰二大柱直一也、

推古天皇の両親（欽明天皇と堅塩媛）を合葬する桧隈陵(6)を修築した際、その域外に造った土山で諸氏族に大柱を建てさせたという。この記事は、その時に倭漢坂上直《やまとのあやのさかのうえのあたい》が非常に優れた太く高い柱を建てたので「大柱直」と呼ばれるようになった、という氏族伝承に基づくもので、天皇陵で柱を建てさせるという儀式は、これに付随する形で伝えられたのであろう。また、古墳祭祀については『日本書紀』に他の記載がなく、この儀をもとに想像するしかない。そうだとすれば、前方後円墳が天皇（大王）家によって造営され、祭場として用いられていた時代、諸氏族に柱を建てて服属を誓わせるような儀が折あるごとに行われていたと想定される。そして、この「柱」祭祀とでも呼ぶべき儀礼は、前方後円墳の消失と運命を共にして忘れ去られたと考えられるのである。(7)

このように復元された古墳時代の「柱」祭祀には、神聖的な面と服属儀礼的な面と二つの意義が認められる。神聖的な面は、いうまでもなく神を降ろすという祭祀的な意味を持っており、服属儀礼的

な面は、「氏毎に科す」という表現からも窺えるように氏姓制度の時代に特有な意味を持っていたと思われる。そして天武朝には、祭儀の消滅により、神聖的な面が伊勢神宮の心御柱・新たな祭神名[8]・神の助数詞「柱」へと変化し[9]、服属儀礼的な面が大祓へと移行したと考えられる[10]。

共に可視的な実際の柱から不可視的なものへと変質したわけであるが、柱を建てることに込められた神聖的な面だけは、通時代的な現象として現われていることが注目される。縄文時代の寺地遺跡（新潟県）・チカモリ遺跡（石川県）・真脇遺跡（石川県）・三内丸山遺跡（青森県）には建物とは異質の巨木を建てた遺構があり[11]、弥生時代の池上曽根遺跡（大阪府）・吉野ヶ里遺跡（佐賀県）・古津賀遺跡（高知県）などからも「立柱」跡が見つかっている[12]。古墳時代でも、四条古墳などでは周濠跡から木製祭祀具（木の埴輪）が大量に見つかっており、墳丘の周囲で柱状のものを建てていたことは疑いない[13]。

池上曽根遺跡の「立柱」復元

これらは記紀の天岩戸神話に描かれる「五百津真賢木《いほつまさかき》」、現在にも伝わる上賀茂社の御阿礼神事や諏訪大社の御柱祭、あるいは神籬などとも共通するといえよう。

(三) 仏教受容と「柱」

神聖な「柱」は、仏教を受容する際にも重要な役割を果たした。塔の心柱である。

日本の塔の主流を占める木造の仏塔は、中心に一本の柱が貫かれ、それを覆うように重層の屋根がある。インドで発生した本来の仏塔（ストゥーパ）の中心部分である伏鉢などは相輪の一部としてあるだけで、装飾的なものにしか見られない。古代朝鮮の木造仏塔が現存しないので、どこまで日本独自のものか明らかにし得ないが、中国の木造仏塔とは形態を異にしている[14]。また、飛鳥時代の寺院伽藍の中心には必ず仏塔があり、回廊に囲まれた内側は仏の専有空間で、その中に入ることが出来なかった当時の人々は、中門から仏塔を拝んでいたと考えられている[15]。

仏教受容の段階で塔が重要な位置を占めていたことは、蘇我馬子による二つの寺院の建立方法からも確認できる。『日本書紀』敏達天皇十四年（五八五）二月壬寅（十五日）条に「蘇我大臣馬子宿禰、起二塔於大野丘北一、大会設斎、即以二達等前所レ獲舎利一、蔵二塔柱頭一」とあり、大野の丘に建てたのは塔で、しかも司馬達等が感得した舎利を「塔の柱の頭」に納めている。まさに仏教による「蕃神の柱」を建てたことを意味するのであろう。それ故に、同年三月丙戌（卅日）条に「物部弓削守屋大連、自詣二於寺一、踞二坐胡床一、斫二倒其塔一、縦レ火燔之、幷焼二仏像与二仏殿一、既而取レ所レ焼余仏像一、令レ棄二難波堀江一」とあるように、物部守屋による廃仏が行われた際、真っ先にその塔が切り倒されたと考えられる。

　法興寺（飛鳥寺）の建立でも、『日本書紀』推古天皇元年（五九三）正月の条に、

　丙辰《十五日》、以二仏舎利一、置二于法興寺刹柱礎中一、
　丁巳《十六日》、建二刹柱一

とあるように、最初に塔の刹柱を建てることから始めている。そして、その塔心礎の仏舎利埋納物として発掘された翡翠の勾玉・瑪瑙の勾玉・馬鈴・挂甲・馬具などは後期古墳の副葬品と同じで、発掘者をして「古墳を掘っているのではないかという錯覚に捕らわれた」と言わしめるほど在来信仰が投影されたものであった[16]。また、『日本書紀』天武天皇六年（六七七）八月乙巳（十五日）条に「大設二斎飛鳥寺一、以読二一切経一、便天皇御二寺南門一、而礼二三宝一」とあるように、天武天皇による行幸も寺の南門（中門）までで、一塔三金堂形式の伽藍では何より中央にある塔を拝んだと解釈できるのであり、塔が仏像以上に礼拝の対象として重視されていたと想像される。

　塔の中央に貫くように建てられた心柱については、近年の年輪年代測定法の成果により伐採年代が明らかにされ、それに基づく新見解が提示されている[17]。法隆寺五重塔の心柱は五九四年の伐採であるのに対し、屋根の材木は六二四～六六三年の伐採であることから、この心柱は聖徳太子時代の若草伽藍にあった刹柱を転用したものであり、当初の仏塔は法隆寺押出観音菩薩像裏板の線刻相輪刹柱塔図に描かれているような屋根と軸部のない刹柱形式であったという。また、さらに古い五七二年の伐採とされる法起寺三重塔の心柱には、先端部に舎利を奉安した納入穴が掘られており、最初に仏舎利を柱頭に安置する形式で作られ、後の改造で三重の軸部を備えるに至ったと想定されるという。つまり、層塔に改造して舎利の安置場所を刹柱下の心礎へ変更する以前の飛鳥時代の初期伽藍における塔は、大野の丘の刹柱のように舎利を載せた柱として建てられたのであり、まさに神聖な柱というイメージであったと考えられる。

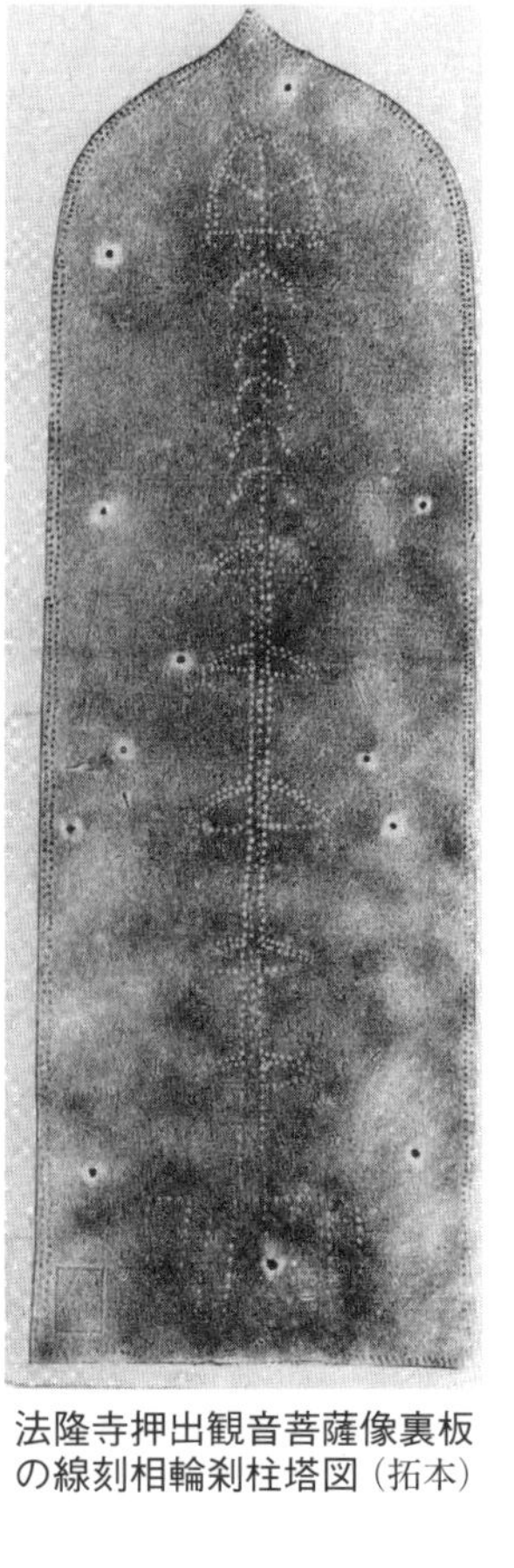

法隆寺押出観音菩薩像裏板の線刻相輪刹柱塔図（拓本）

法起寺内部の心柱

　このように、古墳時代に「柱」祭祀が主流であり、初期伽藍の中心に柱そのものをイメージさせる塔が建てられていたとするならば、日本で仏教が受容されるにあたって、「柱」という宗教的なシンボ

ルが在来の神祇信仰との媒介となっていたことは明らかである[18]。そうだとすれば、大仏の造立を開始するにあたって天皇自らも綱を引いて建てた「柱」にも特別な意味が込められていたと解釈するのが妥当であろう。大仏造立の時代、寺院伽藍が塔中心から金堂中心に変更された時代であったから[19]、仏教信仰の新たな象徴となった大仏そのものに神祇的な神聖性を付与する必要が生じたのかもしれない。けれども、仏像の体骨の柱を建てるような儀は他に見出すことができず、この時代に普遍的に行なわれていたとは考え難い。あるいは、大乗仏教の理念に基づく造営事業の進捗が期待ほどではなかったので、旧来の「柱」のイメージを導入する必要に迫られたのかもしれない。そうであれば、古墳時代に有していた服属儀礼的な側面が投影されて、天皇が推し進める事業への献身を示す意味にも受け取られていた可能性がある。

儀式を計画した側と執行・建設する側とで意識にずれがあったことも考慮しなければならず、「柱」に込められた意義を特定することは困難である。ただ、文字や意識の中で明確に「神」と認識されないにしても、神仏両方の神聖性が重ね合わされていることを見逃してはならない。その意味で、最も基底的な部分での神仏習合であったといえるのではないだろうか。

二　平城京における大仏造立の再開と神仏習合

(一)　大仏造立事業の再開

大仏の体骨の柱を建てたことで本格化するかと思われた事業は、社会情勢の影響を受けて頓挫してしまう。

『続日本紀』によれば、翌天平十七年の四月四月庚寅（三日）には甲賀寺の東山に火事があり、甲寅（廿七日）に去年の田租を免除し、「縁㆑有㆑所㆑念（念《おもほ》す所有《あ》るに縁《よ》り）」大赦をしたその日に大地震が起こる。五月己未（二日）には、「京師の諸寺」に最勝王経転読を命じ、都を何処にするかを諸官人に尋ねると、官人たちは皆「可㆑都㆓平城㆒」と回答した。さらに地震は続き、壬戌（五日）に恭仁京へ、戊辰（十一日）に平城京へと事実上の遷都がなされる中、紫香楽（甲賀）宮は盗賊が跋扈する廃都と化していった。同日に行われた諸陵奉幣や六月庚寅（四日）に行われた伊勢奉幣には、帝都の安定が願われていたことであろう。

『東大寺要録』（巻一・本願章第一）の天平十七年八月の条に、

廿三日、天皇自㆓信楽宮㆒車駕廻㆓平城宮㆒、於㆓大倭国添上郡山金里㆒更移㆓彼事㆒、創㆓同盧舎那仏像㆒、天皇以㆓御袖㆒入㆑土持運加㆓御座㆒、公主・夫人・命婦・采女・文武官人等運㆑土築㆓堅御座㆒、

とあり、平城京の東、山金里で盧舎那大仏造立の工事を再開するに際し、天皇が率先して袖に土を入れて基壇を固めたとされている。史料上の制約があり[20]、確定的なことは言えないが、紫香楽宮の甲賀寺で行なわれたような柱を建てる儀は認められない[21]。しかし、聖武天皇の病状が悪化したことにより、九月己巳（十五日）に殺生禁断が天下に布告され、辛未（十七日）の勅で大赦と賑恤が命じられただけでなく、癸酉（十九日）に諸寺と名山・浄処での薬師悔過と賀茂・松尾等の神社への奉幣、翌甲戌（廿日）に宇佐八幡への奉幣と薬師仏像七体の造立・薬師経七巻の書写というように、相次いで神事と仏事が同時に催されている。天皇の御祈は仏教だけに委ねられ

るのではなく、神祇も欠かせなかったのである。

天平十八年三月丁卯（十五日）の勅で「興㆓隆三宝㆒、国家之福田、撫㆓育万民㆒、先王之茂典、」として仁王経講説と大赦が命じられた。これも同月己未（七日）に出雲国造の任命や神亀出現に伴う叙位と祥瑞を出した郡内の租調を免じる勅が出されたことと対でとらえるべきであろう。また、八月壬寅（廿三日）に斎宮寮を置き、九月壬子（三日）に県女王を斎王として伊勢に発向させるなど[22]、政局の安定と共に神祇行政も正常に戻ったものと考えられる。そして、『続日本紀』天平十八年（七四六）十月の条に、

甲寅《（六日）》、天皇・太上天皇・皇后行㆓幸金鐘寺㆒、燃㆓燈供養盧舎那仏㆒、仏前後燈一万五千七百余坏、夜至㆓一更㆒、使㆓数千僧㆒、令㆘擎㆓脂燭㆒、讃歎供養繞㆑仏三匝㆖、至㆓三更㆒而還㆑宮、

とある聖武天皇・元正上皇・光明皇后臨席のもとで金鐘寺での燃燈供養が挙行された。これが大仏の雄型の塑像完成によりなされたのならば[23]、柱を建てる儀とは異質の純然たる仏教儀礼がかなったことになる。

平城京に戻ってから再開された大仏造営に関わる儀としては、神仏習合的な要素が認められない。その理由は、社会情勢の安定によって神事と仏事を併修する国家的宗教儀礼の基本形態が保持されていたからであり、決して仏教偏重の政策がとられていたからではない。また、儀礼面とは別のところで神仏習合的な要素が認められると思われる。

(二) 東大寺の立地

ここで問題とすべきは、平城京に戻って大仏建立を再開するにあたり、何故、東の山金里の地が選ばれかということである。この点については、もと金鍾山坊から発展したこの地で華厳教学が発展し、大養徳国金光明寺（大和国国分寺）へと展開していたという従来の説に加え、毘盧遮那の性格として東方が重視されたという見解も提示されている[24]。しかし「東大寺山界四至図」に描かれているように、南の森林地があるのに現位置にした理由は説明できない。それを神仏習合の観点から検証すると、二月堂のほぼ正面にあることが重要な意味を持つと考えられる。

十一面観音をまつる二月堂は、懸造で西向きに建てられている。これは平地に建てられた平安京造営以降の諸寺が、強制的に南向きとされ、整然とした伽藍を持っていることと対照的で、山岳寺院特有の地形に合致した造りになっている。換言すれば、伝統的な宗教的特質を生かした造りなのである。そして、長谷寺に代表される古代観音霊場が岩場に形成され、誓盟《うけい》という在来信仰と習合し、夢告を得るためのドリームホール（dream hall）として機能していたという見解を考え合わせるならば[25]、二月堂が建てられた山野斜面も、単なる観音を安置する場所という以上に、神の降臨を示す磐座の地と見なされていた可能性が出てくる[26]。また、大仏の基礎が磐座になっているという解釈もある[27]。

東大寺大仏の鋳造と金出現にまつわる伝説として石山寺創建譚があり、ここからも同時代に夢と観音霊場が深く関わっていた様相を知ることができる。『東大寺要録』（巻一・本願章第一）の天平十九年九月廿九日条に「伊勢大神宮禰宜延平日記云」として、

天平十九年丁亥九月廿九日、始而東大寺大仏盧舎那仏被㆑奉㆓鋳鎔㆒、未㆓成畢給㆒、而依㆑無㆘可㆑塗㆓件大仏㆒之金㆖、天皇御心不㆑静、

嘆念御之間、蒙二示現一御須告云、近江国栗太郡水海岸頭山脚有二勝地一、件地建二立伽藍一、而修二行如意輪法一者、必金宝者可二出来一也者、即御夢覚之後、件栗太郡勢多村下一勝地、急建二立伽藍一安二置如意輪観世音幷執金剛神像各一体一、石山寺是也、修二行件如意輪法一給之程、以二同年十二月一、従二下野国一奏二聞金出来之由一也云々、

とあり、聖武天皇が金の不足に嘆いている時、夢に示現があり、如意輪法を修した勝地が石山寺であるという。石山寺は奇岩でも知られる勝地にあり、如意輪観音を本尊とする本堂には懸造の礼堂が付けられている(28)。この話は僧侶の修行場となっていた岩場が、奈良時代に国家の介入により伽藍整備され、如意輪観音をまつる霊場として発展していったことを伝えてる。

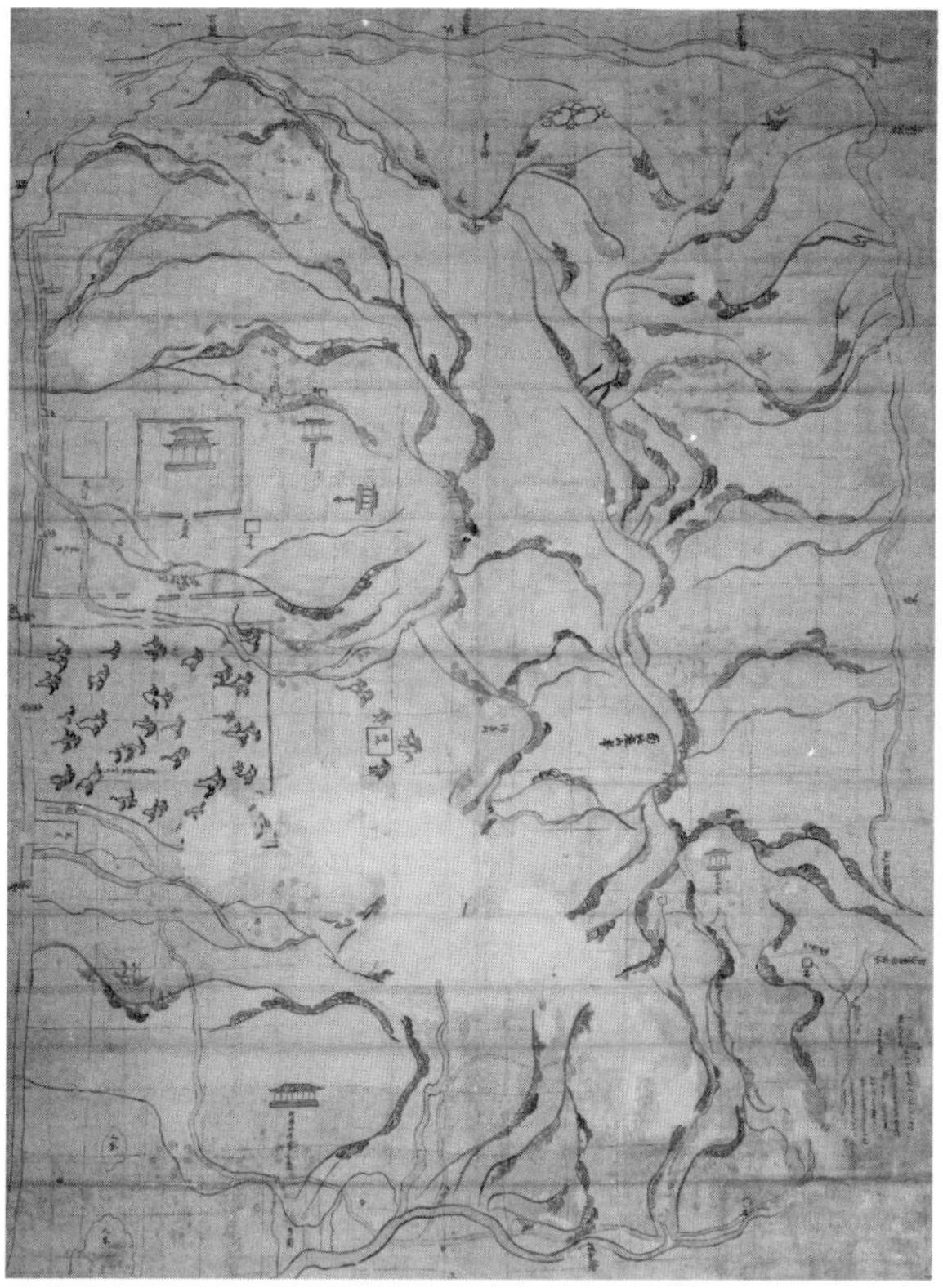

東大寺山堺四至図

東大寺二月堂は十一面悔過との関係から実忠が天平勝宝四年（七五二）に創建されたと伝えられるが(29)、二月堂北の山中で大規模な古代寺院遺跡が発掘されていることから(30)、大仏造立以前から神霊の降臨地、かつ僧侶の山林修行の場として機能していたことは明らかである。そうだとすれば、大仏造立地としてもその前面が宗教的に最もふさわしいと判断されたのではないだろうか。

(三) 法華堂不空羂索観音像

不空羂索観音を安置する法華堂（三月堂）との関係も重要である。『東大寺要録』（巻一・本願章第一）に「五年《天平》癸酉、公家為二良弁一創二立羂索院一号二古金鐘寺一是也、」とあることは、この地に大仏造立以前から堂舎があったことを窺わせる。しかし、羂索堂という名称が現われるのは天平勝宝元年（七四九）以降であり(31)、不空羂索観音像の安置時期が問題となる(32)。

不空羂索観音像（像高三六二センチ）は奈良時代の典型と称され、技術・表現共に超一級の作品と評価されている。それに対し、法華堂は同時代の高水準の建物として評価されていない(33)。しかも、法華堂の創建期に使用された文字瓦は、天平十二年（七四〇）～十五年の間に恭仁宮で製作されたもので、急遽転用されるようになったという(34)。さらに、『東大寺要録』（巻八・雑事章第十二）所載の「東大寺桜会縁起」に、

猶復以二去天平年一、始奉二為四恩一、窮二目連之三往功一、尽二毗首之一制匠一、敬造二不空羂索観音自在菩薩像一為二其像一也、立身丈余、徳円相満、疑二補陀之真儀一、青連眼、頻婆脣、似二安養正躯一、其像雖レ就、未レト二居処一、後経二数年一、京城東畔崇二山麓一占定、此地正為二其地一也、東即重巒巃嵸両耀所二幣虧一、西則都邑隠軫八

方所二輻湊一、此処初即浄名方丈窮子草庵、往々陳烈容レ身而已、
爰道力冥感、朝野帰宗、芟二夷荊棘一、剪二截莣蓬一、構二造大厦殿一、
安二置観音像一為二其院一也、（中略）以二去天平十八年丙戌三月一、
奉二為桂畏大雄大聖天皇・孝謙皇帝・仁聖大后一荘二厳堂閣一羅二
列幡蓋一、敷二設法莚一、屈二請名僧一、開二方便門一、示二真実相一、自下
起二此法会一去天平十八年上以来、迄二此承和十三年一、所レ経之年、
合一百一歳也、雖二年代古過一、而法会常新、

とあることによれば、不空羂索観音像が先に完成しても安置する場所がなく、数年を経て現在の地に安置し、天平十八年三月に初めての法華会を修したことになる。

これらを整合的に解釈すると、紫香楽宮で完成された像が、平城京に移されることになり、堂が急造されたために、恭仁京で余っていた大量の瓦が流用されたのだという[35]。そうだとすれば、法華堂の建立と大仏造立の再開がほぼ同時になされたことになるが、その際、卜占がなされ、特に神聖な地が選ばれた点に注目したい。

不空羂索観音像に施された装飾にも留意する必要がある。宝冠（総高八八・二センチ）は、金属部分を銀製鍍金とし、中央に銀の化仏を置き[36]、翡翠・琥珀・水晶・真珠・吹玉など、二万数千個に及ぶ宝玉で荘厳された豪華なものとして知られる。その宝冠の中心部左右に取り付けられた六稜鏡や勾玉、そして仏身中央の合唱手の中にある水晶玉などは、『不空羂索観音経』などに説かれていないものである。これらは、先の塔心礎の仏舎利埋納物と同様、古墳時代以来の在来信仰との関係で捉えるべきである[37]。さらに、天蓋にある鏡が神の依代としての意味を持っていたとするならば、在来の神祇信仰との習合が、不空羂索観音像の造立時だけでなく、安置する際にも極めて重要な意味を持っていたのであり、その場を選定するにあたっても神聖性が求められたと考えられる。法華堂（三月堂）が地形に窮屈な形で南向きに建てられたのは時代の要請によるものであるが、そこまでしても二月堂に近接させる必要があったのである。

不空羂索観音像宝冠

不空羂索観音像の造立と安置に神仏習合的な意味が込められていたとするならば、それと並行して進められた盧舎那大仏の造営を再開するにあたり、同様に神祇信仰に基づく清浄・神聖性が追求され、それにふさわしい場所が求められたであろう。この二つの仏像を安置するにあたり、神聖な地が選ばれただけでなく、神の降臨を象徴する鏡や磐座を設定する措置がとられていたとするならば、なおさ

らである。大仏造立事業の再開そのものに神仏習合的な現象は見られないが、神事と仏事の併修、再建地の選定、神の降臨を象徴する器物の設置などに、ある意味での習合現象が見て取れるのである。これは、まだ仏教に託しきれなかった当時の複雑な宗教観を伝えているともいえるのではないだろうか。

三　大仏造顕後の神仏関係

(一)　宇佐八幡神の託宣と華厳思想

天平勝宝元年（七四九）、大仏造立の最後の段階で宇佐八幡神の入京が図られ、十二月丁亥（廿七日）の詔によって「天神地祇を率いて造立を助ける」という神託がなされていたことが明らかになる。聖武天皇はこの託宣により自信を取り戻して造立を完成させることができたのであるから、天神地祇を代表して入京した宇佐八幡神は「神界の善知識」として機能したという解釈も成り立つことになる[38]。また、大仏造立事業の完成により神祇と仏教の関係が逆転したとする見解も多い[39]。

この年の四月甲午（一日）には、聖武天皇が盧舎那仏像に対して「三宝の奴」として国内初の黄金産出を奏したとある。この時点で聖武天皇は出家していた可能性もあり[40]、もしも神祇の呪縛から解放されたとするならば、それは大仏の完成によるものであろう。さらに、十二月の詔で語られた天神地祇を率いる宇佐八幡神のイメージは、『華厳経』や『梵網経』で説かれる蓮華蔵世界の教主である盧舎那仏のそれが投影されたと解することも可能である。換言すれば、一切衆生を教化する菩薩たちを開発する十億の仏として化現する盧舎那仏の観念が、大仏の蓮華座の蓮弁に描かれて可視的に表現される一方で、日本の神にもあてはめられ、言語化されたのである。ここに言語化されたイメージは、一切衆生に見立てられた天神地祇を一菩薩としての八幡神が率いて盧舎那仏に奉仕するというもので、神祇官が皆「常典」により天神地祇をまつると規定した神祇令の理念から逸脱していることは明らかである[41]。

問題は、このような従来の神祇のあり方とは全く異なる神祇思想の言語化が、何時、何処でなされ、どれほどの影響力を持ったのかということである。大仏の完成時に宇佐八幡神の入京があり、その時に出された聖武天皇の詔に天神地祇を統率する八幡神のイメージが表出したとするならば、様々な神仏習合的現象の最終段階で言語化がなされたことになる。しかし、宣命の詞をそのまま受け取れば大仏造立

大仏連弁の線刻図模

に困難が生じた時に託宣があったことになり、(42)その時点で華厳思想が浸透して神祇信仰をも統合する思想が形成され、大仏の完成により天皇周辺でも認められることになったと見なければならない。これは、最先端の習合思想が都（平城京）で創出されたのか、地方（宇佐）でなされたのかという問題とも関わってくる。また、従来とは異なる思想が天皇の詞として発せられたことで起こるであろう、伝統的な神祇観との軋轢についても検討する必要があろう。

ところが、八幡神入京がなされた年については、『続日本紀』といえども信憑性を疑わざるを得ない記事があり、一つ一つの事実関係から確認しなければならないのであり、この宣命と宇佐八幡神の託宣についても、根本的に問い直さなければならない。

(二) 八幡神入京の背景

託宣について考察する前に、八幡神入京に至るまでの経緯をたどり、この年（七四九）の宗教事情が錯綜していたことを確認しておきたい。

『東大寺要録』（巻一・本願章第一）には、まず、

（天平）廿一年四月、自二陸奥国一始献二黄金一、由レ之改二元天平勝宝（感宝）一、七月二日甲子（午）、禅位、年四十九、

として陸奥国からの黄金の献上と改元、聖武の譲位が簡潔に記され、

冬十月廿四日、奉レ鋳二大仏一畢、三箇年八ヶ度也、右兵衛督藤原朝臣為二勅使一奉レ勧二請八幡大神一、以為二鎮守一、由レ之大仏鎔鋳之功畢、

と、天平十九年九月廿九日から三年間にわたり八回に分けて鋳継がれた大仏鋳造は終わり、鎮守としての八幡神を迎えたことを記している。(43)

『続日本紀』（巻十七）天平勝宝元年（七四九）の記事には、正月丙寅朔条に元正太上天皇（前年四月庚申（廿一日）崩御）のための天下諸寺悔過・金光明経転読、二月丁酉（二日）条に大仏造立に貢献した行基の遷化（薨伝）、それらの前後に上総・下総・石見で行われた賑給、そして、

天平廿一年二月丁巳（廿二日）、陸奥国始貢二黄金一、於レ是、奉幣以告二畿内七道諸社一、

と、黄金の産出により諸社奉幣がなされたと記されている。改元がなされる年の中途にもかかわらず、ここに「天平廿一年二月」とあることは、この記事が編纂の際に他の記録から錯入されたことを示しており、扱いに注意が必要だが、黄金産出に際して最初に全国の諸社への奉幣・報告がなされたことに注目したい。

そして、四月甲午朔条に「天皇幸二東大寺一、御二盧舎那仏像前殿一、北面対レ像、皇后・太子並侍焉、群臣百寮及士庶分頭、行二列殿後一」と、聖武天皇による東大寺行幸の記事があり、そこで出された二つの宣命を載せている。第一の宣命（第十二詔）は、

勅遣二左大臣橘宿禰諸兄一、白レ仏、三宝乃奴止仕奉流天皇羅我命、盧舎那仏像能大前仁奏賜部止奏久、此大倭国者天地開闢以來尓、黄金波人国用理献言波有登毛、斯地者無物止念部流仁、聞看食国中能、東方陸奥国守従五位上百済王敬福伊、部内少田郡仁黄金出在奏弖献、此遠聞食驚岐悦備貴備念久波、盧舎那仏乃慈賜比福波陪賜物尓有止念閇、受賜里恐理戴持、百官乃人等率天、礼拝仕奉事遠、挂畏三宝乃大前尓、恐无恐无毛奏賜波久止奏、

として、「三宝の奴」である天皇が、天地開闢以来日本では輸入に

頼っていた黄金が産出したことを盧舎那仏の慈福とし、百官人等を率いて礼拝する旨を奏したのである。有名な宣命であるが、橘諸兄を遣わして「仏に白」すという前例のない特異な形式であることを見逃してはならない。

これに対し第二の宣命（第十三詔）は、中務卿石上乙麻呂に「宣」らせた長文で、前後二段に分けられる。前段は「現神御宇倭根子天皇詔旨宣大命、親王・諸王・諸臣・百官人等、天下公民衆聞食宣」で始まり、黄金の産出を人々と共に喜び、年号に文字を加えると述べる。「辞別弖宣久」以降の後段では、諸社寺への感謝、神職・僧尼・大御陵守や大臣・功臣の子孫に恵みを垂れることなどが示される。共に最後は「天皇大命衆聞食宣」と結ばれており、形式に奇異なところは見あたらない。この第二の宣命では、「現神御宇倭根子天皇」「高天原尓天降坐之天皇御世乎始天」という神話に裏打ちされた天皇観に基づいて語られているだけでなく、前段に「盧舎那仏化奉止為弖、天坐神・地坐神乎祈祷奉、」「三宝乃勝神枳大御言験乎蒙利、天坐神・地坐神乃相宇豆奈比奉佐枳波倍奉、」などと、[44]仏教だけでなく天神地祇をも顕彰する言辞が並べられ、後段でも最初に「大神宮乎始弖諸神多知尔御戸代奉利、諸祝部治賜夫、」とあり、寺々の墾田よりも先に伊勢神宮の神戸に対する特別措置が宣言されている。そして翌乙未（二日）に大赦が施され、戊戌（五日）の詔で神祇氏族の中臣益人・忌部鳥麻呂と伊勢神宮禰宜神主首名への叙位と伊勢奉幣がなされた。橘諸兄以下への叙位がなされたのは、丁未（十四日）に再び東大寺へ行幸して「天平感宝」に改元した時であり、産金功労者への叙位は更に遅れて閏五月甲辰（十一日）のことであるから、神祇への対応を特別に優先させていたことがわかる。

閏五月には聖武天皇の病気のためであろうか、壬寅（九日）に宮中で一千人を度し、翌癸卯（十日）に大赦、[45]癸丑（廿日）に諸寺への施入をし、丙辰（廿三日）に薬師寺宮へ遷御している。特に癸丑の施入願文には「所レ冀、太上天皇沙弥勝満、諸仏擁護、法薬薫質、万病消除、寿命延長、一切所願、皆使二満足一、令二法久住一、抜二済群生一、天下太平、兆民快楽、法界有情、共成二仏道一」とあり、沙弥勝満として延命祈願していることから、この大病により仏教への依存を強めていったことが窺える。そして、七月甲午（二日）に譲位した。

七月甲午条に掲載された孝謙天皇が大極殿で即位した時の詔（第十四詔）は、聖武の譲位を告げる部分と孝謙の即位を告げる部分とに分けられるが、その両方で強調されているのは「天日嗣高御座乃業」の継承である。同時に「天平勝宝」に改元されているが、仏教への言及は全くない。出家した聖武に代わる女帝の出現により、国家の体裁があるべき姿に維持されたことを意味するのであろうか。ただし孝謙女帝は、十月庚午（九日）に河内国智識寺に行幸し、丙子（十五日）に僧尼へ施行して大郡宮に還御する。一週間に及ぶ逗留は女帝の仏教信仰の表われと解釈できるが、十一月乙卯（廿五日）には践祚大嘗祭に臨んでおり、国家の神事は規定通りに挙行されたと考えられる。

以上が八幡神入京直前の様相である。聖武の出家（時期不定）があり、大仏完成に伴う黄金出現と譲位による二度の改元がなされたという極めて複雑な年であった。その中で、聖武・孝謙共に天皇個人として仏教信仰への傾斜が認められたが、国家儀礼の面では神事を優先させることに変わりなく、習合現象が起こった様子はない。

特に、伊勢神宮とその神官への優遇が行われている点に留意すべきであろう。

しかし、この直後に起こった八幡神入京は様相を全く異にする。八幡神が託宣を携えて京に向かったのは十一月己酉（十九日）、迎神使として石川年足らを遣わしたのは甲寅（廿四日）であり、大嘗祭の直前である。すなわち、八幡神入京という前例のない行事が、国家最大の伝統的神事と並行して進められていた。しかも、事情は不明だが孝謙の大嘗祭が「南薬園新宮」で行われたのに対し、(46)十二月戊寅（十八日）に入京した八幡神は「宮南梨原宮」に迎えられて「神宮」が新築され、そこで請僧四十口による悔過が七日間催された。そして、丁亥（廿七日）に禰宜尼大神杜女が東大寺を拝し、聖武・孝謙・光明子が行幸、百官が集まる中で請僧を五千も集めて「礼仏読経」がなされた。問題の宣命（第十五詔）が発せられたのはこの時である。

尼の姿をした女神官が東大寺で大仏を拝するという神仏習合儀礼は、八幡神の性格に由来すると解釈できるが、その八幡神が特別な待遇をもって迎えられ、東大寺での儀も国家行事として挙行されたことの意義は重大である。しかも、その準備が大嘗祭と並行してなされたとすれば、伝統的神祇儀礼の形骸化と神仏習合的儀礼の出現という日本宗教史上の大きな転換がもたらされたことを意味するであろう。さらに入京した八幡神への宣命で託宣への謝辞が述べられていたならば、まさに大仏の完成によって神仏習合が新たな段階を迎えたと評することも可能である。ところが、この八幡神入京については、史料上の重大な問題があることを軽視してはならない。

(三)『続日本紀』当該記事の再検討

『続日本紀』（巻十七）天平勝宝元年十一月・十二月の条には、日付が前後したり同日条（十二月丁亥条）が二つあるなどの錯簡があり、編纂段階で改変（書き足し）がなされたことは明らかである。(47)問題の宣命（第十五詔）を含んでいるので、両月の全条を順に掲載したい。（条文が錯綜していることを示すため、一日条ごとに日付を傍書して改行し、明らかな補訂記事に×、疑わしき記事に△を施した。）

△十一月辛卯朔、八幡大神禰宜外従五位下大神杜女・主神司従八位下大神田麻呂二人賜二大神朝臣之姓一、

（廿五日）乙卯、於二南薬園新宮一大嘗、以二因幡一為二由機国一、美濃為二須岐国一、

（廿六日）丙辰、宴二五位已上一、授二従三位三原王正三位一、従五位上藤原朝臣乙麻呂正五位上、正六位上高橋朝臣男河・高橋朝臣三綱並従五位下、従五位上中臣朝臣益人正五位下、无位秋篠王・正七位下当麻真人子老並従五位下、

（廿七日）丁巳、宴二五位已上一、賜レ禄有レ差、

（廿八日）戊午、賜二饗諸司主典已上一、賚レ禄有レ差、番上人等亦在二禄例一、

（廿九日）己未、由機・須岐国司、従五位上小田王授二正五位下一、正四位下大伴宿禰兄麻呂正四位上、従四位下大伴宿禰古慈悲・肖奈王福信並従四位上、正六位上津嶋朝臣雄子従五位下、軍毅已上叙二位一級一、又国司及軍毅・百姓賜二饗并禄一、

（卅日）庚申、正五位下小田王授二正五位上一、是日遷二御大郡宮一、

×（十九日）己酉、八幡大神託宣向レ京、

×甲寅(廿四日)、遣二参議従四位上石川朝臣年足、侍従従五位下藤原朝臣魚名等一、以為二迎神使一、路次諸国差二発兵士一百人以上一、前後駈除、又所レ歴之国、禁二断殺生一、其従人供給不レ用二酒宍一、道路清掃、不レ令二汚穢一、

十二月丁亥(廿七日)、外従五位上高市連大国・正六位上内蔵伊美吉黒人・佐伯宿禰今毛人並授二従五位下一、正六位上柿本小玉・従六位上高市連真麻呂並授二外従五位下一、

×戊寅(十八日)、遣二五位十人、散位廿人、六衛府舎人各廿人一、迎二八幡神於平群郡一、是日入京、即於二宮南梨原宮一、造二新殿一以為二神宮一、請僧冊口悔過七日、

×丁亥(廿七日)、八幡大神禰宜尼大神朝臣杜女其輿紫色、一同二乗輿一、拝二東大寺一、天皇・太上天皇・太后、同亦行幸、是日、百官及諸氏人等咸会二於寺一、請二僧五千一礼仏読経、作二大唐・渤海・呉楽、五節田舞・久米舞一、因奉二大神一品、比咩神二品一、左大臣橘宿禰諸兄奉レ詔白レ神曰、天皇我御命尓坐申賜止申久、去辰年河内国大県郡乃智識寺尓坐、盧舎那仏遠礼奉天、則朕毛欲奉造止思登毛、得不為之間尓、豊前国宇佐郡尓坐広幡乃八幡大神尓申賜閇勅久、神我天神地祇乎率伊左奈比天、必成奉无、事立不有、銅湯乎水止成、我身遠草木土尓交天、障事無久奈佐牟止、勅賜奈我良成奴礼波、歓美貴美奈毛念食流、然猶止事不得為天、恐家礼登毛御冠献事乎、恐美恐美毛申賜久止申、尼杜女授二従四位下一、主神大神朝臣田麻呂外従五位下、施二東大寺封四千戸、奴百人、婢百人一、又預レ造二東大寺人一、随レ労叙レ位有レ差、

十一月の条は、乙卯（廿五日）から庚申（卅日）までが一連の大嘗祭の記事で、その後に八幡神入京に関する己酉（十九日）・甲寅（廿四日）の二条がある。十二月の条は、最初に叙位を記した丁亥（廿七日）条があり、戊寅（十八日）と丁亥（廿七日）の八幡神入京記事へと続いている。この『続日本紀』（巻十七）天平宝字元年十一月・十二月の錯簡は、まず宮廷の史料による大嘗・遷都・叙位などの記事によって一通りの原稿が成立した後、延暦十四年（七九五）の編纂事業の最終段階で、東大寺が提出した食封の返還要求に関する文書を材料として八幡神入京記事が補訂された結果であるという。[48]

補訂に使用された東大寺提出文書は、他の寺院縁起と同様、正確な事実の中に作為の手を入れて虚偽を隠蔽しようとして作られた作為文書である。該当する条文として、確実なものは錯簡を生じている十一月己酉（十九日）・甲寅（廿四日）と十二月戊寅（十八日）・丁亥（廿七日）の四条であるが、同年の二月丁巳（廿二日）条、四月甲午（一日）条の橘諸兄の宣した前の宣命部分（共に史料前掲）、そして十一月辛卯（一日）の「大神朝臣」賜姓記事についても可能性があるという。八幡神の託宣について述べる宣命（第十五詔）は、二つある十二月丁亥（廿七日）条の後の方にあり、確実に東大寺提出文書によったものであり、信憑性は極めて低いといえる。

この宣命は、先の四月甲午（一日）条で問題にした宣命（第十二詔）と対になる。同じ橘諸兄により「神に白」す形式を取る短文であるだけでなく、その書き方も異例で、一読しただけでは文意が通らない。去る辰年（天平十二年二月甲子条の難波行幸とされる）に河内国の智識寺の盧舎那仏を拝礼して「則朕毛欲奉造止思登毛」とあるが、ここで自分も造立しようと思った「朕」とは、聖武太上天皇なのか、孝謙女帝なのか、解釈が別れている。[49]「広幡乃八幡大神尓申賜閇勅久」とある部分についても、八幡神に「広幡」を冠する例は六国史にはここだけであるし、「勅」の主語を八幡神と取るには文

章が乱れすぎている。[50]また、宣命の前にある八幡大神と比咩神への品位の授与についても、後に記される杜女と田麻呂の叙位・東大寺への封戸と奴婢の施入・造寺者への叙位などについても、宣命では一切言及されていない。

ところが、この宣命が朝廷の記録に基づくものでないとすれば、どうであろうか。仮に東大寺僧が書写したものであったならば、形式的な不備も文体の不整合も説明がつく。さらに想像をたくましくして、この宣命が東大寺僧によって作文されたとするならば、既に聖武が退位していたことを失念して「天皇」「朕」とし、大仏造立の発端と苦難の時期における託宣への謝辞を語らせたことも十分に考えられる。そして、作文の時期について、東大寺が経済的苦境に立たされていた延暦十四年頃にまで降らせて見る可能性があるとするならば、その影響力を過大評価することは慎まねばならないだろう。

天平二十一年から天平感宝・天平勝宝へと二度も改元されたこの年は、宗教史的に見ても激動の一年であった。前年の元正上皇の崩御、大仏鋳造の終了と黄金の産出、聖武の病と出家、父から娘への譲位があり、孝謙女帝の大嘗祭と並行して八幡神の入京が進められ、年末に禰宜尼杜女による東大寺拝礼と盛大な仏事が催されたのである。けれども、これらの実態を解明するには、あまりに史料が乏しい。根本史料となる『続日本紀』の記事が信用できないとなると、歴史的な評価を下すには慎重にならざるを得ない。特に、十二月丁亥（廿七日）条は二つあり、問題の宣命（第十五詔）がある後の方は東大寺提出文書に拠っている可能性が高い。八幡神入京そのものを疑うことはできないが、問題の後の条に記された杜女による東大寺拝礼や盛大な仏事について、そのまま真実であると見なすわけにはいかなくなる。[51]同様に「三宝の奴」の宣命（第十二詔）も検討の余地を残すと言えるのであり、この時点で神仏関係の逆転がなされたと断定できないと思われる。

もしかしたら、八幡神入京は当時、大嘗祭の陰で世間全体の注目を浴びていたわけではなく、『東大寺要録』に記されてるように東大寺の鎮守として迎えられたに過ぎなかったのかもしれない。それ故に後世になって作為の手を入れやすかったと想像することもできる。この点は、八幡神の性格や寺院内（僧侶社会）での意義と合わせて考察する必要があるだろう。その上で、天平勝宝四年（七五二）の大仏開眼供養や幾多の政変と聖武・光明子の死がもたらした影響、称徳女帝と道鏡による仏教政治と宇佐八幡神託宣事件など、その後の展開を検証し、神仏習合の進んだ八幡神が国家レベルで取り入れられていく過程を明らかにしなければならない。

八幡神の託宣に示されたような仏に従う神のイメージが言語化された場については、宇佐八幡宮か天皇周辺かという二つの選択以外に、桓武朝の東大寺という可能性が考えられる。ただ、後世の作為だとしても、八幡神の託宣が記された宣命は、勅撰歴史書『続日本紀』編纂の最終段階で採択され、延暦十六年（七九七）に撰進された完成稿に残ったことで、事実と認定されたのである。つまり、これまでの神仏習合史研究がそうであったように、八幡神の託宣は、以後の歴史で事実として扱われ、神仏習合の歴史もそれを前提として展開することになった。この点をも含めて後代への影響を解明し、古代の神仏関係・習合思想の歴史を再構築する必要があるだろう。

おわりに

本稿では、大仏造立にまつわる神仏習合現象について、紫香楽宮での開始期、平城京での再開期、鋳造が終了した完成期に分けて考察した。開始期には大仏の体骨の柱を建てる儀に古墳時代の「柱」祭祀が投影され、再開期には安置場所の選定などに山岳信仰の要素が認められた。これまで完成期における八幡神入京とその時に宣命で明らかになった八幡神の託宣だけが強調されてきたが、その前段階で様々な神仏習合現象が先行していたのである。大仏造立は、聖武天皇の信仰に裏打ちされた仏教理念に基づいて開始された国家的大事業であった。それが紆余曲折を経て、予想もつかなかったほどの長期間に渡って進められたことにより、言語化・文字化されない形で、神祇信仰の多極的な性格が表出していたのである。これを神仏習合の多重性、ないしは重層性として捉えることができる。さらに神事と仏事を併修する基本姿勢も維持されていたのであり、仏教に託し切れなかった当時の複雑な宗教観を見てとれる。

大仏造立の最終段階で迎えられた八幡神は、早くから神仏習合をとげていた神として知られるが、その入京を記す『続日本紀』の記事は史料的に問題がある。特に「天神地祇を率いて造立を助ける」という託宣が明かされた宣命は、後世に東大寺で偽作された可能性が高い。神仏習合思想の言語化については、この点をも考慮して、さらなる検討が必要であろう。

神仏習合は現象面が先行し、次の段階で思想として文字化されたと考えられるが、その作業は、神事と仏事の併修を慣習的に行っていた国家機関に属する者ではなく、仏教教団に属する僧侶の手によるとするのが妥当であろう。これまでの研究で神仏習合思想の原型が中国の仏教関係書に見られると指摘されているが[52]、それは神仏習合の言語化という一面を強調したに過ぎない。また、習合思想としての表現に至る以前において、例えば大祓詞や宣命など、国家儀礼で読まれる和語の中に仏教・道教の典籍に見られる表現が消化されているという指摘もある[53]。これからの神仏習合研究には、直接に習合と見なされる現象や思想に限定することなく、神祇信仰の変容なども視野に入れ、総合的に検証する姿勢が求められているといえよう。

（みつはし　ただし・明星大学助教授）

註

（1）　辻善之助『日本仏教史之研究』正篇上（『日本仏教史研究』第一巻〈岩波書店、一九八三年〉、初版は一九一九年）二「本地垂迹説の起源について」（初出は一九一七年）。

（2）　中井真孝『行基と古代仏教』（永田文昌堂、一九九一年）「神仏習合の思想」（初出は一九八三年）、和田萃『日本古代の儀礼と祭祀・信仰』中（塙書房、一九九五年）第Ⅳ章第五「大仏造立と神仏習合」（初出は一九八八年）。この他、井上馨『奈良朝仏教史の研究』（吉川弘文館、一九六六年）前篇第四章第三節「大仏造立と宇佐八幡神の関係」、田村圓澄『古代日本の国家と仏教―東大寺創建の研究―』（吉川弘文館、一九九九年）第一編第二章第二節「八幡大神と仏教」など関連する論考は多い。

（3）　この儀について、寺地の開発から時間が経ちすぎていることから、大仏の塑形が完成した後の儀とする見解がある。紺野敏文「東大寺大仏造立の意義」（『論集 東大寺の歴史と教学』ザ・グレイトブッダ・シンポジウム論集第一号、二〇〇三年）、畑中英二「甲賀寺小考―甲賀寺研究の現状と課題―」（『論集 東大寺創建前後』ザ・グレイトブッダ・シンポジウム論集第二号、二〇〇四年）。しかし、天平十六年閏正月には恭仁・

難波両京のいずれを都とするか人々に諮ったり、皇太子安積親王が薨じたりしており、造営そのものが遅延したと考えられる。

（4）『続日本紀』天平十三年三月乙巳条の詔に「頃者年穀不レ豊、疫癘頻至、慙懼交集、唯労罪レ己、是以、広為二蒼生一、遍求二景福一、故前年、馳レ使増二飾天下神宮一、去歳普令下天下造二釈迦牟尼仏尊像高一丈六尺者各一鋪一、幷写中大般若経各一部上」とある。

（5）家永三郎『上代仏教思想史研究―増訂版―』（法藏館、一九六六年、初版は一九四二年）「飛鳥寧楽時代の神仏関係」（初出は一九四二年）、拙著『平安時代の信仰と宗教儀礼』（続群書類従完成会、二〇〇〇年）第三篇第一章「日本的信仰構造の形成―神仏関係論―」参照。

（6）『日本書紀』欽明天皇卅二年九月条に「葬二于桧隈坂合陵一」とあり、『同』推古天皇廿年二月庚午（廿日）条に「改二葬皇太夫人堅塩媛於桧隈大陵一、是日、誄二於軽術一」とある。堅塩媛は蘇我稲目の娘で、推古天皇の母であったので、桧隈陵に合葬され、誄もなされた。なお、『日本書紀』推古天皇廿八年是歳の条には「是歳、皇太子・嶋大臣共議之、録二天皇記及国記、臣連伴造国造百八十部幷公民等本記一」とあり、この古墳での儀礼が歴史伝承の集成と密接な繋がりを持っていた可能性がある。

ここで「大柱直」というニックネームを付けられた東漢氏の技術の高さについては、その本拠地とされる奈良県高取町の観覚寺遺跡における国内最古の石組み人工池跡の発掘などからも裏づけられる（高取町教育委員会、二〇〇五年九月）。

（7）拙稿「記紀神話形成期における「柱」祭祀の意義―神の助数詞との関連で―」（『宗教研究』二七五、一九八八年）、拙稿「古墳祭祀から律令祭祀へ」（『宗教研究』二七九、一九八九年）などに、口頭発表の要旨を掲載してある。

（8）伊勢神宮の「心御柱」は建築材としては用をなさない。また、天武朝に創始される竜田風神祭の祭神を『延喜式』（巻八・祝詞）では「天乃御柱乃命・国乃御柱乃命」としている。

（9）拙稿「日本における神の数え方―神の助数詞「柱」の用法―」（明星大学青梅校日本文化学部共同研究論集第八輯『批評と創作』〈明星大学日本文化学部、二〇〇五年〉所収）参照。

（10）大祓の料物を『日本書紀』天武天皇五年八月辛亥・十年七月丁酉条では「祓柱」と書くなど、古墳時代の「柱」祭祀における柱が抽象化された形跡を認めることができる。また、服属儀礼として柱を建てさせる儀は仏教的にも変容し、斉明朝に覩貨邏・蝦夷・粛慎など周縁の征服民を饗宴する際に作る須弥山に置き換えられたと考えられる。

（11）但し、縄文時代の巨木遺跡については建物跡と見ることもでき、慎重に検討する必要がある。

（12）このうち、吉野ヶ里遺跡では墳丘上に、池上曽根遺跡では大型掘立柱建物の前に、巨大な柱を発掘調査に基づいて復元している。なお、柱のような天に向けたモニュメントは、世界的に認められるが、ここでは日本文化に定置されたものを簡単に指摘した。

（13）泉森皎「奈良県四条古墳と木製立て物（樹物）」（『日本の美術』三四七「器財はにわ」、一九九五年）。また、キトラ古墳の石室前からも二つの柱穴跡が発見された（新聞報道、二〇〇四年四月）。

（14）現存する応県の仏塔に心柱はなく、各層に仏像が安置されている。

（15）井上充夫『日本建築の空間』（鹿島出版会SD選書57、一九六九年）Ⅱ「彫像的構成」参照。塔の構造については、箱崎和久「東大寺七重塔考」（『論集　東大寺創建前後』ザ・グレイトブッダ・シンポジウム論集第二号、二〇〇四年）も参照。

（16）坪井清足『飛鳥の寺と国分寺』（岩波書店、一九八五年）。

（17）松浦正昭「飛鳥白鳳の仏像―古代仏教のかたち―」（『日本の美術』四五五、二〇〇四年）。

（18）この他にも西隆寺・武蔵国分尼寺など主に尼寺の建物前に柱穴跡が発掘されている。これは幢竿支柱の跡とも考えられており慎重に扱わなければならないが、尼寺に何らかの神仏習合的な神聖性を付与する役割を持たせていた可能性も考慮すべきであろう。

（19）古代寺院の伽藍配置は、一塔三金堂形式の飛鳥寺式から、中門・塔・金堂が縦に並ぶ四天王寺式、回廊内に塔と金堂が横に並ぶ法隆寺式・法起寺式を経て、金堂を中央に置き左右前方に二塔を配する薬師寺式となり、さらに二塔を回廊外に追いやる東大寺式へと変化する。ここで塔の規模は大きくなるが、礼拝の対象から外れていった。

（20）『扶桑略記』では最後を「然後召二集氏々諸人一、運レ土築二堅御座一」とする。しかし『続日本紀』に記載はなく、日付を干支で示していないなど、後世の伝承によるとも解釈できる。また、同月癸丑（八月廿八日）には難波宮に行幸し、還御したのは九月丁丑（廿三日）であり、作事を開始した直後に一ヶ月近くも平城京を空けていたことになる。栄原永遠男「紫香楽から大養徳へ―盧舎那大仏の遷転―」（『論集 東大寺の歴史と教学』ザ・グレイトブッダ・シンポジウム論集第一号、二〇〇三年）など参照。

(21)『正倉院文書』天平十八年十一月一日「金光明寺造物所告朔解案」（『大日本古文書』九—三〇一頁）に国中公麻呂が初めて「造仏長官」として見え、この前後に就任したと考えられることから、あるいは大仏の造営方法を変更した可能性もある。

(22) 前斎王井上内親王は、天平十六年閏正月の弟安積親王の喪により退下している。

(23)『東大寺要録』（巻一・本願章第一）天平十九年九月廿九日条に「始奉レ鋳二大仏一、又大仏殿造事、始レ自二今年一焉、」とあり、さらに「伊勢大神宮禰宜延平日記」を引いて石山寺創建にまつわる天皇の夢告を詳述している（史料後掲）。

(24) 紺野敏文前掲註(3)論文。

(25) 西郷信綱『古代人と夢』（平凡社、一九七二年）第三章「長谷寺の夢」。『東大寺要録』（巻六・末寺章第九）の「長谷寺」の項に「飯高天皇賜二稲三千束道明一、十一面像高二丈六尺、道徳夢有レ神、指二大和国城上郡長谷郷一、土下有二大石一、堀顕奉レ立二此観音一、夢覚之後、堀二得長石八尺一、面如レ掌、仍立二其像一」とその創建が「夢想」と「石」にまつわることを伝えている。

(26) 但し「東大寺山界四至図」には二月堂の建物が描かれておらず、本格的な堂の建築には至らなかったと考えられる。

(27)『東大寺要録』（巻二・縁起章第二）「大仏殿碑文」に「銅座高一丈、径六丈八尺、上周廿一丈四尺、基周廿三丈九尺、石座高八尺、上周卅四丈七尺、基周卅九丈五尺、」とあり、金銅蓮華座は、現状のものより遙かに大きい石座の上に据えられていた。紺野敏文「神仏造像のイコロジーと象徴」（『日本宗教文化史研究』一六号、二〇〇四年）参照。

(28) 石山寺の造営以前に古堂があり（『石山寺縁起』にある天平勝宝元年（七四九）良弁開基の寺かは疑問）、これを天平宝字六年（七六二）に改修したのが本堂で、礼堂は十世紀後半までに増設されたとされる。また、本尊如意輪観音像は自然石の上の蓮台に安置されている。

(29)『東大寺要録』（巻四・諸院章第四）「二月堂」。

(30) 吉川真司「東大寺の古層—東大寺丸山西遺跡考—」（同編『東大寺成立過程の研究』平成十年度～十一年度科学研究費補助金研究成果報告書、二〇〇一年）。また、平松良雄氏のご教示によると、付近から「神庁」とも読める墨書土器が出土しているという。

(31)「羂索堂」の初見は『正倉院文書』（続集後集二十五）「一切経散帳」（『大日本古文書』一一—一二七頁）で、これにより天平勝宝元年にはその名で呼ばれていたことがわかる。また、『正倉院文書』天平十九年正月八日「金光明寺造物所解」（『大日本古文書』九—三二六頁）では、造仏長官国中公麻呂が羂索菩薩の花柄華鬘等を造るための鉄を請求している。

(32)『東大寺要録』（巻四・諸院章第四）に、

一、羂索院　名二金鐘寺一、又改号二金光明寺一、亦云禅院、
　堂一宇、五間一面、在二礼堂一、
　天平五年歳次癸酉創建立也、良弁僧正安二置不空羂索観音菩薩像一、
　当像後有二等身執金剛神一、是僧正本尊也、（下略）

とある。

(33) 浅野清「東大寺法華堂の現状とその復元的考察」（近畿日本鉄道編纂室編『東大寺法華堂の研究』〈大八洲出版、一九四八年〉所収）。

(34) 上原真人「恭仁宮文字瓦の年代」（奈良国立文化財研究所創立三十周年記念論文集『文化財論叢』〈講談社、一九九〇年〉所収）。

(35) 川瀬由照「東大寺法華堂の造立と不空羂索観音の造立について」（『仏教芸術』二一〇、一九九三年）では、『正倉院文書』天平十九年正月十九日「甲可寺造仏所牒」（『大日本古文書』五—六七三頁）に基づいて、不空羂索観音像が甲賀寺の造仏所で造立され、金光明寺に運ばれてきたとする。

(36) 植松勇介「東大寺法華堂不空羂索観音像の宝冠化仏について」（『仏教芸術』二三二号、一九九七年）では、宝冠にある化仏について、本来自立した礼拝対象である念持仏として造立されたが、不空羂索観音像造立の際に化仏として転用されたと推測している。

(37) 紺野敏文前掲註(27)論文。

(38) 小林圓照「善友・善知識思想の展開とその日本的受容」（『論集東大寺の歴史と教学』ザ・グレイトブッダ・シンポジウム論集第一号、東大寺、二〇〇三年）。

(39) 本郷真紹「奈良・平安時代の宗教と文化」（歴史学研究会・日本史研究会編『日本史講座』第二巻「律令国家の展開」〈東京大学出版会、二〇〇四年〉）など参照。

(40)『東大寺要録』（巻一・本願章第一）に「或日記云、天平廿年戊子正月八日、天皇幷后御出家、四月八日、受二菩薩戒一、名二勝満一、以二行基井（菩薩）一

為二戒師一」とある。しかし、『扶桑略記』天平廿一（天平感宝元）年の条に「同正月十四日、於二平城中嶋宮一、請二大僧正行基一為二其戒師一、太上天皇《聖武》受二丼《(菩薩)》戒一、名二勝満一、中宮《宮子》受戒、名二徳太一、皇后《光明子》受戒、名二万福一、即日改二大僧正一名曰二大丼《(菩薩)》一、私云、太上天皇者、誰人哉、元正天皇廿年崩、若是□書違歟、可レ勘レ之、後高野天皇受戒為レ尼、名二法基一」とあり、出家の時期については確定できない。なお、勝浦令子「聖武天皇出家攷—「三宝の奴と仕へ奉る天皇」と「太上天皇沙弥勝満」—」（大隅和雄編『仏法の文化史』〈吉川弘文館、二〇〇三年〉所収）では、聖武天皇の出家について、当初は中国皇帝の「捨身」の影響による一時的なものであったが、在位との両立を否定して「太上天皇沙弥勝満」と自称するようになったとし、正式な譲位をせずにそうしたことを、「現人神」である聖武自らが神仏習合思想を実践したとみなしている。

(41)　『神祇令』の冒頭には「凡天神地祇者、神祇官皆依二常典一祭之、」とあり、一年間に行なうべき十三種（全十九）の祭が規定されている。

(42)　八幡神と大仏の関係は天平十七年に宇佐八幡が大仏造営再開のために米を奉納した頃に遡る。直木孝次郎『奈良時代史の諸問題』第四章六（一）「宇佐八幡と東大寺の関係—『正倉院文書』の一断簡から—」（初出は一九五五年）参照。また、『続日本紀』同年九月甲戌（廿日）条に「令三播磨守正五位上阿倍朝臣虫麻呂奉二幣帛於八幡神社一、令下京師及諸国写二大般若経合一百部一、又造二薬師仏像七躯高六尺三寸一幷写中経七巻上」とあり、聖武天皇の病気平癒のために特別な奉幣をしており、この時に託宣が伝えられた可能性もある。

(43)　『東大寺要録』では本条に続いて天平勝宝八年五月二日の聖武崩御と喪葬を記し、他の記事は「孝謙天皇」の部分に記されている。なお、『扶桑略記』（抄二・孝謙天皇）では七月廿四日条に記され、続けて大仏師らへの叙位についてと「彼寺築立障子記」の文を引く。

(44)　また、不足に悩んでいた時の黄金産出を「三宝乃勝神枳大御言験乎蒙利、天坐神・地坐神乃相宇豆奈比奉、佐枳波倍奉利、又天皇御霊乃多知恵賜比撫賜夫事依弖顕自示給夫物」と思って歓んだとあり、代々の「天皇の御霊」によると加えている点も注目される。

(45)　閏五月癸卯に大赦を行なった理由として「神之貽レ咎、実由二朕躬一」とあることは、神祇に対する自責の念が表出したのであろうか。

(46)　薬園の場所については不明だが、郡山の薬園八幡宮とする説が有力。近年の発掘調査により、平城京で即位した他の天皇（重祚した称徳を含む）は平城宮内で大嘗祭を営んだことが確認されており、孝謙の時だけ他所で行なわれたことは極めて違例であったと思われる。他方、八幡神が迎えられた「梨原宮」は、梨原庄のあった左京二条二坊付近と考えられている。

(47)　水野柳太郎「続日本紀編纂の材料について—東大寺の食封をめぐる—」（『ヒストリア』二八、一九六〇年）。

(48)　水野柳太郎前掲論文（三九頁）では、延暦一四年（七九五）の場合は、二〇〇〇戸の食封の収入を、東大寺の別倉から平安京の官庫へ移すという厳しいものである。またその措置は六月一一日に発せられて、六九日目の閏七月二一日に取り消されている。これらは、東大寺の強力な反対運動が、政府を納得させるのに、充分な効果をあげてたことを示している。宇佐八幡の神威をもかりて、東大寺の提出した文書が、迷信深い桓武天皇や、政府の中枢にあり、宇佐八幡とも関係深い和気清麻呂とその姉法均らを動かし、遷都までして完徹しようとした財政緊縮の方針を曲げさせたのであろう。とし、「続紀巻一七の材料に採用され、末尾の錯簡の成因となった文書は、延暦一四年（七九五）六月二日閏七月二一日までに、東大寺が提出したものである」（四〇頁）と結論づけている。

(49)　通常は聖武太上天皇を指すと考えられているが、川崎庸之『記紀万葉の世界』（川崎庸之歴史著作撰集第1巻、東京大学出版会、一九八二年）「大仏開眼の問題をめぐって」（初出は一九五四年）では孝謙女帝としている。

(50)　本居宣長『続紀歴朝詔詞解』（三巻・第十五詔）に「○爾申賜止問、此五字、こゝにはさらにかなはず、文の乱れたる物と見えたり、」とある。新日本古典大系本では「広幡の八幡大神に申し賜へ、勅りたまはく」と訓読して以下に八幡神の託宣が続くとするが、非常に無理があると思われる。水野柳太郎前掲註(47)論文四一頁も参照。

(51)　杜女の東大寺拝礼を先に書いて、行幸のことを「亦」と付け足して書くことは、史書の常識で考えられないのではないだろうか。また、「五千」という請僧の数も誇張されているように思われる。これ以前の例では、養老六年（七二二）十一月丙戌（十九日）に行なわれた元明天皇の一周忌の設斎供が「請僧尼二千六百卅八人」であり、宮中の仏事の場合、天平九年八月丙辰（十五日）の宮中大般若経・最勝王経読経の「七百人」が最大である。この間になされた大量得度の影響とも考えられるが、平勝宝四年四月乙酉（九日）の大仏開眼の設斎大会では「請僧一万」とあり、その半分の数を作為文書の作成時にあてた可能性も考えられる。宣命（第十五詔）と共に、儀式そのもの、さらには八幡神への品位授与などについても再検討が必要であろう。

(52) 吉田一彦「多度神宮寺と神仏習合―中国の神仏習合思想の受容をめぐって―」（梅村喬編『伊勢湾と古代の東海』〈『古代王権と交流』4、名著出版、一九九六年〉所収）など参照。

(53) 西田長男「仏家神道の成立―罪の概念を通路として―」（『日本神道史研究』第一巻「総論篇」〈講談社、一九八〇年〉所収、初出は一九四〇年）に、大祓詞が『薬師経』の影響により成立したこと、森本公誠「東大寺と華厳経―聖武天皇による華厳経止揚への過程を追って―」（『南都仏教』八三、二〇〇三年）に、宣命の常套句である「明浄直誠の心」や天武十四年（六八五）正月の位階（明・浄・正・直・勤・務・追・進）が『金光明最勝王経』『仁王般若波羅密護国経』に基づいていることが指摘されている。

［報　告］

神身離脱と悔過儀礼

上川通夫

一　古代仏教史上の画期

古代史研究の視点と方法によって、「カミとほとけ」の問題を考えてみようと思う。日本史研究でこのようなテーマを扱った場合、宗教史として分類されるのが通常であろう。しかしここでは特に、東アジアの政治世界における日本古代の国家史、つまり外交関係と不可分の国家史に注目したい。そしてその一部としての宗教史を、文献史学の方法によって探ることとする。

この報告が扱う時代範囲は、古代仏教史上の一大画期となった大仏造立の計画が萌芽する七三〇年ごろから、九世紀後半までである。

罪を背負って悩む神が、仏教への帰依によって自らが救済されるよう求める、という神身離脱の説話は、古代史研究においても注目されてきたところである。岡田精司氏は、公民層による律令制支配に対する抵抗運動と不可分の、階級闘争から生まれた私度僧の思想、と理解された(1)。河音能平氏によると、神の祟りは、生活基盤の崩壊への危機感を、班田農民層が自然神に託して表現したものであるという。そして神身離脱については、私的階級利害を優先した富豪層が、普遍宗教たる仏教で救済・融和するイデオロギーを表現したものである、と読みとられた(2)。いずれも、歴史推進主体を人民の中に見出す、確かな視点に基づく重要研究だと思う。

一方、神身離脱を含む神仏習合を考察された和田萃氏は、宇佐・三輪・東大寺・若狭比古において早期にみられることに注目され、中央での大仏造立事業を契機とする特殊事情が背景にあることを指摘された(3)。吉田一彦氏は、神身離脱説話の論理や用語は中国の高僧伝からとったもので、中国仏教を導入した中央から地方へ展開し、受容された、と述べられた(4)。いずれも、中央の権力事業への視点を含む重要研究であろう。

以上のような研究によって、神身離脱説話の現実的基盤が指摘されている。ただ、歴史的社会全体の新動向を見出される岡田・河音両氏の研究と、神学的思想操作の出所を指摘される和田・吉田両氏の研究との間には、少し理解の開きがある。そのことは、一分野史としての仏教史に方法を限定しない、幅広い視点を今後の研究に促していると考える。

次に、悔過、すなわち過ちを懺悔して滅罪をはかる仏教儀礼について。史料用語としてはよく知られているが、古代史研究ではあまり注視されてこなかったように思う。それに対して、美術史研究では、中野玄三氏が、特別重要な意味を見出されている。[5] 八世紀後半から九世紀において盛行する木彫仏制作の思想背景として、日本固有の怨霊信仰と、それへの対抗・排除を意図して本尊像に祈る悔過が存在したことを指摘され、そこに神仏習合の具体的姿があることを論じられた。また建築史研究の山岸常人氏は、修二会など悔過会を行う場である仏堂の研究に関係して、八・九世紀の悔過会についての文献記事を網羅して示された。[6] 美術史研究や建築史研究によって据えられた基盤を、古代史研究も重視すべきだと思う。そして、古代史研究が注目してきた神身離脱についても、悔過への注目と結びつけて考えることで、あらたな視点をもつことが可能ではないか、と思う。

悔過は、薬師悔過や観音悔過等さまざまな種類があるが、広く一般的に定義すれば、大乗戒経に基づく仏菩薩勧請のもとでの呪言と動作により、僧俗が懺悔・滅罪を果たそうとする仏教儀礼、と言えるであろう。その実践主体は、出家僧尼ならびに在家男女である。特に私は、歴史的には後者を重視すべきではないかと考える。何故なら、古代国家の仏教推進政策との関係で考えた場合、在俗者を仏教に結びつける実践行為として展開された、と思われる節があるからである。さらに予めの推測だが、在俗者の戒律実践による仏教徒化を、説話次元で捉えて示すものこそ、神身離脱ではなかろうか。つまり神身離脱は、神による悔過ではないか、と考える。

このような推測を具体的に検討する前提として、八世紀半ばから九世紀の「悔過の時代」（中野玄三氏）とは、古代仏教史上でどのように位置づけられるのか。まずここでは、その前史の様子を、悔過と共通の、在俗者による大乗戒思想の実践に限って、ごくかいつまんで私見を述べておく。[7]

大乗戒は、中央支配集団の合議体形成を推進する推古朝に注目された。在家戒実践儀礼により、僧伽的結束が企てられたとみられる。唐や朝鮮諸国の政治情勢と連動して、権力集中を図る孝徳朝以後、唐仏教の本格導入が企てられるが、臨戦態勢を中央集権機構で支える天武朝後半以後、中央・地方の支配集団が一斉に意志結集を確認する機能を負って、六斎日の八斎戒受持が求められた。同時に、『金光明経』の「懺悔品」などが重視され、天皇のもとでの滅罪が不可欠だとされた。同じ時期に制定された僧尼令は、官僧が官寺を拠点に支配集団の仏教を支える制度を示していて、仏教の信仰実践主体から被支配者を排除している。中国仏教の制限的な受容は、意図的なものであるらしい。ところが、東アジアの政治秩序が編成替えされる七二〇、三〇年代に、大転換が企画された。中国仏教の全面摂取方針の採用がそれで、ここで、懺悔・滅罪の大乗戒儀礼としての悔過が、全人民の仏教実践媒体として設定され、九世紀を通じた規範となる。その事情を、次節でみる。

二　神身離脱の実態

(一)　神身離脱の論理

まず主要な事例をみたい。語られる内容の年代順に史料を例示するが、実年代は七三〇年ごろ以降の発想であるらしい。

①越前気比神（『藤氏家伝』「武智麻呂伝」、七六〇～七六二年頃成立）

霊亀元年（七一五）、藤原武智麻呂の夢に気比神が現れ、「吾宿業に因りて、神となりて固《まこと》に久し。今仏道に帰依し、福業を修行せむと欲すれども、因縁を得ず」、と述べて助けを求めた。そこで武智麻呂は神のために神宮寺を建てた。

②若狭比古神（『類聚国史』巻八十、仏道七、諸寺）

天長六年（八二九）三月乙未に神主和朝臣宅継が言うには、養老年中（七一七～七二四）のこととして、疫病や水旱で多数の死者が出た。そこで祖父和赤麿が深山で仏道修行を始めたところ、「我神の身を稟けて苦悩すること甚だし。仏法に帰依し、以て神道を免れんと思う」、などという託宣があった。そこで赤麿は神願寺を建てたところ、災害は治まった。

③常陸鹿嶋神（『類聚三代格』巻二、年分度者事、嘉承三年〈八五〇〉八月五日太政官符）

承和三年（八三六）の太政官符に引く神宮司大中臣広年解によると、天平勝宝年中（七四九～七五七）に、修行僧満願が到来して神のために発願して鹿嶋神宮寺を建て、『大般若経』書写などしたところ、神の感応があった。

④伊勢多度神（『多度神宮寺伽藍縁起并資材帳』延暦二十年〈八〇一〉）

天平宝字七年（七六三）、神社東の道場に居住していた満願に対して、「吾久劫を経て重き罪業をなし、神道の報いを受く。今冀わくは、永く神身を離れんがために三宝に帰依せんと欲す」、という託宣があった。満願は神宮寺をたてて多度大菩薩をまつった。

⑤近江多賀神（『日本霊異記』巻下第二十四、七八七～八二二年頃成立）

宝亀年中（七七〇～七八一）、野洲郡の多賀社辺の堂にいた大安寺僧恵勝の夢に、猴《さる》の身となった多賀神が『法華経』読誦による救いを求めた。神は、かつて東天竺国大王だった時に僧の修行を妨げた罪報で猴の身となった、という。結局猴は、浅井郡で興福寺満預大法師が行った「六巻抄」を読む知識に入ることで、障難を起こさなくなった。

⑥近江奥嶋神（『日本三代実録』貞観七年〈八六五〉四月二日条）

野洲郡奥嶋に構えた堂舎にいた元興寺僧伝灯大法師位賢和の夢に嶋神が現れ、「神霊というと雖も未だ蓋纏を脱せず。願わくは仏力を以てせよ」、などと告げた。そこで賢和は堂舎を神宮寺にすることの許可を求め、この日詔を得た。

このうち①越前気比神の場合、宿業を背負う神の仏道帰依願望を聞き、藤原武智麻呂が神宮寺を建てて救ったという。以下の例も同様の説話構造をもつ。それらに共通するライト・モチーフは、罪を自覚した神が懺悔して仏徒になることである。つまりそれは、神の悔過、とみてよいのではないだろうか。

神の悔過ではないかと考える根拠として、⑤近江多賀神の件を記す史料に注目したい。

猴の姿の陀我神は、かつて東天竺国大王だった時に僧の修行を妨げるという罪を犯した報いを説明し、救いを大安寺僧に訴えている。最初『法華経』の読誦を求めている点から、『日本霊異記』中に共通する特徴として、『法華経』の影響による説話の一つ、という一般的な理解がされてきた。しかし近年、吉田一彦氏は、「報《むくい》」、外国人としての前世譚など、中国の『高僧伝』や『出三蔵記集』に見える安世高伝に、典拠となる表現や論理があることを指摘された[8]。また、結局この猴は、「六巻抄」を読む法会に連なることで救われるが、「六巻抄」は、唐の律僧道宣が著した『四分律行事鈔』のことであることも、中国仏教の影響による述作を裏づける、と言われた。重要な指摘だが、中国仏教の影響だという漠然とした指摘にとどまっている点に、不満が残る。むしろ、特定の傾向をもつ中国仏教の敷き写しなのではないか。

史料の後半によると、多賀神は、山階寺の満預大法師を中心に浅井郡で営まれている戒律仏事に加わることで救われる。これは、布薩という戒律儀礼で懺悔したことを意味するのだろう。しかも、この説話の重要部分、猴が東天竺国大王時代に仏道修行を妨げた罪報を語る文章は、代表的な大乗戒経典の一つ、『梵網経』第四十七軽戒の表現を下敷きとしていることがはっきりしている（末尾近くの教訓的文章にも同じく引用表現がある）。この点は、文学研究の中村史氏の指摘がある[9]。つまりここでの神身離脱は、大乗戒思想に基づく悔過である、と考えられる。

説話表現の細部が多様であるのは当然だが、他の事例が意味するところも、ほぼ同様であろう。

加えて重要なのは、神の悔過を手助けする者として、信心深い官人や、専門の官僧が設定されていることである。陀我神の例では、浅井郡で布薩を催した山階寺満預大法師は、講読師かそれに準じる中央の官僧であろうと推測される。

吉田一彦氏は、これらの史料を用いて、神仏習合思想は中国から日本の中央を介して、地方に展開したものだが、豪族や貴族の関与はあっても、国家の関与とは別次元だとされた。その意見に私は反対である。中国仏教の敷き写しを企てる国家の仏教政策に沿って、官人と官僧がはじめて地域社会に在家仏教をもち込む、その事業を根拠づける説話として神身離脱が述作されたのだ、と考えてみたい。したがってこのような古代仏教は、民衆への浸透度が極めて低い。

それでは地域社会への仏教導入は、神身離脱説話や、それに伴う神宮寺建設・神像制作のほかに、どのような権力事業で進められたのか。この時期の仏教政策の基調に関わることとして概観しておくことにする。

(二) 仏教政策の基調

僧尼令と全く異なり、在家の一般人をも仏教徒に据えようとする政策は、興福寺の大規模造営を進めた藤原氏による、新しい仏教政策が始められた七二〇、三〇年代以後だと思う。吉備真備と玄昉の持ち帰った書籍が重視されたのは、唐朝文物の摂取方針の転換を示しているようである。その方針に沿って、仏教については、一切経書写事業が、皇后宮職を重要拠点として本格的に開始された。禁圧対象とされてきた行基に従う如法修行者に対して、国家が初めて「優婆塞優婆夷等」と呼んだのは、天平三年（七三一）八月七日である（『続日本紀』）。在家五戒を保つ信徒の実例として認定したのだろう。『梵網経』の書写事例が確認される初見は、天平五年（七三三）である（『大日本古文書』七巻一九ページ、二十四巻一七、一三ページ）。天平九年（七三七）には、四畿内二監及七道諸国に命じて、僧尼の清浄沐浴を促し、『金光明最勝王経』による懺悔と、六斎日の殺生禁断が命じられた（『続日本紀』同年八月癸卯条）。天平十三年（七四一）二月十四日の国分寺建立詔（『続日本紀』、『類聚三代格』巻第三）は、その制度化である。[10]『最勝王経』による懺悔と『法華経』による滅罪は周知のことだが、むしろ詔の末尾に注目したい。「毎月六斎日公私不レ得二漁獲殺生一」、ここが政策の眼目で、布薩の定例化、公民一般を総懺悔へと誘導する仕組みである。そのような体制を前提に、大仏造立が計画され、早期に実現された。

天平勝宝四年（七五二）四月九日の大仏開眼には、新しい仏教政策の目指すところが集約されている。恐らく開眼会に合わせて、同年閏三月には遣唐使が出発している（『続日本紀』）。開眼会の直前閏三月に来日した「新羅王子」金泰廉一行は、六月には異例の入京を果たし、大安寺や東大寺を巡礼し、礼仏させられている（『続日本紀』）。そして、開眼会には間に合わなかったが、戒師として招請された唐僧鑑真が、天平勝宝六年（七五四）一月に来日する（『続日本紀』）。二月に入京して真っ先に行ったのこそ、大仏前で、孝謙天皇に菩薩戒を授けることであった（『唐大和上東征伝』、『東大寺要録』巻第一）。鑑真招致策の眼目は、このことにあるのかもしれない。[11]そして孝謙天皇が菩薩戒を受けた事実は、神の悔過を象徴し、国家丸ごとの懺悔による仏教化を率先する意味づけだったように思われる。

この後、九世紀にかけて、悔過政策は大きく進む。恒例化されたものには、宮中・国庁・国分寺で一斉に実施される正月金光明悔過・吉祥悔過、七月の「郡別」で行う文殊悔過（『類従三代格』天長五年〈八二八〉二月二十五日太政官符）、十二月の宮中・諸国で行う仏名悔過（『類従三代格』承和十三年〈八四六〉十月二十七日）がある。[12]それに加えて臨時に数多くの悔過が催された。そこで次に、九世紀にかけて行われた悔過を概観し、歴史的特徴を探りたい。

三　外交政策と悔過

七二〇、三〇年代以後、中国仏教の全面摂取方針が採られ、大乗戒思想による懺悔儀礼としての悔過が重視される、このように述べてきた。その歴史的契機として最も重要なのは、信仰心の変遷や基層信仰との習合ではなく、東アジアの政治世界の変動であると考える。

この時期には、唐と新羅の関係が、敵対から親交へ転じた。同時に、唐と渤海が対立し、また新羅と日本が対立し、そして渤海と日本が友誼関係を結んだ。国際政治関係が組み替えられたのである。日本の外交と内政は、新羅との政治的対立を基軸として推移する、このように見られるのではないかと思う。これらの情勢の重大要因は、盟主である唐の、規範的正統性を支える軍事的威圧力の後退であろう。日本では、臨戦態勢を強引に急造した律令国家の政治方針を変更し、社会的実態が政策視野に入る。そのことと背理するかのような関係で、唐文物の全面摂取政策が採られる。

前節では、いわゆる天平期の動向に触れた。そこで次に、平安時代前期（九世紀）にかけての展開を概観する。悔過による懺悔・滅罪を政策機軸とする仏教の特徴は、平安遷都後も一貫している。平安京の前面に位置する東寺・西寺の金堂に、悔過の本尊として代表的な七仏薬師を据えていることなどは、重大な意味をもっているであろう。左に、悔過儀礼の実施に関して、特徴的な事例を掲げてみる。出典はすべて官撰史書である。

宝亀　三年（七七二）　11／10　風雨不調で頻年飢荒のため、国分寺の吉祥悔過を恒例化する。
延暦十五年（七九六）　7／22　水旱のため寺ごとに三日、斎戒読経悔過を行う。
弘仁十四年（八二三）　10／21～27　宮中で薬師悔過。（4／27～5／17渤海使来る。10／2遣渤海使帰国する。）
天長　十年（八三三）　3／8　天下大疫のため東大寺で薬師悔過を行う。
承和　一年（八三四）　6／8　諸国疫病のため、諸国で薬師悔過等を行う。
承和　四年（八三七）　4／6　疫病等の防災のため国分僧寺で薬師悔過等を行う。（3／16唐人入京。）
承和　六年（八三九）　4／25　天地災異のため二十か寺で薬師悔過等を行う。（陸奥・出羽で「夷狄」「俘囚」不穏。）
承和　八年（八四一）　9／21　吉祥悔過を国庁で行うこととする。（遣唐使発遣直後。）
承和　九年（八四二）　1／4　清涼殿で薬師悔過を行う。（12／27新羅張宝高の使大宰府に来る。）
承和　十年（八四三）　3／15　未然防災のため国分寺で薬師悔過等を行う。国司は疫神を祭り精進潔斎する。（1／2新羅張宝高死去の情報。3／27渤海使入京。）
8／24　大極殿で大般若経を転読し、真言院で修法を行う。（新羅より「鼓声」聞こえ「火」見える。疫病と寇賊の危機。）
嘉承　二年（八四九）　2／25　疫病・洪水のため国分寺・定額寺で観音悔過を行う。（新羅からの危急に備えて弩師を置く。）
天安　三年（八五九）　3／19　講経と経呪を行う。（渤海使来着中。3／26出羽国俘囚、野心を棄て深く異類を愧じ仏理に帰依するゆえ、持戒を許す。）
貞観　五年（八六三）　4／3　疫病と不熟のため仏名会本尊・観音菩薩像・一切経を伯耆国分寺に置く。（この年新羅人来着多い。）
貞観　九年（八六七）　5／26　伯耆・出雲・石見・隠岐・長門各国分寺で金光明経悔過を行う。（新羅を警備。賊心を調伏し災変を消却する。この間、新羅を敵視し警戒する。）
12／19　仏名悔過本尊を豊前国八幡大菩薩宮と北陸道諸国に置く。
貞観　十年（八七一）　9／8　仏名会本尊を太政官・五畿七道・大宰府観世音寺・宇佐八幡神宮寺におき「御願懺悔之会」を行わせる。（八六九年5／22新羅海賊が豊前国貢調船を襲撃する。）

右に挙げたのは、新制度の形成や、臨時の悔過についての記事である。事例を通覧して知られるのは、天災や疫病などの災異への対抗儀礼として、国家によって組織的な実施が命じられていることである。注意すべきは、疫病等の災害が、国内のみの問題ではなかったことである。同時代の朝鮮半島では、『三国史記』新羅本紀によるならば、飢餓・疫病などの災変が頻発している。そして、八一六年には、食を求める難民が、唐浙東に一七〇人、日本には前後あわせて三〇〇人余りが、流入するというような状況であった(『旧唐書』列伝・東夷〈新羅〉、『唐会要』巻九五新羅、『三国史記』新羅本紀・憲徳王八年条、『日本紀略』弘仁七年十月甲辰条、同八年二月乙巳条・四月辛亥条)。このような現実を背景として、災異の主因を外敵侵入に求める悔過政策が進められたにちがいない。悔過が行われた前後には、唐・新羅・渤海・浮囚(夷狄)との接触があるが、中でも新羅の動向に対する反応は過敏である。日羅関係の軍事的緊張状況については、八四〇年代前半と、八六〇年代の、二大ピークがあるが[13]、ここに悔過政策の本質が端的に露呈していると見てよかろう。

承和八年(八四一)に見える清涼殿での薬師悔過は、八三〇年代後半からの新羅における王位をめぐる内乱と、直接関係している。内乱を軍事的・経済的に支援する張宝高からの日本への接触は、日本側に、外国人の移住禁止という警戒態勢を採らせた。次に、貞観五年(八六三)、同九年(八六七)、同十三年(八七一)にみえる仏名悔過の体制的整備がある[14]。新羅での内乱は、海域での貿易活動・軍事活動を誘発する。八六九年に、新羅海賊襲撃事件といわれる博多津への来襲・掠奪が起こり、日本側は反新羅の外交方針を鮮明にした。これらが仏名会の契機である。仏名悔過の実施体制は、伯耆国分寺をはじめ、山陰道諸国から推進され、北陸道諸国へ、そして全国に敷設された。悔過は、理念としては、外敵への対抗儀礼である。現実的には、懺悔・滅罪という大乗戒思想の実践を制度化することで、いわば僧伽的結束を在俗者に促す政治効果が期待されていたと考えられる。実際、新羅の諸勢力と内通する「謀反」人として、承和十年(八四三)には前筑前守文室宮田麻呂、貞観八年(八六六)には隠岐守越智貞原、同十二年(八七〇)には大宰少弐藤原元利麻呂が、それぞれ朝廷によって逮捕・追放された例がある[15]。

外交政策と悔過政策は一体のものである。そして、天災や疫病の原因をも外敵に帰する傾向がうかがわれる。貞観五年(八六三)五月二十日に京都神泉苑で実施された御霊会は(『日本三代実録』)、人民を悩ませる疫病の原因を外敵、並びにそれと結ぶ謀反人にあるとみなし、『金光明経』等による悔過を行ったものである。貞観八年(八六六)には、怪異・災変の起こりは「新羅賊兵」が間隙をうかがうことによる、と述べている(『日本三代実録』同年十一月十七日条)。また同十四年(八七二)には、渤海人の来着に際して、「異土毒気」により京中の「咳逆病」がおこった、と述べている(『日本三代実録』貞観十四年正月是月条)。近隣諸国への不安感は、権力中枢の体質的特徴としてさえ構造化されたように思われる。

すでに以上に述べたところから明らかだと思うが、悔過政策は、国家の権力中枢によって意志的に推進されたものだ、と考える。大極殿、清涼殿、太政官、諸国国庁、諸国国分寺などを場とすることからも、それはうかがえる。

神身離脱は国家の仏教化を全面化し、悔過儀礼は仏教の国家宗教化を拡充するものであった。ともに、中国仏教の模倣的採用であり、僧尼令による制限の枠を解除した七二〇、三〇年ごろ以降の仏教史を特徴づける重要要素である。その政策基調を促す主要因は、新羅関係を軸とする古代国家の外交問題だったように思われる。

(かみかわ　みちお・愛知県立大学教授)

註

(1) 岡田精司「古代国家と宗教」(『講座日本史』1、一九七〇年、東京大学出版会)。

(2) 河音能平「王土思想と神仏習合」(一九七六年。河音『中世封建社会の首都と農村』一九八四年、東京大学出版会)。

(3) 和田萃「大仏造立と神仏習合」(岸俊男編『古代国家と日本』一九八八年、中央公論社)。

(4) 吉田一彦「多度神宮寺と神仏習合」(梅村喬編『伊勢湾と古代の東海』一九九六年、名著出版)。ただし、東アジアではまず中国に「神仏習合」が出現したことを前提に、日本以前に朝鮮半島でその動向が定着していたことについて、以前から指摘がある。正木晃「日韓の仏教受容とその展開―密教を中心として―」(一九八九年。のち中井真孝編『論集奈良仏教5　奈良仏教と東アジア』一九九五年、雄山閣)。

(5) 中野玄三「悔過の芸術」(中野『悔過の芸術』一九八二年、法蔵館)。

(6) 山岸常人『中世寺院社会と仏堂』一九九〇年、塙書房)。

(7) 上川通夫「律令国家成立期の仏教」(『仏教史学研究』第三十七巻第二号、一九九四年)などの拙稿で考えた。

(8) 吉田一彦「多度神宮寺と神仏習合」(前掲)。

(9) 中村史『日本霊異記と唱導』一九九五年、三弥井書店。

(10) 上川通夫「国分寺建立政策の基調」(『続日本紀研究』二七四号、一九九一年)。

(11) 上川通夫「天平期の天皇と仏教―菩薩戒の受戒をめぐって―」(『新しい歴史学のために』一九七号、一九八九年)。

(12) 鬼頭清明「国府・国庁と仏教」(『国立歴史民俗博物館研究報告』第二十集、一九八九年)。なお、悔過の典拠たる『金光明経』等は、陀羅尼部分の読誦が滅罪効力をもつとされ、その点では前期密教(雑密)経典に分類することも可能である。ただしここでは、日本中世の密教との混同を避けるため、大乗戒経典としての分類に従っておきたい。

(13) 石上英一「古代国家と対外関係」(『講座日本歴史』2・古代2、一九八四年、東京大学出版会)。

(14) 上川通夫「一切経と古代の仏教」(『愛知県立大学文学部論集』第四七号〈日本文化学科編第一号〉、一九九九年)。

(15) 保立道久『黄金国家―東アジアと平安日本―』(二〇〇四年、青木書店)、第二章。

［コメント］

神と仏の邂逅の場

―山林での仏道修行―

和田　萃

　三橋報告では、東大寺大仏建立と日本の神観念との関連を多岐にわたって論じ、神仏習合の多重性を示された。とりわけ紫香楽宮での大仏建立に際し最初に建てられた盧舎那仏像の体骨柱について、神観念との結びつきを指摘されたのは、まことに新鮮で興味深く思われた。これまで体骨柱については、塑像を造るための構造材とのみ理解されていたが、新しく神観念との結びつきを指摘されたのである。

　まず発掘調査で検出された大柱や史料にみえる大柱について、一言しておきたい。縄文時代中期末葉の三内丸山遺跡で検出された六本の巨大な柱は、宮本長二郎氏により高床の桁行三間・梁間一間の巨大な「祭殿」として復原されたが、大柱を樹立して造られた物見櫓のような構造物である可能性もある。その場合には神観念と結びつくことはない。また宮本氏は、弥生時代になって環濠集落の中核施設として出現する独立棟持柱《むなもちばしら》付き「祭殿」を、「神殿」とも表現されているが、建築学的には問題点が指摘されている。こうした独立棟持柱付きの大型建物は七世紀代まで存続するが、宮本氏の提起を踏まえて、それらを「神殿」と理解する広瀬和雄氏の説に対し岡田精司氏の反論があり、両氏の間で論争が行われた。「神殿」論や神殿論争については、丸山茂氏の建築史学の立場からの詳論がある(1)。私は岡田説を支持し、最も古い神殿の事例として、奈良県天理市櫟《いちの》本町《もとちょう》の櫟本高塚遺跡で検出された遺構を想定している(2)。二重の柵列に囲まれた内から、二間（一・五メートル）×一間（〇・八メートル）の小規模な建物が検出され、背後の平坦面から廃棄された土師器の高坏が多量に出土した。六世紀後半の遺構であり、場所は『古事記』や『日本書紀』にみえる和爾《わに》（和珥）坂にあたる。

　『日本書紀』推古二十八年十月条にみえる檜隈《ひのくま》陵の域外に土を積んで山となし、その上に建てられた大柱は、被葬者の霊を依りつけるものだろう。京都府与謝郡加悦町《かやちょう》の鳴谷《しぎたに》一号墳などにみられる「古墳立柱」は、檜隈陵の大柱とはやや異なる性格をもつ遺構かもしれない。また『日本書紀』敏達十四年二月条には、大野丘の北に塔を建て、塔の柱の上端部に舎利を納めたとみえる。しかし舎利を塔の心礎ではなく心柱の上部に納めるようになるのは、奈良時代になってからの新しい形式であり、『日本書紀』編纂段階における文飾であるかと思われる。

以下、僧侶や優婆塞らが山林で仏道修行を行ったことを手がかりとして、神と仏の邂逅の場が山林や神聖視された山々であったことを指摘したい。森あるいは山林、さらには霊山・高山における仏道修行の源流はインドや中国にあるが、ここでは日本の古代に限定して述べる。注目されるのは、日本の基層信仰では、カミ（精霊）や神は神体山や森に籠りいます存在、あるいは臨時にそれらに憑りつく存在と観念されていたことである。現在でも大和の三輪山は神体山とされ、本殿はない。京都市の上賀茂神社の御阿礼神事では、森に臨時の屋代を建て、そこに神を迎える形式が残っている。

分析の手がかりとなるのは、次の養老僧尼令第十三条（禅行条）である。

> およそ僧尼、禅行修道ありて、意《こころ》に寂清ならむを楽《ねが》ひ、俗に交らずして、山居を求めて服餌せむと欲《おも》はば、三綱連署せよ。在京は、僧綱、玄蕃に経《ふ》れよ。實を勘へて並に録して官に申して、判《ことは》りて下せ。山居の隷《つ》けらむ所の国郡、毎《つね》に在る山を知れ。別に他所に向ふることを得じ。

山居《さんきょ》・服餌《ふくじ》までの前半部分は、大宝僧尼令の同条でも、ほぼ同文であったことを確認でき、また日本の僧尼令が準拠した中国・唐の「永徽道僧格」（唐の永徽年間〈六五〇〜六五六〉に成立したと推定される道僧格）でも、同文だったことがほぼ確実視されている。

山居とは、山林に入って心静かに修道することであり、また服餌は穀物を食べることを絶ち、仙薬（仙人になるための薬）を服用することであった。山居・服餌は神仙思想と結びつき、山居して山林修行する僧侶のうちには服餌する者もいたことから、役君小角や吉野・龍門寺の久米仙人（禅師）のように、空を飛んだとの伝承が生じる背景ともなった。

山居して禅行修道した事例をあげよう。

吉野の龍門岳の西南麓、奈良県吉野郡大淀町比曽《ひそ》に比蘇寺《ひそでら》（吉野寺とも称された）があり、『日本書紀』欽明十四年（五五三）五月条に、「今の吉野寺に、光を放ちます樟の像なり」とみえることで知られる。東西両塔の礎石がよく残り、白鳳期の伽藍配置をもつが、出土する瓦からみると、もう少し古い頃に建立されたらしい。欽明朝の創建とするのは後代の伝承にすぎない。

元興寺僧の神叡（〜七三七）は、吉野の比蘇寺に入って二十年余を過ごし、芳野神叡大徳と称せられた（『扶桑略記』天平二年十月十七日条所引「唐思託作延暦僧録」）。同じく元興寺の護命は、月の上半には深山に入って雑密経典である虚空蔵求聞持法《ぐもんじほう》を修し、下半には本寺にあって宗旨を研精した（『続日本後紀』承和元年九月十一日条）。深山は吉野の比蘇寺周辺を指すようである。比蘇寺で禅行を修道し虚空蔵求聞持法を修した僧侶たちの間で、自然智宗《じねんちしゅう》と称する学派が形成された[3]。

龍門岳の中腹に有名な龍門の滝があり、その上方の狭い平場に小規模な礎石群が点在している。龍門寺跡であり、久米仙人の伝承でよく知られている。出土する古瓦から、奈良時代前半の寺院と推定されていたが、奈良県高市郡明日香村の飛鳥池遺跡から発見された天武朝の寺名木簡に「吉野　龍門」とみえ、吉野寺（比蘇寺）と龍門寺が天武朝には存在していたことが確実となった。したがって山居して禅行を修道する山林修行は、天武朝には行われていた可能性が高くなったと言える。

吉野の金《かね》の峯《みたけ》も山林修行の場所であった。僧広達は戒律・看病により著聞し、宝亀三年（七七二）三月六日に十禅師の一人とされた僧侶である。『日本霊異記』中巻第二六縁によれば、広達は聖武朝に吉野の金の峯に入り、樹下経行して仏道を求めた。その一方で、吉野郡の桃花里《つきのさと》を流れる秋河（奈良県吉野郡下市町を流れる秋野川）に橋として架けられた木が、仏像を彫りかけたまま放置されていることを知り、それを浄所に運んで、阿弥陀仏・弥勒仏・観音菩薩を造り、吉野郡越部村《こしべむら》（奈良県吉野郡大淀町越部）の岡堂に安置したという。

この説話にみえる吉野の金の峯は、奥千本の金峯《きんぷ》神社背後の山で、古代に「水分山」（『万葉集』巻七―一一三〇）と謳われた青根《あおね》ヶ峯《がみね》の可能性がある。平安初めになると、金の峯はさらに奥の山上ヶ岳を指すようになった。平安初めに成立した『令義解』の僧尼令禅行条では、山居の事例として「金嶺」をあげており、また同じ頃に成った『日本霊異記』の上巻第二十八縁には、役優婆塞が金の峯と葛城の峯との間に橋を架けさせたとみえるからである。

大和で山林修行の場所となったのは、ほかに葛城山や生駒山がある。役君小角は初め葛木山に住んだとみえ（『続日本紀』文武三年五月二十四日条）、僧道鏡（～七七二）も若年の頃、葛木山に籠もって如意輪法を修し、「苦行、極りなし」とされ、また孔雀王呪経を誦習していた（『七大寺年表』）。行基（六六八～七四九）も、少年の頃より三十七歳に至るまで「山林に棲息」し、また慶雲四年（七〇七）には生馬仙房に移り、和銅三年（七一〇）正月から同五年まででは、生馬草野仙房にて「麁服を着、苦食を甞す」とみえている（『行基年譜』）。葛城山については一言主《ひとことぬし》神の伝承がよく知られており、『日本書紀』斉明元年五月条には生駒山とともに、神仙思想に彩られた伝承がみえる。後に葛城山・生駒山は修験の行場となった。

大和以外の事例を少しあげておくと、興福寺の禅師永興は紀伊国牟婁郡熊野村に住んで修行し、海辺の人々を教化して「南菩薩」と称されたが、熊野の山中でも行道している（『日本霊異記』下巻第一・二縁）。実在した僧侶で、宝亀三年（七七二）三月六日、僧広達らとともに十禅師の一人とされた。熊野村を和歌山県新宮市とすれば、その修行の場所は熊野速玉大社の旧社地、神倉山《かみくらやま》と推定できよう。ゴトビキ岩があり、神武東征伝承にみえる「天の磐盾」でもある。「越の大徳」と称された泰澄（八世紀後半～九世紀）は、越智《おち》山や白山で山林修行したと伝える（『泰澄和尚伝』）。

以上にみたように、僧侶の山林修行の場となったのは、吉野の龍門岳・金の峯、葛城山、生駒山、熊野の神倉山、越前の越智山、白山など、いずれも神聖視され、また霊山として信仰された山々であった。こうした山々での山林修行が神と仏の邂逅の契機となったのである。山林修行は七世紀後半、とりわけ天武・持統朝頃から活発化したと推測しうるが、これまでの論旨に即していえば、持統三年に制定された飛鳥浄御原令の僧尼令に、大宝僧尼令と同様、禅行条が規定されていた可能性が大きいと思われる。

一方、視点を寺院の所在地に移すと、まず第一に、飛鳥～奈良時代には飛鳥・斑鳩・藤原京・平城京など、宮都の所在地やその周辺地域に多くの寺が営まれた。その大半が官寺や氏寺である。第二に、水陸交通の要衝に氏寺が造営された。大和では、和爾《わに》周辺（天理市和爾町・櫟本町の一帯）、北葛城郡王寺町の周辺、二上山の山麓などである。第三に、右にあげた比蘇寺や龍門寺のように、山麓や山中に営まれた寺院がある。小規模なものが多い。飛鳥の岡寺や二上山北東麓の加守《かもり》廃寺のように、氏寺とみてよいものもあるが、なかには造営した氏族を全く想定しえない事例もある。龍門寺や宇陀郡菟田野《うたの》町駒帰《こまがえり》の駒帰廃寺、山辺郡山添村の竹渓《つげ》（都祁）山寺などである。これらの小規模な山寺（山岳寺院）は、氏寺とみるよりも、山林修行に集う僧侶たちの尽力で建立されたものとみるべきではないだろうか。

平城京の東の山にあった東大寺の前身寺院、金就優婆塞のいた金就寺（『日本霊異記』中巻第二十一縁）や、行基の建立した天地院も、その立地や年代からみて、僧侶や優婆塞らが山林修行の場所に営んだ山寺と考えられる。

畿内周辺部で祀られていた神々のなかで、早い時期に神身離脱を願った伊勢の多度神は、山岳信仰の対象となった神体山、多度山の神である。延暦七年（七八八）の「多度神宮寺伽藍縁起并流記資財帳」によれば、多度神社の傍らに止住した満願禅師が多度神の託宣により、郡司や在地豪族らの寄進を受けて多度神宮寺を建立したとする。満願禅師が多度山で山林修行をしていたことが契機となったとみてよい。

同様に若狭の若狭比古神社では、養老年中に神官の祖である和朝臣赤麻呂が心を仏道によせ、深山で修行していたところ、神託を被り神宮寺を建てたと伝える（『類聚国史』一八〇 天長六年三月条）。ここでも神社近くの山林で仏道修行していたことが契機となっている。これらの事例では、神から仏への接近がはかられ、それが神身離脱という形となったことが示されている。

豊前の宇佐八幡宮周辺では、すでに六世紀末から七世紀初めに法鏡寺や虚空蔵寺などが建立されていたが、やがて宇佐八幡宮境内地の弥勒寺に統合された。天平勝寳元年（七四九）十月二十四日に東大寺大仏の本体の鋳造が完了、その直後の十一月に八幡大神の託宣があり、禰宜尼の大神朝臣杜女らは上京、十二月二十七日に東大寺大仏を拝した。その際に左大臣橘宿禰諸兄は宣命を読み上げたが、そのなかに引用されている八幡大神の託宣には、宇佐八幡宮が他社に先がけて仏への邂逅を果たしたことが示されている。

（わだ あつむ・京都教育大学教授）

註

（1）丸山　茂「近年の〈祭殿（神殿）〉説について―主として宮本長二郎説に対する検討―」同氏著『神社建築史論―古代王権と祭祀―』所収、中央公論美術出版、二〇〇一年。なお神殿論争の経緯については、錦田剛志氏の労作がある。錦田剛志「〝古代神殿論〟をめぐる近年の研究動向―考古資料の解釈をめぐって―」『皇學館大学神道研究所所報』第六十三号・第六十四号、平成十四年七月・平成十五年二月。錦田論文は、最近刊行された『古代出雲大社の祭儀と神殿』（学生社、二〇〇五年十月）に、加筆修正のうえ資料として再録されている。

（2）櫟本高塚遺跡発掘調査団『櫟本高塚遺跡発掘発掘調査報告書』、一九八九年。

（3）薗田香融「古代仏教における山林修行とその意義」『南都仏教』第四号、一九五七年。

［コメント］

上川通夫報告へのコメント

堀　裕

両氏の報告を当日拝聴し、特に上川氏の報告に関して、その場で発言した。その内容と、その後の補足部分を付け加えてコメントとしての責としたい。そのため、当日の発言内容である次の三点を軸にして記述する。

まず、悔過実施の要因を外交の視点から説明しようとするが、それだけでは説明のつきがたい点も多いのではないかという点である。

報告では、悔過の実施が、間接的にしろ、あたかもほとんど外交との関連で説明できるかのように聞こえた。外交との関係を全く否定するつもりはないが、たとえば多く取り上げられた薬師悔過の場合、治病目的の悔過である場合はもちろん多く、また上川氏自身取り上げられるように、これまで怨霊との関係で取り上げられることもあった。疫病を大陸から伝わる病との認識があったとしても、外交との関係による積極的な解釈は、もう少し説明が必要な史料が多かったと考える。

次に、怨霊の出現はまた一般に、八世紀後半から九世紀前半における「王権」の変化とも深い関わりがあると考えられる。つまり、薬師悔過の評価は外交だけではなく、内政とも深く関連すると想定される。内政が外交と関連することはいうまでもない。その上で、当該期の画期をどのように評価するのか、しないのか。この点は、上川氏が七二〇年代から七三〇年代を「模倣律令国家から模倣仏教国家への転換」と評価した点とも関わるように考える。こうした国家の定義は外交史からの評価ではあるが、内政との関連を十分には評価しにくいのではないだろうか。

最後に、七二〇、三〇年代の画期といえば、悔過の他に例えば『大般若経』の受容の問題がある。また外交との関係のある経典で言えば、『仁王経』の受容はこの画期をさかのぼる。これら諸経典受容と悔過との関係について当日教えを請い、懇切な説明を得た。重ねて述べることが許されるなら、上川氏も十分に認識されているように、『武智麻呂伝』の記述を信頼するならば、神身離脱の初見は霊亀元年（七一五）となり、氏の想定する外交上の変化と連動する画期とはややずれる。この点はやや問題を残す。

最後に、上川氏が提起した、神身離脱を神の悔過と評価する重要な点について、コメントとして触れることができなかった点をお詫びしたい。

（ほり　ゆたか・大阪樟蔭女子大学助教授）

[基調講演]

ほとけたちの誕生
―異宗教（カミ）の受容と展開―

宮治　昭

はじめに

日本では実に多くのほとけたちが造形され、信仰されてきた。それらのほとけたちは、釈迦仏はもとより阿弥陀仏・薬師仏・毘盧遮那仏・大日如来などの仏陀（如来）像、観音菩薩・弥勒菩薩・文殊菩薩・普賢菩薩などの菩薩像、不動明王・降三世明王・大威徳明王・愛染明王などの明王像、梵天・帝釈天・四天王・毘沙門天・吉祥天・弁才天などの天部像、さらには阿難や大迦葉をはじめとする十大弟子、また多くの高僧像や祖師像など、実にヴァラエティーに富んでいる。

世界宗教といわれるキリスト教やイスラム教と比べた場合、仏教のほとけの多さは驚嘆に値する。偶像を否定するイスラム教は当然のことながら神の像を表すことはなかったし、尊像表現を受け入れたキリスト教においても、キリストと使徒および聖人を中心とした図像（それに関連した旧約聖書の図像を含め）を発展させたに留まっている。これに比べて仏教は開祖釈迦とその弟子の図像のみならず、一大パンテオンと呼べるようなほとけの数々を創り出した。ここで「ほとけ」とは、わが国で一般に用いられる仏教尊像の総称を指す。こうしたほとけたちは一体どのようにして生み出されたのであろうか。

紀元前五世紀ないし前四世紀の釈迦の在世中には、釈迦の像はもとより、信仰対象の尊像や図像は何もなかった。釈迦が始めた仏教は絶対的・超越的な存在を崇拝したり、それに帰依したりする宗教ではなく、自らの努力によって苦しみの世界からの開放を目指す哲学的な宗教であった。その意味で無神論とも言えるものであった。しかし、仏教が僧（比丘）のみならず一般の人々に受け入れられていく過程で、釈迦に対する信仰、また仏教の思想的展開、さらに信者が生きていた時代の仏教外の異宗教・異文化の受容、これらの要因が融合することで、信仰対象としての仏教諸尊が誕生し、形成されていく。

もともと釈迦の像さえもたなかった仏教が、多くの仏・菩薩・明王・天といったほとけたちを生み出し、信者たちの信仰を獲得していったことは、仏教の発展にとって極めて大きな推進力となった。仏教はインドにおいて発展したばかりでなく、ガンダーラから中央アジア・東アジアへ、さらにはスリランカや東南アジアへ、またチベットへと伝えられ目覚ましい展開を遂げる。こうした仏教の発展は、民族を超えて受け入れられる仏教思想のもつ普遍的な価値観と、それを僧たちが深化させていったことによるものであることは言うまでもないが、それだけではない。在俗の信者が仏教に帰依して、寄進をなし、礼拝信仰したことが大きな力となったこともまた疑いない。

一般の信者にとって、あるいは次第に僧たちにとっても、仏陀の説いた教え（仏法）だけでなく、信仰の対象が大きな働きをなすようになる。インドにおける仏教の発展の過程で、またインド外のアジアの諸地域に広まる過程で、それぞれの民族の間で行われていた異宗教（カミ）を、仏教の思想的なシステムのもとに様々な形で取り入れることによって、ほとけたちは誕生したのである。

一　民間信仰との習合

最初に、インドで仏像が誕生する以前に、仏教徒たちが信仰の対象としたものを検証し、仏教がいかに深く当時インドで行われていた民間信仰と関わったかを見てみたい。すなわち、仏教と民間信仰の習合の様相について明らかにしよう[1]。仏教が最初の段階で原始的・古代的な民間信仰・民俗信仰を取り入れることによって、仏教はインドに根づくことができただけでなく、それによって仏教が異宗教（カミ）を受容するシステムを確立することになり、その後の仏教信仰の発展に大きな足掛りをつくったと考えられる。

小乗『涅槃経』には釈迦が入滅される際、阿難の質問に答える形で、釈迦入滅後は、僧たちに対しては釈迦の説いた教え（仏法）を拠り所とするように、在俗の信者に対しては舎利を祀ったストゥーパを拠り所とし、あるいは釈迦の四大聖地を巡礼したり、そこで釈迦が成したことを想起したりするようにと説いている[2]。インドで仏教美術が興起するのは、前三世紀のアショーカ王の時代以降のことであるが、『涅槃経』に説かれるように舎利・ストゥーパに対する信仰、および釈迦の聖地・聖蹟に対する信仰と関わって仏教美術は誕生する。大略的に言って仏像が成立するまでの最初の段階において、この舎利・ストゥーパ信仰および聖地・聖蹟信仰は当時インドで行われていた民間信仰と言うべきチャイティヤ信仰と深く関わり、それを吸収する形で仏教はインドに根づいていく。

チャイティヤ（skt. caitya. p. cetiya）という語は、仏教では釈迦の舎利やストゥーパ、また釈迦の聖地や事蹟に関わる聖なるものを指した。『カーリンガボーディ・ジャータカ』[3]（Jātaka No.479）には、チャイティヤは世尊の代わりとして香や花綱で「供養すべき所」と述べ、舎利を第一のチャイティヤとして挙げている。

舎利は釈迦入滅後、仏教徒にとって最も重要な礼拝対象となり、舎利を祀るストゥーパが造立されていく。舎利がチャイティヤと呼ばれただけでなく、舎利を祀ったストゥーパもチャイティヤと言われたことは、刻文や経典テキストからも知られる。ストゥーパを祀る石窟をチャイティヤ窟、同じく堂をチャイティヤ堂と呼んでいる。このように舎利およびそれを祀ったストゥーパはチャイティヤと呼ばれ、仏教における最も重要な礼拝対象であった。

しかし、チャイティヤはもともと精霊的な神《カミ》が宿る聖樹、聖壇、聖柱などを指した言葉で、仏教以前からのインド古代の民間信仰と深く関わっている。そうした古いチャイティヤの表現は、初期仏教美術の中にも生き残っており、その信仰の様子をうかがうことができる。例えば、南インドのアマラーヴァティー出土の「釈迦最後の旅」を表す浮彫（前一世紀頃、アマラーヴァティー考古博物館）には、釈迦（聖壇で象徴的に表現）がヴァイシャーリーの聖樹のもとで休憩し、聖樹を讃えた場面があるが、その聖樹は銘文でも『涅槃経』の記述でもチャイティヤと呼ばれている[4]。また、バールフットの欄楯笠石の浮彫（前一〇〇年頃、インド・コルカタ博物館）には、動物たちが樹下の聖壇のもとで憩ったり、花を捧げて供養したりする図像が二例あり、いずれもチャイティヤの銘を伴っている[5]。

このように聖樹や聖壇、また両者の組合せがチャイティヤと呼ばれたが、聖樹や聖壇はヤクシャを代表とする精霊的な神《カミ》がそこに宿ると見られたのであり、チャイティヤはいわば神《カミ》が降臨する依り代といえる。仏教において舎利がチャイティヤとされたのは、舎利に精霊的な神《カミ》に等しい仏陀の霊的な力が宿ると見られたからであろう。また、初期仏教美術において、仏陀の存在を聖樹・聖壇で表したのも、仏教以前のチャイティヤをそのままの形で取り入れ、仏陀がそこに宿っているとみなされたのに相違ない。釈迦は菩提樹の下で悟りを開いたが、それが事実であるから菩提樹が神聖視されたというより、聖樹信仰の土壌の中で釈迦の悟りが達成されたと言うべきであろう。実際、釈迦の四つの最も重要な出来事（四大事）である「誕生」「成道」「初説法」「涅槃」は、いずれも聖樹の下で起こっている。このことが歴史的事実かどうかはともかく、そのように伝承されたことは、仏教が聖樹信仰の土壌の中で培われたことを物語っている[6]。

ところで、聖樹チャイティヤが舎利を祀ったストゥーパと習合したことは、ストゥーパの供養法や形態の点からも指摘できる。まず供養法について言えば、聖樹に棲むヤクシャをはじめとする精霊的な神《カミ》は、生命力それ自体を支配するとみられたため、一方では豊饒多産を司り、子宝や財を授けてくれるが、他方では生命を滅ぼし、死滅させる恐ろしい力をもつと信じられた[7]。こうした神《カミ》に対し、願望や祈願をこめて、また慰安や宥和のために、様々な聖樹供養（チャイティヤ・プージャー）が行われた。すなわち、聖樹の周りを清掃し、香を焚き、手印を押し、花輪を飾り、塗料をぬり、燈明をともし、幢幡を飾り、傘蓋を立て、右繞の礼拝などがなされた（『パサーラ・ジャータカ』[8]（Jātaka No.307））。

このような聖樹供養は、興味深いことに、ほとんどそのままの形で仏塔供養（ストゥーパ・プージャー）に受け継がれる。『涅槃経』にはストゥーパの供養法として香・華・塗料・燈明・幢幡・傘蓋・音楽・礼拝・浄掃などを挙げており、バールフットやサーンチーなどの初期仏教美術に見られるストゥーパ供養図にも、これらの供養の様子が表されている[9]。ストゥーパ信仰は、供養という宗教実践の点において聖樹チャイティヤ信仰と深く関わり、仏教がチャイティヤ信仰を取り入れたことがわかる。

また、ストゥーパの形態についても聖樹信仰との関わりが指摘できる。ストゥーパの頂部にはハルミカー（平頭）と呼ばれる方形の囲いを設け、その中央に柱を立てて傘蓋を取り付けるが、このハルミカーの形態は聖樹信仰の名残りと見られる[10]。すなわち、ハルミカーは複数の傘蓋を重ねて柱を立て、その周りに方形の囲いを取りつける形態を示し、実際の機能をもたないことからも、欄楯に囲まれた聖樹を象徴的に象ったものと考えられる。しかも、ストゥーパ内部の中軸には柱が設置されたり、もしくはパイプ状の孔を穿ったりしている例が報告されており（ピプラワーワー、バッティプロール、パウニなど）、柱に対する神聖視がうかがえる。[11]

聖樹と関係深い聖なる柱もチャイティヤと呼ばれ、インドで古くからの信仰があるが、仏教にも取り入れられる。古くは『アタルヴァ・ヴェーダ』に宇宙軸としての聖柱スカンバや犠牲祭の柱ユーパの信仰が見られ、『マハーバーラタ』ではチャイティヤ・ユーパとして聖なる柱をチャイティヤと呼んでいる。[12] 仏教では南インドのアマラーヴァティーの大塔に、四方位に張出し状の基台（アーヤカ）に各五本の柱が設置され、その柱の下端に舎利が埋納されたが、その柱を銘文で「チャイティヤ・スカンバ」と記している。[13] 聖なる柱チャイティヤがストゥーパ信仰の中に組み込まれ、重要な役割を担ったことがわかる。

聖なる柱としてアショーカ王柱を忘れることはできない。とくに釈迦の初説法の聖地サールナートに建てられた石柱は見事である。柱頭に四頭背中合せの獅子が四方を威圧するかのように身構え、その上に大きな法輪が載せられていた（断片が残る）。ここから釈迦の説いた仏法が世界に行き渡ることを表したものと言える。[14] アショーカ王柱はインドの伝統的な木柱による聖なる柱を石造による記念柱とした点に独創性がある。

バールフットやサーンチーの初期仏教美術には、法輪を戴く柱、つまり法輪柱を供養する図が見られる。動物柱頭の上に大きな法輪を載せており、アショーカ王柱の流れを汲むものであるが、仏陀の説法の象徴的表現として一般化していく。南インドではとりわけ柱に対する信仰が強かったようで、アマラーヴァティーの浮彫ではしばしば仏陀の象徴表現に法輪柱や火炎柱を用いている。法輪柱の下端に椅子を置いて「初説法」を表したり、また上端に三宝標を戴き、周囲に火を発する火炎柱の下端に椅子を置いて仏陀の存在を示したりしているのである。[15]

聖なる柱に関連して旗柱（dhvaja）について述べておこう。中インドのヴィディシャー周辺には、銘文からギリシア人のヘリオドロスが建立したことがわかるガルダ柱をはじめ、マカラ柱、あるいは如意樹柱などが立てられた。[16] これらは紀元前二世紀末頃のものと推定され、ガルダ柱は頂部を欠損しながらも現地に立つ。頂部にはかつて聖鳥ガルダを戴いていて、ガルダ・ドゥヴァジャ（ガルダの旗柱）と呼ばれ、ヴァースデーヴァ（後にヴィシュヌと同一視される）の神に捧げられたものであることも銘文に記されている。また、マカラ柱と如意樹柱は銘文はないが、柱頭部分が残り、それぞれ怪魚マカラと欄楯に囲まれた如意樹（聖樹）が表されている。マカラ（摩羯魚）は海に潜むエネルギーと関係し、愛欲の象徴とされることから、釈迦の降魔成道の場面に魔女がマカラの旗柱（マカラ・ドゥヴァジャ）を持って表されたりする。如意樹は望みのものを何でも与えてくれる聖樹で、枝からは財布や蓮華が吊り下がって豊かさを象徴している。

旗柱（ドゥヴァジャ）と呼ばれるこうした柱（もともとは移動可能なもの）は、どのような目的や信仰があって立てられたのだろうか。旗柱で想起されるのは、インドラ・ドゥヴァジャ（帝釈天の旗柱）である。『旗柱の先端』（p. dajjagga）と名づけられた阿含経典には、帝釈天がかつて阿修羅と戦った時、帝釈天は諸神に「戦場で恐怖に襲われたら、わが旗柱の先端を見よ。恐怖は除かれるであろう」と語ったことが記されている。[17] こうしたことから、インドラの旗柱には呪術的な力が具わっていたことがわかる。旗柱には柱頭に精霊的な神《カミ》や動物、モティーフが表され、それが呪術的な力をもつものとして、古代インドの民間信仰として流布していたと考えられる。ヒンドゥー教や仏教はそれらの旗柱を取り入れたのであろう。

仏教はこの旗柱の造形や信仰を取り入れる形で、ストゥーパや寺院の近くに幢（法幢）が立てられるようになる。この幢のサンスクリット語はdhvajaで旗柱にほかならない。また、『法華経』や『阿弥陀経』など大乗経典には仏陀の名前として、「帝幢」（Indra-dhvaja）、「梵幢」（Brahma-dhvaja）、「無量幢」（Amita-dhvaja）、「法幢」（Dharma-dhvaja）など多くの「幢」のつく仏陀が見られる。[18] 精霊的な神《カミ》が宿り呪力をもつ旗柱の信仰を、大乗の仏陀の名として積極的に受け入れ、発展させたものと言える。

以上、初期の仏教がいかに当時のインドで行われていた信仰、とくに聖樹・聖壇・聖柱などに関わるチャイティヤ信仰を摂取し、融合する形で仏教の信仰と造形がインドの地に根づき、発展の方向が与えられたかを述べた。次に、仏陀像の誕生における異宗教・異文化の受容の問題を考察しよう。

二　仏陀像の誕生と展開

（一）仏像の誕生

仏教美術の最初期の段階では、仏伝図が表されながら、釈迦の存在は人間像で表現されることなく、聖樹・聖壇などで象徴的に表された（前二世紀〜後一世紀初め頃まで。但し、南インドでは一部で二世紀頃まで続く）。釈迦の様々な行為や出来事を仏伝図として説話的に表しながら、主人公である「仏陀の象徴的表現」「仏陀不表現」の伝統が頑なに守られた。その理由は様々に言われるが、おそらく涅槃に到達した仏陀は表すことや見ることはできないと経典（『増一阿含経』巻二一、『長阿含経』巻一四など）に説かれていることと関係するであろう。[19] それと同時に、聖樹・聖壇などのチャイティヤで仏陀の存在を表すのがふさわしいと見られたからであろう。

それでは仏像はいつ、どこで最初に造られるようになったのか、それはどうしてか、またどのようなイメージが仏像に込められたのか、といった疑問が沸く。仏像の成立はその後の仏教の歴史を考えた場合、極めて重要な意味をもつことは確かで、それ以後仏教信仰はストゥーパと並んで仏像を軸に展開していく。とりわけガンダーラから東アジアへの仏教の伝播と発展を考える際、仏像を抜きにしては仏教の歴史は語れないと言っても過言ではなかろう。

仏像の起源の問題は多くの議論があり、未だに決着をみていない。ここでそれを論じることはできないが、近年の研究に基づきつつ私見を交えてその見通しを述べておこう。かつてこの問題を詳しく研究した高田修氏は、西北インドのガンダーラと中インドのマトゥラーのそれぞれの仏教彫刻を詳細に検討し、クシャーン朝時代にガンダーラの方がやや先行して後一世紀末頃に、マトゥラーでは後二世紀初め頃に、それぞれ全く別個の造形様式で仏像が成立したと結論づけた[20]。ガンダーラとマトゥラーでほぼ同じ頃、別々の造形様式で仏像が造り出されたことは現在でも多くの研究者の認めるところである。しかし、その後の発掘調査や研究によって新事実が明らかとなってきた[21]。

現在知られる最古の仏陀の表現は、アフガニスタン北部のティリヤ・テペから出土したインド系金貨に表されたもので、後一世紀初め頃のものと推定されている[22]。その金貨には法輪に手をかけて廻すしぐさのヘラクレスのような姿の人物像が表され、カローシュティー文字で「法輪を廻す者（dharmacakrapravatako）」という銘が刻まれている。銘から見る限り仏陀像に相違なく、人体像で表された最古の仏像と考えられる。この仏陀像はギリシア系の英雄神と、輪宝を廻して世界を支配するという転輪聖王のイメージをダブらせた表現である。仏陀を英雄的な世界支配者に見立てた造形と言える。この金貨の裏には獅子と三宝標が表され、「畏れを追い払う獅子（sihovigatabhayo）」という銘があり、仏陀を百獣の王たる獅子に見立てたアレゴリカルな表現をとっている。ここには仏陀像の象徴的表現から人体的表現への過渡的な様相が見てとれるが、最初期の仏陀像がいわば精神的な王者というイメージで表されていることがわかる。

これに続く仏像として、イタリア隊が発掘したガンダーラ北方のスワートのブトカラI、およびスワート周辺域から出土した彫刻の中に、最初期に遡るとみられる十点近い仏像彫刻がある。それらは後一世紀前半～中頃の作と推定され、その多くは「梵天勧請」の仏伝場面を表している[23]。仏陀は菩提樹下で結跏趺坐し、禅定印を結び、向って左には梵天、右には帝釈天が合掌して立つ。仏陀は丸顔で大きく眼を見開き、頭髪を整然と結い上げ、上半身はほとんど裸形で、左肩から腹前にかけて天衣状の条帛を掛けるのみである。人体の表現は粗野で逞しく、衣文の襞は平行線を繰り返す線条的な表現となっている。上半身の裸体表現にはヘレニズム的な筋肉表現が見られるが、顔容や衣文表現など、全体的にバールフットなどのインド古代初期美術の影響が見られる。

こうした特徴をもつ一連のスワート近辺出土の浮彫が、現在知られている（ティリヤ・テペの金貨を除き）最も古いガンダーラの仏像表現と見られ、にわかに注目を集めるようになった。これらの仏像は、一般のガンダーラ仏がギリシア・ローマ影響の顕著な写実的な造形様式を見せるのと大きく異なる。そこにマトゥラー仏の造形様式の影響を見る説（ロフイゼン・ド・レーウ）もあるが[24]、マトゥラー仏とはかなり異なっており、筆者は古代初期のインド美術の影響を推測する。というもの、丸顔で見開いた眼、上半身裸形で、天衣状の条帛を掛けるといったこれらの仏陀の表現は、バールフット彫刻に見られるインドの神々と同じ特徴を示すからである。

スワート近辺出土の最初期の仏像表現をよく見ると、インド古代初期の神々の姿をもとにしながらも、仏陀としての特徴を込めて表していることがわかる。結跏趺坐し禅定印を結んで釈迦の悟りの姿を表しているが、瞑想することなく眼を見開いて、上半身裸形の肉体は逞しく力強い。こうした表現は偉丈夫相（Mahāpurṣalakṣaṇa）の表現である。釈迦は出家の行者として出発しながら悟りに到達し、転輪聖王に比すべき精神世界の王者となった。古代インドの帝王観では、帝王は国を富ませ、人々に世俗の安寧と豊かさを与える責務を負っていたが[25]、釈迦は悟りを開き、人々に精神的な安寧を与える仏陀となったのである。

一連の最初期の仏陀像の多くが「梵天勧請」の場面を表しているのも、おそらくこのことと関係するだろう。「梵天勧請」は成道後の釈迦が、人々に法を説いても理解してもらえないだろうと思って説法を躊躇した時に、梵天をはじめとする神々が釈迦に説法を要請するエピソードである。その時、釈迦は「生きとし生ける者への哀れみによって、悟った人の眼をもって世界の中を観察され」（『マハーヴァッガ』Ⅰ．5．10）、説法を決意したのである[26]。「梵天勧請」は深い瞑想体験によって〈悟り〉を達成した釈迦が、苦しむ人々への哀れみの眼差しによって〈救い〉に導こうとした説話といえる。人間像としての釈迦が誕生したのは、仏陀を単に自己完結的で超越的な〈悟り〉の存在としてではなく、人々に現実に〈救い〉をもたらす存在として信仰されたからではなかろうか。

さて、ここでその後のガンダーラ仏の変遷を述べることはできないが、仏陀像を造形するに際してガンダーラの工人は、おそらく僧や寄進者の意向にも耳を傾けつつ、いくつかのモデルを参考にして新たな仏陀像を造り出したものと思われる。推定されるモデルとして、（1）現実の行者・僧、（2）神像、（3）帝王像、これら三つのイメージをもとに、〈悟り〉を開き、かつ人々に〈救い〉をもたらす超人的人間としての仏陀像を創造したのであろう。

仏陀の超人的特徴として三十二相が経典に説かれるが、近年の岡田行弘氏の研究によれば、初期の段階では三十二相という数といくつかの特徴は記されるが、全体の内容は記されず、紀元前後頃に仏陀に対する超人化・偉大化の思想が顕著となって、三十二相の内容が具体的に大乗経典や仏伝経典、部派の経典にそれぞれ異伝をもちつつ記述されるようになるという[27]。仏像には初期の段階から、肉髻相、白毫相、丈光相などが意図された表現が見られるが、経典の三十二相の内容とおそらく相互に影響し合って、仏陀の超人的イメージが創り上げられたものと思われる。その際、前述のように行者・僧、神像、帝王像の三つがイメージ・ソースとなったと考えられる。以下に、具体的に見てみよう。

（二）　ガンダーラ仏とマトゥラー仏

クシャーン朝時代に数多く造られたガンダーラ仏は、大きな円盤形の頭光をつけ、波打つ頭髪を結う形で肉髻とし、面長の顔立ちはほりが深く現実的で、体躯には厚い大衣（僧衣）をまとい、衣文はしばしば形式化しつつも写実的な襞を表す[28]。坐像の場合は一般に結跏趺坐し、立像の場合は片足に重心をかけ、片足を遊ばせるいわゆるコントラポストの姿勢を示す。このようなガンダーラ仏はインドの行者・僧の姿をもとにしながら、ヘレニズム・ローマの神像や皇帝像のイメージを取り入れて成り立っている。例えば、頭髪を結って盛り上げる形や結跏趺坐の坐勢などは行者・僧の姿をもとにしているし、立像のコントラポストの姿勢にはヘレニズム以来の神像彫刻の伝統、右手を挙げる施無畏印の手振りには西アジア・ローマの帝王像、円盤形頭光にはイラン系の神格フヴァルナの造形を取り入れている。このようにガンダーラ仏は東西の文化を摂取しながら、超人的な人間像としての仏陀像を造り上げた。しかし、造形の基調はヘレニズム・ローマ美術の手法を取り入れた写実表現に富んでおり、それだけに現実的な人間としての仏陀のイメージが強い。ガンダーラ仏は様式的、形式的な変化を見せながらも、西北インドの地で五世紀頃まで断続的に造像され隆盛を誇る。ガンダーラ仏は中央アジアや中国に伝えられ、それぞれの地で変容しつつ、アジアの最初期の仏像として大きな影響力をもった。

一方、中インドのマトゥラーにおいても、ガンダーラと同じ頃か、やや遅れて、やはり後一世紀には仏像制作が始まったとみられる。クシャーン朝のカニシカ王の時代には堂々たる巨像の仏陀像が造られたことが、サールナート出土の仏立像（高さ二・九メートル）からわかる[29]（カニシカ三年銘）。この仏像はマトゥラーで制作され、仏陀初説法の聖地サールナートに運ばれたものである。マトゥラーの仏陀像は様式的にガンダーラ仏と大きく異なる。マトゥラー仏は丸顔で、目は眼球を大きく表して見開き、唇は厚く、若々しく生気溢れる顔容である。体躯はいかり肩で胸は広く、引き締った人体には力強さがみなぎっている。大衣は薄く透け、あたかも裸体のようで逞しい。衣文線は平行線状に刻まれリズム感を与える。坐像の場合は結跏趺坐し、立像の場合は重心を両脚にかける等直立といわれる正面性の強い姿勢である。

このようなマトゥラー仏は、僧衣をまとい、坐像では結跏趺坐する点でインドの行者・僧の姿をモデルとしているが、逞しく力強い造形は「釈迦族の師子」にふさわしい偉丈夫相の仏陀像を創り上げている[30]。そこにはガンダーラ仏と同じように、神像および帝王像のイメージが取り込まれている。但し、ガンダーラ仏がヘレニズム・ローマの神像や皇帝像をモデルとして摂取したのに対し、マトゥラー仏はインドの神像およびクシャーン族の帝王像のイメージを取り入れたと考えられる。

逞しく力強い肉体表現に特徴をもつマトゥラー仏は、前代からのヤクシャ像の伝統を継承していることは、すでに多くの研究者によって指摘されている。例えばサーンチーの守門神ヤクシャとマトゥラー仏を比較すれば、その人体表現は大層よく似ていることが理解されよう。マトゥラー仏は肉体表現においてインド古来の民間信仰の神であるヤクシャの造形を取り入れているが、一方で、正面性の強い、等直立で、威厳に満ちた人体表現にはヤクシャ像と異なる造形感覚がうかがえる。筆者はそれはクシャーン朝の帝王像に通ずるものと推測する。マトゥラー郊外のマート神殿から出土したカニシカ王像は、遊牧民であるクシャーン族の服装をし、棍棒や長剣をつけるが、その表現は等直立で正面性が強く、威風堂々たる造形である[31]。マトゥラー仏はインドのヤクシャ像とクシャーン朝帝王像の両者のイメージを取り入れて成り立っていると見られるのである。

以上、ガンダーラ仏とマトゥラー仏の様相を見た。インドの初期の仏像は、行者や僧の姿をもとにしながらも、それぞれの地域の神像や帝王像のイメージを取り入れ、超人的な仏陀像をつくり上げたと言える。初期の仏陀像は優しさや瞑想的な表現よりも、偉丈夫相を強調したものであった。

（三）過去仏の成立

ガンダーラとマトゥラーで創始され、クシャーン朝時代には実に多数の仏像が造られた。ここではそれらの仏陀像の尊格について考えてみたい。ガンダーラでもマトゥラーでも、初期においては釈迦仏の造像が基本であったに違いない。ガンダーラでは多くの仏伝浮彫が制作されており、釈迦に対する信仰が大層強かったことがうかがえる。マトゥラーにおいても、ガンダーラほど仏伝浮彫が多くないとしても釈迦信仰が基本であったことに変わりはないだろう。仏陀像は銘文でもない限り、なかなかその尊格が同定し難いのが実情である。クシャーン朝時代の尊格を記す銘文例は多くないが、後述するマトゥラーの阿弥陀仏一例を除いてほとんどみな釈迦仏である。すなわち、マトゥラーでは「世尊・釈迦牟尼の像」「世尊・仏陀・釈迦牟尼の像」「世尊・釈迦牟尼・等正覚者の像」などと記されている。[32]ガンダーラでは尊格を記した銘文は大層少なく、舎利容器に刻まれた刻文に「世尊釈迦牟尼」の名が出てくる程度である[33](但し、五、六世紀以降のインダス河上流域の岩壁線刻画には観音・弥勒・文殊などの大乗菩薩の名が出る)。

しかし、釈迦仏以外の仏陀として過去仏の信仰はかなり早くから興った。このことは前三世紀のアショーカ王のニガーリー・サーガルの碑文に、過去仏の一人拘那含仏(コーナーカマナ)について言及していることからも確認される。前二世紀末頃のバールフットの浮彫には、聖樹によって過去仏を表した作例が六例あり、紀元前後頃のサーンチーの浮彫では、聖樹やストゥーパを七つ並べて過去七仏を表しているので、前二世紀以降、過去七仏の信仰は普及したことがわかる。[34]

ガンダーラの浮彫彫刻では、七体の仏陀と一体の菩薩像を並置して表した浮彫作例がかなりあり、銘文はないものの過去七仏と弥勒菩薩を表したことが明らかである。マトゥラーにも作例は少ないが、やはり過去七仏と弥勒菩薩を表したと見られる浮彫がある。それらの過去七仏の表現は、それぞれの仏陀においてとくに区別は見当らず、みな釈迦仏と同様の表現をとっている。過去七仏を説く経典[35]においても、過去仏の仏伝には釈迦仏のそれが反映されていることから、釈迦信仰から過去仏が生まれたことがわかる。

仏教の大きな特徴は、歴史上の釈迦が悟りを開きブッダ(覚者)となったことで、いわば釈迦は仏教の真理(ダルマ、法)を体現したとみなされたことにあろう。この点はキリスト教やイスラム教などと大きく異なる点で、やがて輪廻転生の観念(個人だけでなく世界も生住滅があると考えられた)をもったインドの土壌の中で、過去世にも仏陀がいたという信仰が生じたものに相違ない。過去七仏の七という数字は、古代における七の神聖視と関わるのであろう。

かくして釈迦仏が投影される形で過去仏の信仰が興起し、クシャーン朝時代には過去仏の造像も行われた。ガンダーラには四体の仏陀像を並置した浮彫彫刻もあり、過去四仏を表した可能性も考えられる。玄奘は『大唐西域記』のガンダーラの条で、城外のピッパラ樹の下に、過去四仏の坐像があることを伝えている。[36]過去四仏は釈迦仏を含めそれ以前の四仏を言い、それを区切りとして過去荘厳劫と現在賢劫とが区別され、賢劫千仏の思想も生まれていったであろう。ガンダーラ美術の後期には、ストゥーパの基壇や胴部に石彫やストゥッコ造で、ぎっしりと仏陀像を並べ表すようになる。これは造仏の功徳に対する情熱とともに、多仏思想・千仏思想とも関わった表現であろう。[37]

過去仏の中で燃燈仏は特別の位置を占める。仏伝経典では燃燈仏は、釈迦の前生であるメーガ青年に対して授記を与え、燃燈仏はいわば最初の仏陀として位置づけられているからである。「燃燈仏授記」を表す浮彫はガンダーラ、およびアフガニスタンのカーピシーの作例が数多く知られる。[38] 興味深いことにカーピシー出土の燃燈仏は両肩から火焔を発して表現されており、すでに指摘されているように、こうした焔肩の表現はイラン系の神格フヴァルナ（栄光、繁栄を象徴する）に由来するもので、ヴェーマ・カドフィセスやカニシカのクシャーン朝貨幣の帝王像にも見られる。[39] カーピシーの燃燈仏はイラン系の神格と帝王像の要素を吸収して成り立っている。中央アジアでは、燃燈仏に限らず両肩から火焔を発する仏陀の表現は数多く見られ、逆にそうした仏像表現から「焔肩仏」という名称をもつ仏陀が考え出されたとみられている。[40]

燃燈仏は西北インドで流行したが、インド内部ではあまり造形されなかったようだ。「燃燈仏授記」を表す彫刻がアジャンター、カーンヘリー、ナーランダーなどに見られるが、ガンダーラの図像を簡略化した表現となっている。グプタ時代のマトゥラー彫刻に燃燈仏（Dīpaṃkara）の銘文をもつ仏坐像（頭部欠損）があるが、その姿は通例の釈迦仏と変わらない。[41]

（四）　大乗の仏陀像の誕生

さて、大乗の仏陀（如来）像はインドでどのように表されたのだろうか。日本では阿弥陀仏や薬師仏などの造像が大層盛んで、釈迦仏のそれを遥かに凌駕している。大乗の仏陀像の出現は不明な部分が多いが、その基盤にあるのは仏教思想の展開であろう。すなわち、時間的のみならず空間的にも多くの仏陀の存在を説く大乗の多仏思想を基礎として、大乗仏教の菩薩思想および仏身論の展開とともに、仏陀の前生の功徳と誓願によって、「救いのほとけ」が誕生する。しかし、阿弥陀仏や薬師仏といった具体的な性格をもつ仏陀は、どのようにして成立したのであろうか。また、インドではどのように表されたのだろうか。

このことを明らかにするのは容易ではないが、考えられることとして、おそらく釈迦仏のもっていた、また時代的に超人化・神格化の過程でもつようになった釈迦仏の功徳や特質が基礎となり、その上に新たな歴史状況のもとで、仏教外の異宗教の神《カミ》の特質と結びつき、それと融合する形で新しい仏陀の尊格が成立したのではなかろうか。釈迦仏は仏伝・讃仏経典の中で、「無量の光をもつ」「無量の命をもつ」「医王である」等々の功徳や特質をもって記述されている。[42] こうした釈迦の性格がインド内部のヒンドゥー教や、とりわけ西北インドから中央アジア・中国へ伝播する過程で、イラン系や中国系の神格と結びついて、報身仏として独立した仏陀の尊格が成立し、また発展したのではないかと思われる。

阿弥陀仏を例に取ろう。阿弥陀仏は周知のように、サンスクリット名Amitābha（無量光）とAmitāyus（無量寿）の二つの名称が知られている。阿弥陀仏の光り輝く徳性や永遠の寿命をもつという徳性は、実はすでに小乗『涅槃経』でも強調され、仏伝・讃仏経典にも盛んに出てくる釈迦仏の形容である。その釈迦仏の徳性がヒンドゥー教のヴィシュヌの徳性や、またゾロアスター教のアフラ・マヅダーやミスラの徳性と融合し、さらに大乗菩薩の功徳と誓願の考えに裏づけられて、報身仏として光り輝く阿弥陀仏・無量光仏が成立し、発展したのではなかろうか。また、永遠の命をもつ阿弥陀仏・無量寿仏は、中国の神仙思想と結びつくことで大きく発展したものと思われる。

実のところ、インドではパーラ朝時代の密教五仏中の阿弥陀仏を除いて、阿弥陀仏はクシャーン朝のマトゥラーに一体確認されるのみである。その阿弥陀仏は残念ながら立仏の両足と台座を残すのみで、フヴィシカ二八年にAmitābha（無量光）仏の像が隊商長の孫であるナーガラクシタによって造立された旨が台座に刻まれている。[43]この阿弥陀仏像の姿は不明であるが、立像であった点は注目され、おそらくその図像は釈迦仏と変わらなかったであろう。阿弥陀経や無量寿経のサンスクリット原典も残されているので、インドで阿弥陀信仰が行われ、阿弥陀仏の造像もある程度行われたに相違ないが、法顕や宋雲、玄奘などの求法僧は何ら阿弥陀仏について言及していないことから見ても、それほど広まったとは思われない。

ガンダーラの浮彫彫刻には、中央に仏陀像（多くの場合、蓮華座上に結跏趺坐する仏坐像）、その左右に脇侍菩薩をとる仏三尊像が四十例以上知られている。[44]それらの仏三尊像は阿弥陀三尊（阿弥陀仏・観音菩薩・勢至菩薩）を表したものではないかとする意見もあるが、筆者は釈迦仏・観音菩薩・弥勒菩薩（一部は釈迦仏・釈迦菩薩・弥勒菩薩）という組合せの仏三尊像と推定している。この組合せの仏三尊像はグプタ時代以降、インドで一般的となる。中国や日本で一般化する『観無量寿経』に説かれる、化仏と宝瓶をそれぞれ標識とする観音と勢至の両菩薩を脇侍とする阿弥陀三尊像はインドには一例も見られないのである。

インドの阿弥陀信仰と造像は、クシャーン朝時代にある程度行われたであろうが、中央アジア・中国で大きな発展を見る。それには前述したように、阿弥陀仏の徳性がイランや中国の神格・思想と結びつくことによって大きく膨らみ、その地の人々の間で積極的に受け入れられ、信仰されたからであろう。

一方、インドの仏教美術の歴史を調べると、一般に仏教の歴史として説かれる（1）小乗（部派）仏教、（2）大乗仏教、（3）密教の三段階のうち、（2）大乗仏教の美術が大きく欠落し、（1）から（3）へと一挙に展開したように見える。東アジアで隆盛した阿弥陀仏・薬師仏・毘盧遮那仏などの大乗仏教の信仰に関わる造像がほとんど確認されないからである。おそらく大乗の仏陀の造像はあまり行われず、行われたとしても釈迦仏とほとんど同じ姿で表され、東アジアで見るようなそれぞれの特徴を具えた図像として発展することはなかったと言えよう。

インドにおいては初期から後期に至るまで、釈迦信仰とその美術が基本軸となって展開する。しかし、そのことはインドでもっぱら小乗仏教の美術が隆盛したということを意味するものではない。とりわけグプタ時代に、仏伝の釈迦像をもとにしながら、それを超えた釈迦仏の永遠の相を表す表現が出現する。それは単なる仏伝や讃仏を意図したものではなく、大乗的な仏身観に根ざした表現で、釈迦の「初説法」および「舎衛城の神変」の図像に明確に現れている。[45]

例えばサールナートの釈迦四相図浮彫中の「初説法」の場面を見ると、転法輪印を結んだ仏坐像をひと際大きく表し、台座正面に法輪・二鹿・五比丘を小さく表して、仏伝場面ながら礼拝像の性格を強めている。しかも、仏陀の向って左には肩に条帛を着け手に数珠を持つ弥勒菩薩、右には蓮華を執る観音菩薩を配しており、この釈迦仏は単なる仏伝場面以上の仏陀であることを物語っている。クシャーン朝時代の「初説法」の場面では、釈迦は施無畏印や法輪に手を当てる身振りを示すが、グプタ朝になるとこの浮彫のように、転法輪印を結んで表され、「梵天勧請」を踏まえた〈説法〉の重大さを意図した表現をとる。釈迦仏の両側に弥勒菩薩と観音菩薩を配するのも、おそらく自ら悟りを求める上求菩提の菩薩と、人々に救いをもたらす下化衆生の菩薩、あるいは智慧の菩薩と慈悲の菩薩といった、二つの基本的な機能をもった菩薩を左右に従えることによって、仏陀の働きを強調したものであろう。釈迦仏の初説法は、「大慈悲をもち、衆生を憐れみいつくしまれて、衆生のために法を説かれた」(『大智度論』巻一、大正蔵二五巻、六三頁中)のである。

転法輪印を結び、左右に両菩薩を従える仏三尊像はアジャンター、ナーシク、カーンヘリーなど西インドの後期石窟寺院に数多く見られる。仏陀の坐す椅子の背障装飾にはしばしば象・ヴィヤーラカ・マカラ・ナーガが表され、これらの動物装飾は大地と虚空と天上というインドの宇宙論的シンボリズムにのっとり、それを図像化している。それゆえこの椅子は宇宙を象徴する玉座であり、そこに坐す仏陀はもはや歴史的な釈迦仏ではなく、歴史を超えて存在する永遠の仏陀が意図されているといえよう。

「舎衛城の神変」を表す釈迦仏は、二龍王に支えられた蓮華座に坐し、天にまで達する多くの化仏を出現させる表現である。仏陀はやはり転法輪印を結び、両脇侍菩薩を従え、化仏を遍満させる表現をとり、蓮のシンボリズムに基づく宇宙主的な仏陀像となっている。こうした表現もグプタ時代のサールナートに見られ、西インドの後期石窟寺院で一般化する。

「初説法」と「舎衛城の神変」に由来するこれらの転法輪印を結ぶ釈迦仏は、歴史を超えた永遠の説法の相を表した宇宙主的仏陀像と呼ぶべき尊格であり、『法華経』、さらには『十地経』や『華厳経』の仏身観とも関係する大乗的釈迦仏と言えるであろう。この大乗的釈迦仏は、パーラ朝時代には密教五仏の中心を占める大日如来へと発展する。このようにインドにおける仏陀(如来)像は釈迦仏の信仰を軸に展開し、釈迦仏から独立した存在である報身仏に対する信仰と造像は大層薄かったと言えよう。

三 菩薩像・明王像・天部像の誕生

日本では多くのほとけのパンテオンを一般に、仏(如来)・菩薩・明王・天の四部に分類している。前章で述べた仏(如来)以外に、菩薩・明王・天があり、仏教の発展とともにこれらのほとけたちが成立し、展開を遂げる。四部に分けられたほとけの尊格は、すでに仏陀像に見たように小乗・大乗・密教という仏教の歴史的な発展段階とも密接に関わって生成する。

すでに紙幅も尽きたので、菩薩・明王・天のほとけたちの誕生については、異宗教(カミ)の受容と展開という観点から簡単にその概要を述べるに留めたい。

(一) 菩薩像—弥勒と観音を中心に—

菩薩像は仏陀像にやや遅れてガンダーラ美術に現れる。おそらく大乗仏教の菩薩信仰の高揚と関係して、ガンダーラで単独の菩薩像が造られる。菩薩には、自ら努力して、修行し、悟りを得ようとする「上求菩提」としての性格と、他に対し慈悲心を起こし、すくいに導こうとする「下化衆生」の性格の、二つの性格もしくは働きがある。[46]この二つの性格・働きとバラモン教の二大神である、梵天（ブラフマー）と帝釈天（インドラ）の性格・特徴が結びつき、最初期の菩薩像が成立したとみられる。[47]すなわち、ガンダーラの弥勒菩薩像は、頭髪を結い、水瓶を執る図像で表され、釈迦を嗣いで悟りを得るべく修行する「上求菩提」の性格と、精神界の主たる梵天の性格・特徴が結びついて成立する。一方、王子として生まれた釈迦菩薩は、ターバン冠飾をつけて一般に無持物で表される。この姿はターバン冠飾もしくは宝冠をつける、神々の王たる帝釈天と関係するが、この姿をもとに、帝釈天の持物である金剛杵を蓮華に代えて、人々の救済に励む観音菩薩の図像が成立する。

ガンダーラでは弥勒菩薩・釈迦菩薩・観音菩薩の三菩薩が確認され、とくに弥勒菩薩と観音菩薩が対照的、かつ相互補完的な特徴をもちつつ展開する。グプタ朝後期以降、弥勒菩薩は龍華を執り、ストゥーパを頭前につける図像が定着し、釈迦仏を中心として弥勒と観音を両脇侍菩薩とする仏三尊像が多く造られる。しかし、単独の弥勒菩薩像はあまり造像されず、弥勒信仰がインドで発展した形跡は見られない。

これに対し、中央アジア・中国において弥勒信仰と造形は大きく発展し、上生信仰と下生信仰が明確となる。[48]死後、弥勒菩薩のいる兜率天に再生することを願う上生信仰に関係して、交脚倚坐で宝冠を戴く姿の兜率天上の弥勒菩薩の図像が誕生し、発展するが、それはおそらく中央アジアにおける天空に対する信仰と遊牧民の王者像のイメージ（例えばハルチャヤン出土の交脚倚坐の王侯像）を取り込んだものと考えられ、さらに中国の神仙・昇仙思想と習合し、北魏時代を中心に大きく発展する。

一方、弥勒菩薩が遠い将来この世に下生し、出家した弥勒が忽ちに悟りを開いて、釈迦の説法から漏れた多くの人々を導くことを説く下生信仰は、仏陀（如来）形の弥勒像を生む。また、弥勒下生信仰はしばしば王権と結びつき、巨大仏が造られるようになる。というのも、弥勒下生経には弥勒が下生する時、同時に世界支配者たる転輪聖王が出世し、五穀豊穣となり、人々の寿命と身長が伸び、弥勒は巨大な姿となって出現することが説かれており、中央アジア・中国において当時の政治状況とも関わって弥勒大仏が造像される。[49]

ところで、観音菩薩はインドではグプタ朝後期以降、頭髪を行者のように結い、大地から生ずる蓮華の茎を執り、化仏（禅定印阿弥陀仏）をつける図像が定着し、単独の観音菩薩像（諸難救済の観音を含む）も多く造像され、慈悲のほとけとして厚い信仰を生む。[50]とくにポスト・グプタ朝（六世紀）以降になると、多臂（四臂・六臂・十二臂）の密教系観音菩薩像が盛んに造形される。それらの観音像を見ると、右手を与願印に下げ、左手に蓮華を執る二臂像を基本形とし、梵天の持物である数珠と水瓶を加えて四臂像とする例が多い。六臂像や十二臂像では、そのほかに施無畏印・梵篋・羂索・宝珠などをとるが、智慧の象徴である梵篋や豊饒の象徴である宝珠などを執ることで、観音の功徳を増やしていったのだろう。

観音菩薩は慈悲のほとけとして現世利益の性格を強めていくが、その造形も持物やその他の特徴にヒンドゥー教の神々の特徴を様々な形で取り入れていく。例えば不空羂索観音は経典によってその姿は種々に説かれるが、肩に鹿皮をつけ、多臂で、蓮華・水瓶・施無畏（与願）・数珠のほかに、羂索を執るのが特徴といえる。豊饒と慈悲の象徴である蓮華は観音に不可欠の持物であるが、水瓶や数珠はもともと梵天の持物であり、鹿皮は梵天や行者の特徴で、羂索は裁きの神ヴァルナや死の神ヤマの持物でもある。羂索は悪魔や敵を打ち破る呪力をもった武器、ないし呪物で、その力を不空羂索観音の功徳としたのであろう。

日本で平安時代以降、六観音信仰の隆盛とともに十一面、千手、不空羂索、如意輪、馬頭、准胝といった、いわゆる変化観音の造像が盛んになされるが、インドでは不空羂索観音を除いて作例は極めて少ない。また、准胝観音はインドで女尊であり観音には含まれない。これらの変化観音は、いずれももともとダラニ（陀羅尼）と深く関わって成立したもので、シヴァ、ヴィシュヌ、インドラ、ヴァルナなど様々の神《カミ》の特性（力、働き）を観音の功徳として取り入れている。

インドでは十一面観音、千手観音、如意輪観音といった変化観音は、尊像として造形し、祀るよりは、実際の修法の場において、単にイメージとして喚起されることが多かったのではなかろうか。このことがインドで日本の変化観音に当たる観音の造像例が少ない理由であろう。これに対し、変化観音に関する陀羅尼経典が中国で漢訳された段階以降に、尊像を中心とした儀礼や礼拝が重視されるようになり、尊像の造形化が積極的に行われるようになったのであろう。

（二）　明王像

仏・菩薩・明王・天のうちで、仏・菩薩のほとけの誕生に比べて、明王と天は比較的その出自や成立の事情がとらえやすい。すなわち、明王（Vidyārāja）は密教特有の忿怒尊で、聖なる言葉である真言・陀羅尼の神秘的な力を象徴したほとけであり、仏陀の変化した姿とされる。一方、天はバラモン教やヒンドゥー教の神々をそのまま仏教の守護神としたほとけである。

明王は、インドで七世紀頃成立した密教において理論化され、成立したほとけである。[51]密教は瞑想法による解脱成仏や儀礼による効験を重視した。明王は仏（如来）の変化した働きとして、一切の魔障を打ち破る力をもつとされた。それゆえ明王は多面多臂の恐ろしい姿をし、しかも一般に動き溢れる造形で、能動的、積極的な働きかけを示す。こうした造形は瞑想法において内なる煩悩を打ち砕く働きをなすものとして重視されただけでなく、災難や災害、外敵など外なる悪をも降伏させる強い力をもち、儀礼によってその効験が発揮されると見なされた。

明王というほとけの成立には、当時大きな力をもってきたヒンドゥー教の影響と、それに対する対抗という歴史的状況を抜きにしては考えられない。忿怒尊を仏陀の変化、化身とみる考えも、ヒンドゥー教のシヴァ神のムールティ（相､姿）やヴィシュヌ神の化身（アヴァターラ）の観念と関係深いものであるし、明王の多面多臂の造形もシヴァやヴィシュヌ、とりわけシヴァの造形と密接な繋がりをもっている。忿怒の形相である三眼で両眼をむき、牙を出し、髪を逆立てる表現は、シヴァの忿怒相（クローダ・ムールティ）と近似する。持物の三叉戟、剣、羂索、弓矢、宝棒、宝輪などもヒンドゥー神の持物であったものを取り入れたものである。

しかし一方で、仏教のほとけとして、明王はヒンドゥー神より強いというイメージを積極的に表したり、仏教の独自性を出そうとする。例えば、降三世明王（Trailokyavijaya）は足下に大自在天（シヴァ）とその妃烏摩（ウマー）を踏みつけ、大威徳明王（Yamāntaka）はヒンドゥー神話で悪魔の象徴である水牛に乗る姿で表し、仏教の優位を誇示する。また、持物として金剛杵や金剛鈴を重視したり、印契もヒンドゥーのそれを借用する場合もあるが、仏教特有のものに改変することが多く、仏教の独自性を主張する。

このように明王はシヴァ系の観念や造形要素を取り入れつつ、仏教のほとけとしての独自の尊像に仕立て上げたものにほかならない。それゆえインドのヒンドゥー教との交渉の中で成立した尊格と言えるが、日本でも盛んに造像され、信仰された明王の尊像がすべて同じ図像でインドに辿れるという訳ではないことも注意する必要がある。降三世明王や大威徳明王はほぼ同じ図像を辿ることができるが、軍荼利明王や金剛夜叉明王の作例はインドで見出されず、不動明王は確認されるものの日本の不動明王とは大きく図像を異にする。今後の発掘や調査によって発見され、そのルーツが辿れる可能性もあるが、インドでは経典テクストに言及されても造形されず、中国や日本で大きく展開した明王もあるに相違ない（例えば愛染明王は現在日本でのみ作例がある）。

このように「明王」諸尊の成立や展開の具体的な様相については、なお今後の研究課題とすべきことが少なくないが、大局的に見てヒンドゥー神、とくにシヴァ系の神との交渉によって明王が成立した事情は理解されよう。

（三）　天部

天はサンスクリット語deva（デーヴァ）の漢訳語で、多神教のインドで一般的に神を指す語である。仏教における天部のほとけは、ヴェーダの神々を奉ずるバラモン教、およびそれが土着信仰と融合して発展したヒンドゥー教の神々を、多くの場合ほとんどそのまま仏教の守護神として摂取して成り立っている。例えば梵天・帝釈天はそれぞれバラモン教のブラフマーとインドラであり、吉祥天はヴィシュヌ神の妃となるラクシュミーであり、弁才天はサラスヴァティーにほかならない。

四方を守る持国天・増長天・広目天・多聞天の四天王について言えば、それらの神々は正統的なインドの方位神ではなく、民間信仰と関係深い一群の精霊的な神々の首長（王）である。サンスクリット経典にもそれらの名は記されていて、インド伝来の下級の神々であることは確かであり、すでにバールフットのストゥーパを囲む欄楯隅柱にも彫刻されている。しかし、インドではその後仏伝図中には四天王が登場するものの、仏像や寺院の守護神として彫像で表された例はなく、あまり信仰されなかった。これに対し、方位神としてヒンドゥー教では四方四維を守る八方神が一般的となり、この八方神は、インドラ（帝釈天）、アグニ（火天）、ヤマ（焔摩天）、ラークシャサ（羅刹天）、ヴァルナ（水天）、ヴァーユ（風天）、クベーラ（毘沙門天）、イーシャーナ（伊舎那天）で、クベーラを除いて四天王はここには含まれない。ヒンドゥー教の八方神に天と地を守るブラフマー（梵天）とプリティヴィー（地天）、およびスーリヤ（日天）とチャンドラ（月天）を加えれば密教の十二天となる。

このように「天」はバラモン教・ヒンドゥー教の神々をほとんどそのままの形で受容して成り立っている。しかし、ここで注意すべきは、四天王で見たように、仏教の「天」は正統的なヴェーダの神々よりも、土着的・民間的な信仰の神々とより深い結びつきをもったということである。

四天王の中で北方を守る多聞天は、毘沙門天として独立に造像され、信仰されるようになるが、この神（ヴァイシュラヴァナ、Vaiśravaṇa）はもともとインドの土着的な信仰に出自をもつヤクシャの大将クベーラと同一視されている。インドではとりわけ古代の仏教美術において、財宝神・豊饒神であるこのヤクシャやクベーラが盛んに守護神として取り入れられている。しかも興味深いことに、ガンダーラから中央アジアにかけて、毘沙門天信仰はインドのヤクシャ・クベーラ信仰を一部継承しながらも、全く新たな展開を見せる。すなわち、毘沙門天は帝王の栄光を象徴するイラン系の神格ファローと混淆し、それによって武神的・王者的なイメージが毘沙門天に付与され、財宝と武闘の守り神として中央アジア・東アジアで大きな信仰を獲得するようになる(52)。

以上のように、インドの神々をそのままの形で受容して守護神とした天部のほとけでさえも、中央アジア・東アジアに伝播する過程で、それぞれの地域の信仰と融合し、それによって新たな姿のほとけとして生まれ変わる。また、バラモン教・ヒンドゥー教の神々も仏教信仰に組み込まれることによって、単なる守護神の域を脱し、東アジアでは仏教のほとけとして現世利益の厚い信仰を獲得するのである。

（みやじ　あきら・名古屋大学教授）

註

（1）本章は、拙稿「チャイティヤと仏教信仰の習合」頼富本宏編『聖なるものの形と場』所収、法藏館、二〇〇四年、九四—一一二頁を要約したものである。

（2）中村元訳『ブッダ最後の旅』岩波文庫、一二九—一三五頁。拙稿「ストゥーパの意味と涅槃の図像」『佛教藝術』一二二号、一九七九年、九一—九四頁、参照。

（3）中村元監修、松本慎也・岡田行弘・岡田真美子訳『ジャータカ全集6』春秋社、一九八九年、二二一—二三〇頁。

（4）拙稿「南インド・アマラーヴァティーの涅槃説話図」『涅槃と弥勒の図像学—インドから中央アジアへ—』所収、吉川弘文館、一九九二年、八五—一一二頁、参照。

（5）A.K. Coomaraswamy, *La Sculpture de Bharhut*, Paris, 1956, Figs.153.174. 杉本卓洲『インド仏塔の研究』平楽寺書店、一九八四年、九一—九二頁。塚本啓祥『インド仏教碑銘の研究Ⅰ』平楽寺書店、一九九六年、五五〇—五五二頁（Bharhut 7, 13）。

（6）O. Viennot, *Le Culte de l'arbre dans l'inde ancienne*, Paris, 1954, pp.127-130.

（7）杉本卓洲、註(5)所引前掲書、一一八—一二六頁、参照。

（8）中村元監修、松村恒・松岡慎也訳『ジャータカ全集4』春秋社、一九八八年、二四—二六頁。

（9）拙稿、註(1)所引前掲論文、九九—一〇〇頁、参照。

（10）G. Combaz, "L'Évolution du stūpa en Asie", *Mélanges Chinois et Bouddhique*, 1933, pp.194-202.

（11）J. Irwin, "The Stūpa and the Cosmic Axis: The Archeological Evidence", *South Asian Archaeology 1977*, ed. by M. Taddei, Naples, 1979, pp.799-845. 拙稿「ストゥーパのシンボリズムとその装飾原理」『涅槃と弥勒の図像学』所収、三〇—三九頁、参照。

（12）辻直四郎『アタルヴァ・ヴェーダ讃歌』岩波文庫、二一〇—二一七頁。MBh.1.1.169, 1. 89. 25, 1. 102. 12 etc. 上村勝彦訳『マハーバーラタⅠ』ちくま学芸文庫、二〇〇二年、六六、三八〇頁など。杉本卓洲、註(5)所引前掲書、八七—八九頁、参照。

（13）D. Mitra, *Buddhist Monuments*, Calcutta, 1979, p.202. H. Sarkar and S. P. Nainar, *Amaravati*, Archaeological Survey of India, New Delhi, 1980, p.10. 塚本啓祥、註(5)所引前掲書、一三三頁（Amaravatī 34）。

（14）V. S. Agrawala, *Chakra-dhvaja: The Wheel Flag of India*, Varanasi, 1964, pp.21-59. 拙著『インド美術史』吉川弘文館、一九八一年、一八—二二頁、参照。

（15）R. Knox, *Amarāvatī: Buddhist Sculpture from the Great Stūpa*, London. 1992, Nos. 28, 81, 82, 88 ets.

(16) R. Chanda, *The Beginnings of Art in Eastern India with Special Reference to Sculptures in the Indian Museum, Calcutta*, Memoir of the Archaeological Survey of India, No.30, Calcutta, 1927, pp.31-33. 入澤崇「アショーカ王柱と旗柱」『佛教藝術』一六三号、八五—一一〇頁。肥塚隆・宮治昭編『世界美術大全集　東洋編13　インド（1）』小学館、二〇〇〇年、挿図18-20。

(17) *SN. I*, p. 218ff.『雑阿含経』巻第三十五（大正蔵二巻、二五五頁）、『増一阿含経』巻第二十四（大正蔵二巻、六一五頁）。

(18) 入澤崇、註(16)所引前掲書、一〇〇—一〇一頁。

(19) 高田修『佛像の起源』岩波書店、一九六七年、五六—六三頁、参照。

(20) 高田修、註(19)所引前掲書、四一五—四二二頁。

(21) 拙稿「仏像の起源に関する近年の研究状況について」『大和文華』第九八号、一九九七年、一—一八頁。

(22) V. I. Sarianidi, *The Golden Hoard of Bactria*, New York-Leningrad, 1985, pl.131. G. Fussman, "Numismatic and Epigraphic Evidence for the Chronology of Early Gandharan Art", *Investigating Indian Art*, ed. M. Yaldiz and W. Lobo, Berlin, 1987, pp.71-72. 定方晟『異端のインド』東海大学出版会、一九九八年、二二八—二三二頁、参照。

(23) 拙稿「ガンダーラにおける最初期の仏像について」『真鍋俊照博士還暦記念論集　仏教美術と歴史文化』法藏館、二〇〇五年、五—二五頁。

(24) J. E. van Lohuizen-de Leeuw, "New Evidence with Regard to the Origin of the Buddha Image", *South Asian Archaeology* 1979, Leiden, 1981, pp.377-400.

(25) 中村元『宗教と社会倫理』岩波書店、一九五九年、三一一—三一二頁。山崎元一『古代インドの王権と宗教』刀水書房、一九九四年、八七—一三〇頁。

(26) 前田恵学『釈尊』山喜房佛書林、一九七二年、二五—三一頁。

(27) 岡田行弘「三十二大人相の成立」『勝呂信静博士古稀記念論文集』山喜房佛書林、一九九六年、七一—八六頁。

(28) J. Marshall, *The Buddhist Art of Gandhāra*, Cambridge, 1960, pls.58, 59. I. Lyons and H. Ingholt, *Gandhāran Art in Pakistan*, Connecticut, 1957, pls.206-223, 232-236.

(29) 肥塚隆・宮治昭編『世界美術大全集　東洋編13　インド（1）』小学館、二〇〇〇年、図68。

(30) H. Härtel, "The Concept of the Kapardin Buddha Type of Mathurā", *South Asian Archaeology 1983*, ed. by J. Schotsmans and M. Taddei, Naples, 1985, vol.2, pp.653-678.

(31) 註(29)所引前掲書、図53。

(32) 塚本啓祥、註(5)所引前掲書、六四〇—六九二頁（Mathurā 4, 17, 80, 104, 105, 129, 130, 133, 134など）。

(33) 塚本啓祥、註(5)所引前掲書、九四一—一〇一七頁（Bajaur 1, 5, Swāt 1,3, Wardak 1など）

(34) 冲守弘・伊東照司『原始仏教美術図典』雄山閣出版、一九九一年、図版16, 52, 60-67, 122-125. 註(29)所引前掲書、挿図26。真柄和人「七仏七道樹の伝承について—バールフット、サーンチーの遺跡を手掛かりとして—」『仏教史学研究』二六巻二号、一九八四年、参照。

(35) *DN. II. 14. Mahāpadāna-suttanta.*『長阿含経』「大本経」（大正蔵一巻、一—一〇頁）。『七仏父母姓字経』（大正蔵一巻、一五九—一六〇頁）など。

(36) 水谷真成訳『大唐西域記』平凡社、一九七一年、八二—八四頁。

(37) 山田明爾「インダスからパミールへ」『アジア仏教史　中国編5（シルクロードの宗教）』佼正出版社、一九七五年、七六—八三頁。なお、多仏思想や仏身観の展開については、梶山雄一「仏陀観の発展」『佛教大学総合研究所紀要』第三号、一九九六年、五—四六頁、参照。

(38) モタメディ遥子「アフガニスタン出土の燃燈仏本生譚の諸遺例」『佛教藝術』一一七号、一九七八年、二〇—四〇頁。安田治樹「ガンダーラの燃燈仏授記本生図」『佛教藝術』一五七号、一九八四年、六六—七八頁。

(39) J. M. Rosenfield, *The Dynastic Arts of the Kushans*, Berkeley / Los Angeles, 1967, pp.200-201. M. Bussagli, *L'Art du Gandhāra*, Paris, 1996, pp.195-199. 田辺勝美「パイターヴァ出土『舎衛城の双神変』図浮彫に関する一考察」『東洋文化研究所紀要』第一三四冊、一九九七年、四三一—一〇七頁、参照。

(40) 干潟龍祥「阿弥陀経の焔肩佛について」『山口益博士還暦記念印度学仏教学論叢』法藏館、一九五五年、一二四—一三五頁。

(41) 拙稿「インド彫刻史におけるグプタ様式の生成—マトゥラー彫刻を中心に—」『佛教藝術』一三〇号、一九八〇年、二六頁、図18。塚本啓祥、註(5)所引前掲書、六五九—六六〇頁（Mathurā 61）。

(42) É. Lamotte, *Histoire du Bouddhisme Indien*, Louvain, 1958,

pp.713-733. 藤田宏達『原始浄土思想の研究』岩波書店、一九七〇年、三二二—三三五頁。

(43) 中村元「新発見の阿弥陀仏像台座銘文とその意義」『ブッダの世界』学習研究社、一九八〇年、四九三—四九五頁。塚本啓祥、註(5)所引前掲書、六六六頁(Mathurā 79)。杉本卓洲「マトゥラーにおける仏像崇拝の展開(その3)」『金沢大学文学部編集　行動科学・哲学篇』第一九号、一九九九年。

(44) 拙稿「ガンダーラの三尊形式の両脇侍菩薩の図像」、註(4)所引前掲書所収、二四五—二八〇頁。

(45) 以下については、拙稿「宇宙主としての釈迦仏」、立川武蔵編『曼荼羅と輪廻』佼正出版社、一九九三年、二三五—二六九頁、参照。

(46) 山田明爾「中央アジアとイーシュヴァラ」『展望アジアの考古学—樋口隆康教授退官記念論集』新潮社、一九八三年、五九五頁。

(47) 拙稿、註(44)参照。

(48) 拙稿『仏教美術のイコノロジー—インドから日本まで—』吉川弘文館、一九九九年、一四〇—一八九頁、参照。

(49) 拙稿「弥勒と大仏」、註(4)所引前掲書、三八九—四一〇頁、参照。

(50) インドの観音菩薩像については、拙稿「インドの観音菩薩像の展開」『佛教藝術』二六二号、二〇〇二年。同『仏像学入門』春秋社、二〇〇四年、九七—一七四頁、参照。

(51) 有賀祥隆編『日本の仏像大百科3　明王・曼荼羅』ぎょうせい、一九九〇年。頼富本宏「明王の成立—その要因と成立過程—」『山田明爾教授還暦記念論文集・世界文化と仏教』永田文昌堂、二〇〇〇年、参照。なお、頼富本宏『密教仏の研究』法藏館、一九九〇年、および森雅秀『インド密教の仏たち』春秋社、二〇〇一年は、明王のみならず、密教のほとけの成立について詳しく有益である。

(52) 田辺勝美『毘沙門天の誕生』(歴史文化ライブラリー)吉川弘文館、一九九九年。拙稿「四天王と毘沙門天」「兜跋毘沙門天の成立」『仏像学入門』春秋社、二〇〇四年、一七五—二三五頁、参照。

［報　告］

初唐造形の思想的背景にある「カミとほとけ」についての試論

久野美樹

はじめに

東大寺の大仏が造られた仏教思想上、政治思想上の源が、初唐の龍門石窟奉先寺洞の盧舎那大仏にあったであろうとはよく言われる事である。また、東大寺の天平時代創建の伽藍にまつられている十一面観音像等の造形もまた、初唐の洛陽、長安、敦煌等にみられた造形である。こういった点から、初唐造形の思想的背景を探ることは、天平時代の東大寺の仏像が造られた意図を考える上で参考になると思われる。

今回著者は、初唐造形の思想的背景を捉える際に、「オーヴァー・ラップ」という言葉を使用した。この言葉は、例えば図1の円と円が重なり合う部分を指し、その重なり合う部分では、天、皇帝（王権）、仏、菩薩の各々のイメージ（心の中に思い浮かぶ像）が初唐の仏教信者の心の中で重なり合っていたことを意味している。

初唐造形の思想的背景

(一)　二つのカミ

まず初唐の仏教信者の心の中には、「天」と「法身」という二つのカミのような存在があったと考えられる（図1）。

①天、皇帝と等身天尊像[1]

中国の皇帝は天帝の子の意味である「天子」と称し、皇帝は天命を受けて天下を治めていた。その中国では古代から皇帝が己の「肖像」「肖像彫刻」を造る伝統があったようである。唐時代に入ってからもこのような事が行われ、例えば『旧唐書』には「天宝中、玄宗が自らの真容すなわち肖像を仏像の如く造った」ことをいい[2]、『唐会要』には、「天宝三年、両京及び天下諸郡の開元観、開元寺に、各々金銅製の玄宗等身天尊像、仏像を奉安させた」という[3]。すでに肥田路美氏が指摘するように、唐時代、皇帝と天（尊）のイメージがオ

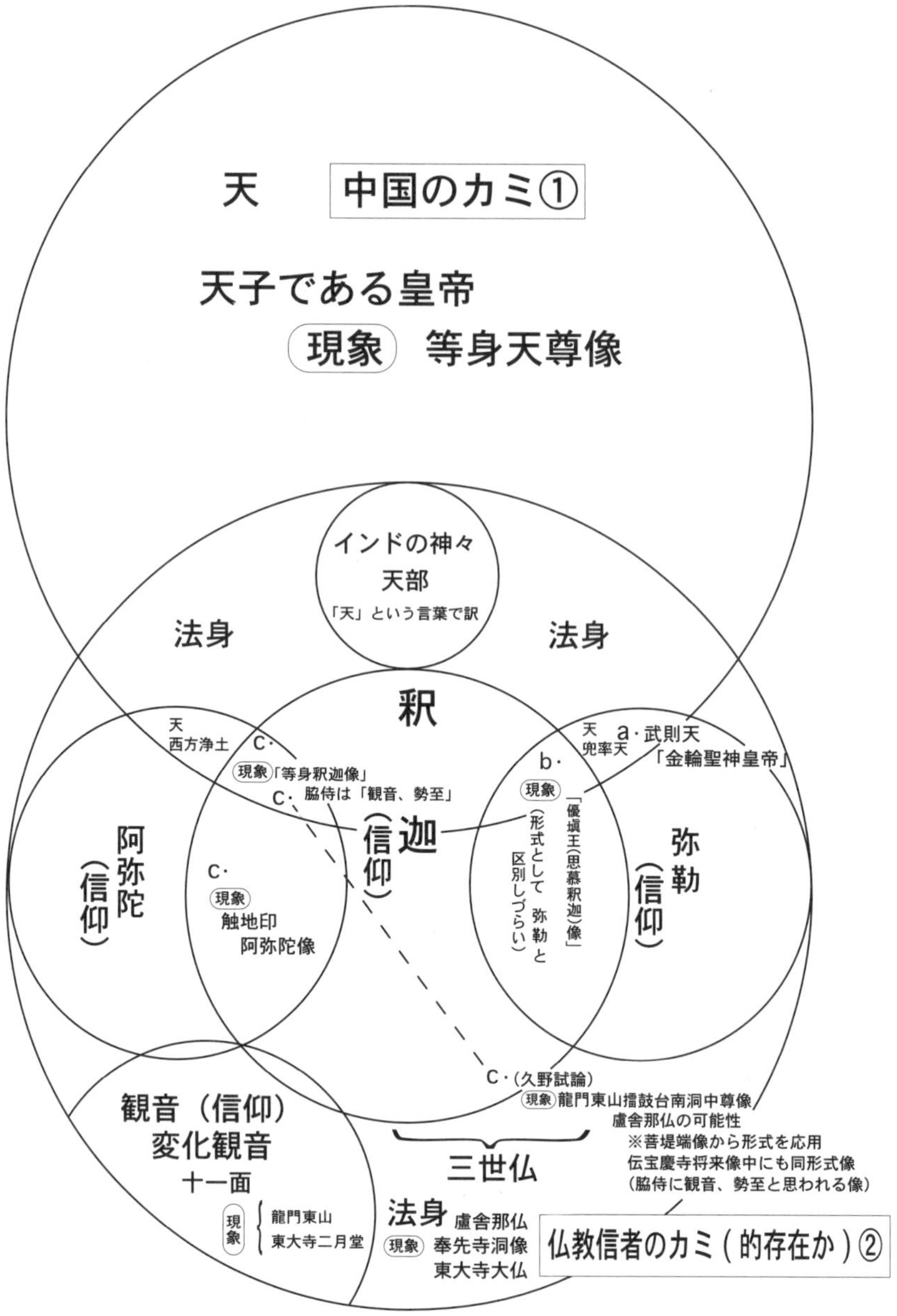

図1　初唐（618〜712）の仏教信者の精神構造

ーヴァー・ラップしてつくられていたことが知られる。[1]

②法　身

法身とは、（毘）盧舎那仏がそうであるように、釈迦仏の仏身観が発展し、その結果釈迦の説いた宇宙の理法そのものが仏として信仰される存在である。

敦煌莫高窟第三三二窟から出土した聖暦元年（六九八）銘の『重修莫高窟仏龕碑』には、初唐の仏教信者の法身に対する考え方が示されている。すなわち、「法身は常住で、本来形あるものではなく、その本質は一つである。法身は時に応じて形を変え、真の力を顕しおこないす」という。[4]

これは法身に対する正しい認識と考えられるが、初唐の仏教信者にとり、法身はおおむねカミのような存在であったと捉えられるのではないだろうか。

(二)　初唐の造形にみられるオーヴァー・ラップ現象

a・文献にみる皇帝と仏のオーヴァー・ラップ

前項(一)①では、玄宗が己と等身の天（尊）像を造ると同時に、玄宗等身の仏像を造らせた例をみたが、初唐の高祖、太宗もまた、己あるいは父、祖父と等身の仏像を造った可能性が高く[5]、高宗も己と等身の「阿育王像」を造らせた例が肥田氏により挙げられている。[6] この「阿育王像」は、四川から出土した他の「阿育王像」銘の例から「如来形」であった可能性が高い。また同じく肥田氏により、このような「皇帝発願による等身仏像の造立が、「等身」であることを介して仏と皇帝のイメージを重ね合わせようとするものであったこと」が指摘されている。[7] さらに武則天もまた自らを下生の「弥勒仏」とし[8]、長寿二年（六九三）には転輪聖王の性格を強調した「金輪聖神皇帝」を加号したのは周知の通りである。[9]

b.「優塡王像」銘像にみられる釈迦仏、優塡王、弥勒仏のオーヴァー・ラップ

優塡王像とは一般に、釈迦在世中、釈迦が忉利天に上り摩耶夫人のために説法して地上に釈迦の姿がないのを悲しんだコーシャンビー国王ウダヤナ（優塡）が造ったと伝えられる釈迦仏像のことである。初唐の龍門石窟では六六〇年頃から六八〇年頃にかけて「優塡王像」銘をもつ如来倚像が多く造られた。これまで日本の研究者はこれら「優塡王像」銘像を、優塡王が地上不在の釈迦を思慕して造った釈迦仏の像、すなわち「優塡王思慕釈迦仏像」と解釈⑽し、その解釈は納得のいくものであった。

しかし一連の「優塡王像」銘像は、「優塡王像」とのみ造像記に刻まれる点、またこれらの像は肉髻らしきものを有するものの、東南アジアあるいは南アジアの人を連想させる独特な風貌をしている点から考えて、優塡王その人の尊格もまた備えていた可能性がある。

初唐の龍門石窟で造られた「優塡王像」銘像は、異国風の面長な顔立ち、広い肩幅、締まった腰という特徴ある形なので、同じ龍門石窟に彫られた弥勒仏像との識別はそれほど難しくない。しかし、例えば初唐の官営工房で製作されたと考えられる⑾「奈良国立博物館蔵旧勧修寺刺繡仏説法図⑾」の主題について、現在では、「忉利天で説法する優塡王思慕釈迦仏像」を表現したとする説⑿が有力視されているが、長年その主題について議論されてきた歴史⑿をみてもわかるように、時に初唐の釈迦仏像と弥勒仏像は見分けがつきにくく、釈迦仏と弥勒仏がオーヴァー・ラップして信仰されていたようすをうかがうことができる。

c.釈迦（盧舎那）仏と阿弥陀仏のオーヴァー・ラップ

ほとんどの造営活動が初唐に集中する唐代龍門石窟には、大小合わせておよそ四一七〇例の如来趺坐像が彫られ、この中に多くの触地印阿弥陀仏像がある。すなわち、同石窟に触地印の「阿弥陀」銘像は五二例あり、一方触地印の「釈迦」銘像は三例ほどしか認められないので、残る尊名不明の五三九例の触地印像のほとんども阿弥陀仏像として彫られたと考えられる⒀。触地印は一般的に釈迦仏成道の場面を表現する際用いられる印相であり、その印相を阿弥陀仏像に応用している点に、釈迦仏と阿弥陀仏のイメージがオーヴァー・ラップされていたと解釈できる。

そのような唐時代の龍門石窟にあって、伊河をはさんだ東山の擂鼓台南洞には、宝冠と装飾品を着ける触地印如来像がかつて安置されていた。この像について、日本では、インドの釈迦成道の地ブッダ・ガヤーにあったとされる「菩提瑞像」を写した姿とみる説、あるいは『華厳経』の教主盧舎那仏ではないかという説⒁がある。ともあれ、前述のように多くの触地印阿弥陀仏像を目にしていた唐時代の龍門石窟の人々の心には、これら龍門東山の釈迦仏系触地印像もまた阿弥陀仏とオーヴァー・ラップして映っていたであろう。その傍証ともなるのが、東京国立博物館東洋館一階に展示されている伝西安宝慶寺将来龕像群のうちの三尊像一例⒂である。中尊は擂鼓台南洞中尊像とほとんど同じ形式の宝冠触地印如来坐像、その左右に各々化仏と宝瓶を頭部につけた脇侍菩薩立像が配され、これらの菩薩立像を観音、勢至と解するのであれば、『観無量寿経』『大無量寿経』の記述に拠り中尊は阿弥陀仏と理解され、よって阿弥陀仏の性格もオーヴァー・ラップした釈迦ないしは盧舎那とすることができ

よう。

さらにその事を裏付けるような資料が陝西省彬県大仏寺石窟第二三窟西壁にある長安二年（七〇二）に刻まれた「等身釈迦、観音、勢至」銘碑と一仏二菩薩立像である。[16] ここでは観音、勢至両菩薩像の中尊をはっきりと「釈迦仏」と記している。また敦煌莫高窟初唐窟第三三五、二一七窟でも、正壁龕内に『法華経』及び釈迦関係の壁画を描くので、龕内中尊像は釈迦仏と考えられるが、同正壁龕外左右に化仏、宝瓶を宝冠にいただく観音、勢至両菩薩と思われる立像を描く例が見られ、彬県石窟の例とともに、ここにも釈迦仏と阿弥陀仏のオーヴァー・ラップ現象がうかがえる。

ここで思い出されるのが、一九八八年に曾布川寛氏が発表された初唐龍門石窟の尊格についての論考の一部である。[17] すなわち、潜渓寺洞、賓陽北洞、賓陽南洞[18]といった大石窟の正壁中尊像には直接尊名を示す銘文は刻まれていないのだが、曾布川氏はそれらの中尊如来坐像の脇に侍する菩薩立像の頭部に化仏や宝瓶が付いていると いう理由を以って、即座にこれら如来像を阿弥陀仏とみることについて疑問を呈し釈迦仏とみる意見であった。例えば、賓陽南洞正壁像の造像記に当たる『伊闕仏龕之碑』[19]において、正壁像の形容部分に法身、釈迦の事跡にまつわる語句が多く見られ[20]、中尊像を釈迦仏と考える曾布川氏案には一理ある。

しかし一方、同じ『伊闕仏龕之碑』には、阿弥陀信仰関係の宝樹、安養、託生といった語句もみられ[21]、潜渓寺洞、賓陽北洞、賓陽南洞の脇侍菩薩立像の頭部に化仏や宝瓶が付いている事情、またこれまで本稿でみてきた西安、彬県、敦煌の同時期の釈迦仏（盧舎那仏）と阿弥陀仏のオーヴァー・ラップ現象を考え合わせると、これら初唐龍門石窟の大仏像の尊格は、「釈迦仏でもあり阿弥陀仏でもある存在」なのではないだろうか。

さらに言えば、彬県大仏寺石窟の「等身釈迦、観音、勢至像」を造った人物は造像記[16]に自らを「皇堂姪女、李斉の妻、武氏」と記しており唐皇室関係者らしきこと、また賓陽南洞正壁三尊像の施主でありその造像記『伊闕仏龕之碑』の主人公である李泰は太宗の第四子魏王である点、また潜渓寺洞、賓陽北洞、賓陽南洞の正壁本尊如来坐像の像高は七～八メートルと巨大で、かなりの資力がなければこれほどの大像を造営することは不可能なこと、本稿「(二)a．文献にみる皇帝と仏のオーヴァー・ラップ」でみてきたような唐の皇帝の造像状況をみると、これらの大窟の中尊像のうちの幾つかは、如来像に皇帝、王族のイメージもオーヴァー・ラップして彫られた可能性も指摘できる。魏王李泰のような唐の皇室関係者が龍門に大規模な石窟造営を再開するに当たり、前例としたと思われる北魏では、「天子は当今の如来」という考え方があり[22]、皇帝の姿に似せて仏像を造ったのも周知の事であってみれば[23]、このような可能性を初唐の龍門石窟に想定するのはそれほど無理なことではなかろう。

今後は唐代龍門石窟の造像記を全て解読し、造形と対照するなどして実証をしていきたい。

おわりに

これまで、初唐の造形の思想的背景にみられる天、皇帝、各種の仏のオーヴァー・ラップ現象をみてきた。中でも初唐の造像活動において注目されるのは、釈迦仏と阿弥陀仏のオーヴァー・ラップ現象であった。そもそもこのような現象が何故起きるのか、という点を大乗仏教興起の時期にまで遡り考えてみると、(24)釈迦仏の仏身観の発展に伴い釈迦の二つの性格が強調されていった。一つは「無限の寿命をもつもの」で、この面が「無量寿アミターユス」として阿弥陀、浄土教信仰で発展し、また「久遠の釈迦」として法華経信仰で生きて来た。もう一つの性格は「無限の光明をもつもの」で、これが「無量光アミターバ」として阿弥陀、浄土教信仰で受容され、「光明遍照ヴァイローチャナ」（毘）盧舎那仏として華厳経を中心とした思想に受け継がれていったのである。すなわち、元が「釈迦」という単一の存在のため、その「釈迦」がインドから日本に至るまで、各地で王権等とも交わるなどして信仰されていくうちに、どこかでその土地のカミ、王権、ほとけたちがオーヴァー・ラップしていくのは当然なことのように思われる。こういった事情から、中国では本格的な仏教造像が始められた五世紀頃から「釈迦仏を造り西方往生を願う」(25)し、釈迦仏と阿弥陀仏のオーヴァー・ラップ現象も生まれたのであろう。また、初唐の龍門石窟では造像記全体の約六〇パーセントが「石像」「一仏二菩薩像」というように具体的な尊名を刻まず(13)、初唐の敦煌莫高窟の彫刻、壁画では、その主題、尊名を確定できないものが約五〇パーセントある。無論、莫高窟の壁画の場合、整備された大規模な経変を依頼する資力のない寄進者により、簡素な仏菩薩三尊像で済まされた、という事情もあろう。しかし、本稿㈠②で『重修莫高窟仏龕碑』にみた初唐人の「法身の本質は一つで、時に応じて形を変え真の力を顕す」という法身の捉え方から類推すれば、仏、菩薩のイメージを表現していれば、何仏、何菩薩と特定しなくとも、充分功徳があると信じられていたし、いろいろな仏、菩薩が心の中でオーヴァー・ラップしており、むしろ特定しない方が心にかなう場合もあったということも考えられる。

（くの　みき・女子美術大学非常勤講師）

註

（1）以下、皇帝と等身像の関係については、列挙されている文献箇所と共に、肥田路美「「等身像」考 ——唐代撰述資料にみえる皇帝像と仏像との関わりを中心に」『風土と文化』第三号、二〇〇二年に負うところが多い。

（2）『旧唐書』巻一四二、李宝臣伝「天寶中、天下州郡皆鑄銅為玄宗眞容、擬佛之制。」

（3）『唐会要』巻五〇、雑記「天宝三載三月兩京及天下諸郡於開元観開元寺以金銅鑄元宗（玄宗）等身天尊及佛各一軀。」

（4）宿白「『武周聖暦李君莫高窟仏龕碑』合校」『中国石窟寺研究』文物出版社、一九九六年、二六五、二六七頁。①三～四行目「一乘、絕有爲而□無爲、獨尊三界。若迺非相示相、揔權實以運慈悲。非身是身、苞眞應而開方便。」②七行目「異派同源。是知法有千門、咸歸一性。」③碑裏面一一行目「法身常住、佛性難原。形包化應、迹顯眞權。」

（5）肥田前掲註(1)論文三頁によると、まず高祖は『弁正論』巻第四（大正五二・五一一中）に「爲太祖元皇帝元貞太后、造栴檀等身像三軀。相好奇特莊嚴稀有、於慈悲寺供養。」とあり、これを『法苑珠林』の同じ事跡を取り上げた「九五の神儀を図し四八の霊相を模す。剞劂の飾、豈に優塡に劣ること有らんや。鎣金の華、実に斯匿に慚ずること無し」と考え合わせた場合、高祖李淵が祖父の太祖李虎と父李昞とその妻独孤氏三者のための等身の仏像を造ったと考えられる。また、太宗も『弁正論』巻第四（大正五二・五一四上）に「爲太武皇帝捨而爲寺。既曾利見、因曰龍田。又送太武及主上等身夾紵六軀、永鎭供養。」とあり、太宗自ら父帝高祖李淵と等身の仏像を造った可能性の高い事が指摘されている。

（6）肥田前掲註(1)論文三～四頁。高宗は内道場僧と考えられる智琮により現在の陝西省扶風県の舎利に霊瑞があったと告げられ、勅して「送絹三千疋、令造朕等身阿育王像。餘者修補故塔。仍以像在塔。」と高宗自身の等身の阿育王像を造らせている。『集神州三宝感通録』（大正五二・

四〇七上）。

（7）肥田前掲註（1）論文四頁。

（8）アントニーノ・フォルテ「大雲経疏をめぐって」『講座・敦煌　第七巻　敦煌と中国仏教』大東出版社、一九八四年、一七三～二〇六頁。

（9）『新唐書』巻四本紀、則天順聖武皇后「長壽二年・・九月・・加号金輪聖神皇帝。」

（10）肥田路美「初唐時代における優塡王像――玄奘の釈迦像請来とその受容の一相――」『美術史』一二〇、一九八六年、八九―九二頁。岡田健「関于優塡王造像的若干報告――討論東南亜対中国唐代仏教造像的影響（中国語）」『龍門石窟一千五百周年国際学術討論会論文集』文物出版社、一九九六年、一四四～一五〇頁。

（11）肥田路美「勧修寺繍仏再考」『佛教藝術』二一二号、一九九四年。『世界美術大全集　東洋編　第四巻　隋・唐』小学館、一九九七年、図二五四。

（12）稲本泰生「優塡王像東伝考―中国初唐期を中心に―」『東方学報』第六九冊、一九九七年、四〇九～四二三頁。

（13）拙稿「唐代龍門石窟の触地印阿弥陀像研究」『鹿島美術研究』年報第二〇号別冊、二〇〇三年。

（14）拙稿「龍門石窟擂鼓台南洞、中洞試論」『美学美術史論集』第一四輯、二〇〇二年。

（15）松原三郎『中国仏教彫刻史論　図版冊三』吉川弘文館、一九九五年、図六六三b.。

（16）常青『彬県大仏寺造像芸術』現代出版社（北京）、一九九八年、一三〇頁、挿図五九、彩図一一八～一二〇、一二二～一二四。

（17）曾布川寛「龍門石窟における唐代造像の研究」『東方学報』第六〇冊、一九八八年、二四六～二四七頁。

（18）『中国石窟　龍門石窟　第二巻』平凡社、一九八八年、図一～五、七～一一。

（19）『龍門石窟の研究』座右宝刊行会、一九四一年、三二一～三二二頁。

（20）前掲註（19）『伊闕仏龕之碑』の中の賓陽南洞正壁大像を形容する件：①二六行目「留影の如し」は、釈迦のナガラハーラにおける仏影窟の事跡、あるいは前正覚山留影窟の事を想起する②二七行目「耆闍在目、那竭可想（霊鷲山にある如来を目の当たりにするかのようであり、ナガラハーラの仏影窟に留めた如来のお姿を髣髴とするようである）。」③二七行目「是れ以って法身の妙を覩。」④二七行目「八難は自ずからつき、大覚の風を聞く」。この①～④の解釈及び読み下しのうち、①、②については、肥田路美「仏蹟仰慕と玄奘三蔵の将来仏像――七躯の釈迦像の意味をめぐって」『早稲田大学大学院文学研究科紀要』四八：三、二〇〇三年、一六二～一六四頁の内容を参考にした。

（21）前掲註（19）『伊闕仏龕之碑』の二一行目に「宝樹は安養に蔭い」二二行目に「千尊託生」の語句がみえる。

（22）『塚本善隆著作集　第一巻　魏書釈老志の研究』大東出版社、一九七四年、一五五頁。

（23）前掲註（22）『魏書釈老志の研究』二〇四～二〇六頁。

（24）藤田宏達『原始浄土思想の研究』岩波書店、一九七〇年初版、一九八六年第五刷、二五九～三七六頁。

（25）拙稿「造像背景としての生天、託生西方願望――中国南北朝期を中心として――」『佛教藝術』第一八七号、一九八九年。

付記

①本稿中、龍門石窟のデータ部分については、鹿島美術財団から第二〇回研究費助成金を受けた成果です。記してここに同財団に対し謝意を表します。

②昨年十二月のGBSシンポジウム終了時における東大寺管長森本公誠先生の御挨拶の中で、著者発表内容中の「オーヴァー・ラップ」という言葉について、森本先生から著者に再考を促す御発言がありました。著者はこの一年、龍門石窟の造像記を解読しながら、その御指摘を常に念頭に置いておりました。しかし著者は本稿の最終校正に至るまで、この「オーヴァー・ラップ」の言葉を直すことができませんでした。ところが極最近ある事を契機として、森本先生のお感じになった「オーヴァー・ラップという言葉に対する違和感」を少し理解できるようになりました。しかしながら、著者は未だ「オーヴァー・ラップ」に代わる適当な言葉を見つけ出すことができないでいます。ここでは、その私の非力を森本先生にお詫びいたしますと共に、改めて、「オーヴァー・ラップ」という言葉の問題点を御指摘下さった森本先生に心から感謝いたします。

東大寺国際シンポジウム・全体討論会　二〇〇四年十二月十九日

進行　下田　正弘（東京大学助教授）
基調講演　宮治　昭（名古屋大学教授）
パネラー　斎藤　明（東京大学教授）
　　　　　高橋　孝信（東京大学教授）
　　　　　久野　美樹（女子美術大学講師）
総括　小林　圓照（花園大学教授）

下田　それでは定刻になりましたので、これからディスカッションを始めさせていただきます。

本日は三人のパネリストの先生方においでいただいております。はじめに、三人の先生方を簡単にご紹介申し上げまして、続けて先生がたのコメント、あるいはご意見を順次頂戴いたしたいと思います。

まず、お一方目は、斎藤明先生でございます。斎藤先生は、現在東京大学の教授をなさっております。専門は仏教思想全体を守備範囲とされていますが、ことに大乗仏教の思想を専門となさっております。サンスクリット、チベットの資料を主に中心にしながら、非常に精緻な研究をなさっているかたでございます。

お二方目は、高橋孝信先生です。高橋先生は、同じく現在東京大学の教授をなさっております。高橋先生は、南インドの古典文学をご専門になさっておりまして、世界でも貴重な分野と申しますか、日本では専門が先生お一人と申し上げてもよいところを研究いただいております。きょうはそうした立場からご提言をいただけるものと思います。

お三方目は、久野美樹先生でございます。久野先生は現在女子美術大学の講師をなさっております。先生の御専門は、中国の仏教美術史、そしてさらにその美術の背景にあります思想を解釈、解明するということをなさっております。

時間の都合でたいへん簡単な御紹介で恐縮でございますが、早速コメントを頂戴いたしたいと思います。

それでは斎藤明先生よろしくお願いいたします。

斎藤　ただいまご紹介にあずかりました斎藤です。宮治先生のたいへんに精緻で、学ぶところの多いご講演のあとに、なにやら露払いが横綱の取組のあとに土俵に上がるようなばつの悪さを感じますが、多少なりとも関係するお話しができればと思っております。

　さて、さきほど宮治先生がご紹介なさった梵天勧請の図像では、梵天と帝釈天とが両脇侍となって、ブッダを賛嘆するという役割を果たしておりました。梵天勧請は、釈尊が悟りを開いたのち、煩悶のすえに、内なるブラフマー神（梵天）の声に従って、人々に法を説くことを決意するに至ったというエピソードですが、宮治先生は、適切にも救いのほとけの誕生というような意味付けをなさっておりました。

　詳細については別の機会に委ねたいと思いますが、じつは、この梵天勧請の伝承にこそ、観（世）音菩薩、つまり玄奘のいう観自在菩薩のルーツがあると私は考えております。結論的に言いますと、内心の葛藤のすえに、悲心をもって世人の多様なあり様を観察し、説法を決意した「救いのほとけ」、そのようなブッダの姿を具現した菩薩、それが「［世間を］観察することが自由自在である」という意味をもつ観自在菩薩に他ならないということです。ここでは時間的な制約がありますので、手短に、レジュメをもとにしながら、その一端を考えてみたいと思います。

　観自在という名前は、ご承知のように、「観自在菩薩。行深般若波羅蜜多時。」で始まる『般若心経』で良く知られています。お手元の配布資料にもありますが、玄奘はインドへの途次、ガンダーラの北東に位置するウディヤーナ（烏仗那国）にて、アヴァローキテーシュヴァラ（観自在）菩薩を祀る精舎を訪れています。そして、『大唐西域記』（巻三）の中でかれは、このアヴァローキテーシュヴァラの語を解説して、この語は梵語、つまりサンスクリット語のアヴァローキタ（観）とイーシュヴァラ（自在）の二語が結合された合成語なのであって、古い翻訳では、「光世音」や「観世音」、あるいはまた「観世自在」などと訳しているが、これらはすべて誤りであると明言しています。

　同様のことは、やはり七世紀初めに成立した玄応の『一切経音義』（巻五）にも出ますが、そこでは、さらに詳しく、「観音」（アヴァローキタ・スヴァラ）と「観自在」（アヴァローキタ・イーシュヴァラ）という名称の違いに関わる、きわめて重要な報告がなされています。玄応は、インド（天竺）のターラ（多羅、椋櫚［の葉］、貝［葉］）本は、いずれも「［イー］シュヴァラ（舎婆羅）」、つまり訳せば「自在」となる名称を伝え、これに対して、雪山已来、つまりヒマラヤから北や西から伝えられた経本は、いずれも「音」の訳に相当する「スヴァラ（娑婆羅）」の表記になっていると述べています。（実際、このような表記をもつ『法華経』写本の複数の断片が中央アジアから出土しています。）しかしながら、玄応によれば、シュ（舎）とス（娑）の両音が近似しているため、自在でなく、音の意味であると誤解され、その結果、「光［世］音」「観［世］音」というような誤った訳語が生まれてしまった、というのです。

　この問題は、光世音や観世音の「世」の問題もふくめ、さらに詳論する必要があると思いますが、私自身は、アヴァローキタ・スヴァラ（観音）という表音と表記は、ガンダーラから中央アジアにかけての「雪山已来」の地域における訛りが反映したもので、これに基づいて「光［世］音」「観［世］音」の訳語が生まれたと解釈するのが自然であろうと思っております。

　と言いますのも、じつは、「観音」の語が意味する、音を観じる、音を観るということの不自然さもさることながら、観音と呼ばれている菩薩の特徴と、観音を伝える最初期の経典である、『観音経』という通称をもつ、『法華経』第二十四章の「観世音菩薩普門品」のタイトルとその構成に照らしても、アヴァローキテーシュヴァラ(観自在)、つまり、苦難にあえぐ世人を、いついかなるときも自在に観察し、見通しておられる菩薩、という名称が本来のものであることは容易に理解されようかと思います。

それが証拠に、この点は従来およそ見逃されてきたのですが、『法華経』第二十四章のタイトルは「観世音菩薩普門品」(羅什訳)で、梵本では、サマンタムカ、つまり「あらゆる方向に顔を向けている」という別称をもつアヴァローキテーシュヴァラの奇跡を示す、という章名になっています。まさに、この、あらゆる方向に顔をもっているというのが、同章に描かれるアヴァローキテーシュヴァラ菩薩の特徴をよく表しています。大火や盗賊や海難等の苦難に遭遇したときに、この菩薩の名前を聞いたり、念じたり、あるいは大声で叫ぶことによって、これらの七難とも八難ともいわれる様々な苦難から人々を救済するほとけ(菩薩)、これがアヴァローキテーシュヴァラだというのです。先ほどの宮治先生のお話にありましたように、修二会で有名な二月堂のご本尊十一面観音は、自分自身の本面プラス四方八方、プラス上下を合わせて、総計で十一の数の顔をもっています。また、カンボジアのアンコール・トムのバイヨン寺院には、四方に顔をもつローケーシュヴァラ(世自在)像、つまり観自在菩薩の像が多く浮き彫りにされていることで知られていますが、これらはいずれも、あまねくこの世間を観察し、見通しているというこの菩薩の特徴をよく表しています。

羅什訳の『観音経』には、確かに「この観世音菩薩を聞きて、一心に名を称えば、観世音菩薩は、即時にその音声を観じて皆、解脱することを得せしめん。」という一文があります。しかしながら、この中の右線部分は、梵本やチベット語訳ばかりでなく、竺法護訳(二八六年)にもなく、翻訳者である羅什が「観音」の意義づけを行うために、あえて付加したと考えられます。また、たとえ「音声を観る」という表現の不自然さには目をつぶるとしても、もしもアヴァローキタ・スヴァラ(観音)が元来の呼称であるとすれば、ヒマラヤ以北の経本にのみこの呼び名が伝えられ、玄応の時代、つまり七世紀初頭のインド写本や、ほぼ同時期に遡るギルギット系諸写本、またその後のネパール系諸写本にこの呼称が見られないのも不可解です。

これについては、観音菩薩が中央アジアで成立したか、あるいはまたインド(天竺)で成立したものの、七世紀頃にはすでにイーシュヴァラ(自在天)信仰に押されて、一様にアヴァローキテーシュヴァラに名前を変えてしまった、というい ずれかの推理が成り立つかも知れません。前者については、『観音経』が海難救済を説き、観音が南インド―あるいはインド南辺の島―のポータラカ(補陀洛)に居住するという伝承からも、北西インドや中央アジアで成立した可能性はまずないと言えるでしょう。後者の可能性、つまり古くはインドにおいてもアヴァローキタ・スヴァラ(観音)の名で成立し伝承されていたという可能性ですが、先の考察に照らしても、蓋然性はきわめて乏しいと言わざるを得ません。その意味でも、この問題は、「光世音」や「観世音」の訳語を、中央アジア地域における訛りがもたらした誤解に過ぎないとした玄応の説明にほぼ尽くされていると思われます。

さて、観自在をめぐる問題は、もう一つあります。アヴァローキタ（観）という語の意味と由来に関する問題です。アヴァローキタの語は、「見下ろす」「見回す」「見通す」「観察する」等の意味をもつ動詞アヴァローク（ava-lok）の過去分詞形です。ここに用いられる過去分詞形の意味するところについては、光世音や観世音に含まれる「世」の由来の問題とともに、別途の考察が求められるため、ここではふれません。ただし、アヴァロークという表現の仏教思想史上のルーツに関しては、梵天勧請の場面に遡ることができると考えています。

先ほどもふれましたが、悟りを得たゴータマ・ブッダが、その真理・真相を説こうか説くまいかと、迷いためらっていたとき、ブラフマー神（梵天）が―内心に―登場し、説法を乞います。ぜひとも説いてほしい、説かれなければ、この世はもう闇である、と三たび嘆願したのです。そして、このときにゴータマ・ブッダがとられた振る舞いについて、多くの仏伝は、おおよそ定型的な形で伝えています。

資料の最初に挙げましたが、例えばヴィナヤ（『律蔵』I、大品）では、ブラフマー神の懇請を知り、もろもろの衆生に対して、悲心にもとづいて、仏眼をもって世間を（lokaṃ）ヴォーローク、つまり観察した（vokokesi）と出ます。世間を観察したブッダに、そのとき何が見えてきた（addasa）のかと言いますと、この世間には、汚れの少ない人、多い人、また教えやすい人と、教えにくい人がいるというように、人々には煩悩の大小や理解力のあるなしの点などで、さまざまな違いがあるという事実でした。

じつは、梵天勧請を描いた多くの仏伝では、内容もさることながら、用いる表現の形式もかなり共通しています。要するに、いずれの表現も、仏眼をもってすべての世間を観察すると、人々には汚れや理解力等の点で、レヴェル差があることが見えてきた、という形式をほぼ一様に用いています。

大衆部系の説出世部の仏伝として知られる『マハーヴァストゥ（大事）』でも、すべての世間をアビヴィローク（abhi-vi-lok）つまり観察したときに、衆生には、高い者と低い者、それからまた、劣っている者と優れた者がいるということが見えた、と出ます。

同じようにまた、大乗系の仏伝と言われる『ラリタヴィスタラ』もまた、如来はすべての世間を仏眼をもって観察したときに（vy-avalokayan）もろもろの衆生の中に、劣っている、中くらいである、優れている者がいるということが見えてきた（paśyati sma）と伝えています。

このように、これらの仏伝はいずれも、ほとけの眼（マナコ）をもって世間を観察すると、さまざまな衆生のいることが見えてきた、という表現形式を共有しています。ここに出る、梵天の懇請にしたがって、まずは世間を観察した―パーリ語では、o-lok, vo-lok 等、サンスクリット語では、ava-lok, vy-ava-lok, vi-lok, abhi-vi-lok 等の表現によって描かれる―ブッダ、これを具現した菩薩が観自在であり、アヴァローキタ（観）という語の由来もまさにここにある、というのが私の理解です。この解釈は、かつてE．J．トーマスもまた言及したものですが、現在の研究状況をふまえ、本格的な再論がまたれていると思います。

この点に関して、従来、まったく顧みられることがなかったのですが、観自在菩薩が「色即是空」や「ギャーテー・ギャーテー（羯諦。羯諦。）」の真言を説くことで知られる『般若心経』の冒頭部分の表現もまた注目に値します。

聖なる観自在菩薩は、深遠な智慧の完成の行をなしつつあるとき、世間を構成する五つの要素（五蘊）をヴィアヴァローク、つまり観察しました（vyavalokayati sma）。そのときに、何が見えたのかというと、『般若心経』の場合には、じつは色形・感受・表象・意志・意識と呼ばれる五つの要素それぞれが無自性である、つまり単独・固有の本質を欠いているということが見えてきた（paśyati sma）と語ります。ここにおける観自在菩薩が、ゴータマ・ブッダと深く関係することは、私たちがよく知る『般若心経』にイントロ（序分）と流通分が添えられた、より大きなテキスト（大本）を見るとよく分かります。それを見ますと、ゴータマ・ブッダが禅定に入っているときに、観自在菩薩がそこに立ち現れてくる、という構成になっています。ここにも、悟りをえたブッダが、この世間をありありと見て、説法を決意するに至ったという梵天勧請説話に由来した観自在菩薩の出自が透かし出されているように思いますし、また観自在の「観」、つまりアヴァロークの由来を窺い知ることができると理解しております。この点も、従来の研究者がおよそ触れることのなかったポイントで、今後の議論の深まりが期待されるものと思っております。

というようなことで、このアヴァローキテーシュヴァラ（観自在）という名前そのものの中に、梵天勧請を受けて世間をアヴァローク（観察）したブッダという仏教内的な要素とともに、イーシュヴァラ（自在者、自在神）という、後代はシヴァ神等に典型的に繋がっていくのですが、広義のヒンドゥー教的な要素を見ることができます。言い換えるなら、ほとけとカミの習合現象を、この観自在、あるいは観音と呼ばれる菩薩像そのものの中に見出すことができるということです。

二十一世紀には、宗教は、お互いに批判意識と緊張感を持ちながらも、相互理解をさらに深めることによって、みずからを相対化する目と雅量を合わせ持つということが求められていると思います。そのような意味で、ほとけとカミの習合というのは、決して宗教の堕落を意味するのではなく、宗教現象の実態を反映した、ある種の普遍的な意味合いを持っていると理解しております。簡単ですが、ひとまず以上です。

下田　どうもありがとうございました。

それでは続きまして、高橋先生、よろしくお願いいたします。

高橋　高橋でございます。私は一枚だけのレジュメを出しました。かつては、知識はかばんの中に本の形で詰めていたのですが、最近は、みんなパソコンの中に入れていまして、パソコンが壊れたら何もないのです。頭に入っていないものですから。仕方なく、覚えているところだけ、こうして手書きで持ってまいりました。

さて、題名にあります南インドというのは、みなさん、なじみがないかと思いますが、きょうはちょうど、宮治先生が最後のころに、いいこと言って下さいまして、下に地図が書いてありますが、だいたいは、下に黒く四つ囲まれている、インドの半島の先端部分あたりです。そこに、ヴィンディヤ山脈というのがありますが、それより南というものを、北の人からすると南インドと言うわけです。パキスターン北の人というのは、いわゆるヒンドゥースターン。パキスターンとか、スターンというのは、場所という意味ですが、ヒンドゥーの土地という人たちが言っているわけです。さきほども宮治先生のお話ではないですが、その八方をつかさどる神で、南をつかさどる神というのは、ヤマ神、つまり閻魔大王、死神なのです。もう少しましな神さまを持ってきてくれてもよさそうなものですが、ヒンドゥーというのは、南インドをそういうふうに見ているのです。

この海に突き出ておりまして、片方はベンガル湾、東のほうです。それから西のほうにアラビア海とありまして、こちらはかなり古くから、海洋貿易が栄えていたということは記録にございます。

本日は、かたや、西方、ローマとかそういうところ、つまりヨーロッパです。それから片方は東南アジアとの海洋貿易というものによって、もちろん普通は、経典などは、多くは陸路から入ってきているのですが、実際もっと物は海路を通じて来ていたのではないかということが第一点。それから、物に従って文化というものは来ます。つまり金がかかりますから、文化というものは単独には来ませんので、そういうことをちょっとお話していきたいなと思っております。

上のほうに簡単に年表に入れましたが、実は、みなさんご存じないのですが、斎藤先生がお話になりました、仏教論理学のディグナーガだとか、ダルマキールティなどの、インドを代表するような思想家というのは、かなりの人が南インドから出ているのです。ところが、そういうことはすっかり忘れられている。

それはともかくとしまして、紀元後四六年ごろだと言われているのですが、ヒッパロスという水先案内人が季節風を発見しまして、それで、西洋貿易というものは、紅海からダイレクトに点点で書いてありますところに来ています。

そのころの主な輸出品、輸入品などというのは当然ありますが、いちばん有名なのがスパイスなのです。人間というのは食いしん坊で、これはあとで申しますが、東のほうでも、中国に残っているインドの名前でよく出てくるのは、やはりスパイスのところで出てくる。ストラボンの『地理書』には、品物が南インドのカリカットから来ているというようなことが書いてあります。

もう一つこのへんの産物で、ローマのほうに行って、みなさんご存じで有名なものが、サンダルというものです。サンダルというのは、日本で栴檀と言われますけれども、ほんとうは白檀なのです。ここで産しますが、これはローマの貴族たちが香りが強くおしゃれなものとしてサンダルの木でできた履きものを身につけまして、それが、われわれが履くサンダルの語源になっているというところでございます。

まず前提として申し上げるのを忘れましたが、インドというのは、本を軽視する。書かれたものというのは、他人の懐のお金みたいなもの、つまり役に立たないという言い方がありまして、中国などとは違いまして、文字に表さないのです。ですから、記録がまったく残っていない。

したがいまして、われわれが頼れるのは、ヨーロッパの記録と、文字文化の典型であります中国の記録によって復原する以外にないのです。したがいまして、そのあたりに出てくるものだけをとらせていただきます。

それで、西洋のものによりますと、キリスト教はだいたい紀元後一世紀ごろから三世紀ごろに入っているのですが、年代ははっきりわかりませんが、入れたのは、セント・トーマスと言われて、ポルトガル語でサン・トメ、つまり日本に、江戸時代に入りました、サントメ織りの語源でございます。

下の年表でも見ていただきますと、九世紀から十三世紀ごろに、チョーラ朝、いちばん発達したタミルの王朝ですが、その時代に、東海岸のマドラスの下の方の港町から海洋貿易で、東南アジアに相当もたらしますので、あとでまた触れますが、そのサントメ織りなどというのは、インドの代表的なものとして、江戸時代には非常に愛好されるというようなものでございます。

さて、また、もう一度戻りますが、一世紀、三世紀ころは、まだ、南インドは、独自の文化、古典文学というものを持っていたわけですが、やがて、四、五世紀のころ、ジャイナ教とか仏教というのが入ってきまして、たいへん隆盛を誇ります。それに対して、ヒンドゥーの側から、要するにあまりにもジャイナ・仏教がはびこるので、それではおれたちもがんばろうかといったのが、帰依信仰（バクティ）運動なんて言われまして、これは、つまり、シヴァ神とかヴィシュヌ神とか、そういうヒンドゥー教の運動なのですが、これで完全に、南インドというのはヒンドゥー化されてしまいます。

したがいまして、それまではジャイナ教、仏教という、かなり隆盛を誇っていたものが、まずなくなってしまうのです。

また話は前後しますが、これ以後ほとんど、特に、タミルナード州などには仏教は残っていないと思われていたのですが、実は、ヒンドゥー化された寺院の中に、仏像がけっこう残っているということが、最近わかってまいりました。宮治先生も来月に再び調査に行かれるそうですが、ただし、タミル人は、仏像をヒンドゥーの神と思っております。

さきほどから、仏像のお話で何度も出ていますが、たとえば、梵天、帝釈天、吉祥天とかいう、その天と付くものは、だいたいヒンドゥーの神でございます。

したがいまして、仏教、ジャイナ教というのは、そのころから衰えるのですが、そのころ、やはり、法顕がインドを訪れまして、四〇二年だったと思いますが、この人は帰りに、ガンジス河口から出て、海路で、東南アジアのほうに行っている。すなわち、もう四〇〇年ごろには、東の航路というのは、はっきりと開かれていることはわかっているのです。

この海というのは、なぜ、これほど重用されるかと言いますと、まず大量の荷物を安全に運べる。たとえば、一万トンの船というと、われわれが引っ越しの荷物を頼むとだいたい四トン車が来ますが、その四トン車二千五百台。一列に並べるとだいたい二キロぐらいになるのでしょうか。それが数珠つなぎに並ぶくらい、すごい荷物をほんとうに一艘の船で運べます。

それから、もっとも、陸路は、十七世紀、十八世紀に、いわゆる東インド会社ができたころに、宣教師などもだいぶ入ってきて、その人たちが言っていますが、とにかく、毒蛇、毒虫、それからトラ等の動物で、かなり被害に遭っている。もちろん盗賊がいちばん多いのですが、そういうものに遭っていて非常に危険である。その二つの理由で、海路での海運業というのが、かなり盛んだったのです。

その海運が盛んだったことを示すものとして、南のほうでも古い文献に残っているのが、ジャータカにも出てくる、マニメーカラーという海の守護女神で、宝石の帯という意味ですが、その女神の名をつけた主人公を描く叙事詩もあります。ですから、もうそのころには、かなり海運がさかんであったということがわかります。

　また、もっと古くは、マヌ法典などを見ますと、バラモンは海外に出てはいけないとあります。いけないということは出ていたということですから、これも相当に海運が発達していたことを言うだろうと思います。

　それから、年表で言いますと、玄奘は、タミル州のいちばん上の方のカーンチーまでは行っておりますが、六四二年には、あまりにも仏教が衰退しているのを歎いています。したがって、仏教は、もう七世紀にはかなり衰退していたということもわかるわけです。

　西のほうを別としますと、東のほうで、いま歴史として、記録上も中国のほうからわかるわけですが、海運というのは、チョーラ朝ごろにしきりと、タミル第一の大河カーヴェリー河の河口から東南アジアのほうに行って、現在のマレーシア、シンガポールあたりに相当数のタミル人が移住しております。

　英領期のときに、イギリス人によって強制的に労働者として移住させられたというのは、第二期の移住ですが、第一期として、歴史的にわかっているのはこのころです。

　ここで申し上げたい、もう一つのポイントは、さきほどから申していますが、南インドでは仏教というのは、相当もう衰弱していて、それに反比例して、ヒンドゥー教というものが、かなり台頭していたわけです。そのヒンドゥー教というものが、その海運とともに、東のほうにもたらされたというのは、ラーマーヤナの研究をすると、よくわかるのです。

　これは明らかに、タミルのラーマーヤナの影響を受けて成立していると思われる、ラーマキエンがあります。これは、タイのいちばん有名なラーマーヤナの物語ですが、タミルだけではなくて、アーンドラのあたりにしか見られないような、ラーマーヤナのお話もかなり行っています。

　ラーマというのは、ヒンドゥー教のうちのヴィシュヌの化身の一人でありまして、もう一つ大事なのは、やはり、ラーマ王子と言うくらいですから、王族なのです。つまり、ラーマーヤナというのは、王権の拡張の存在基盤として、王室がかなり好んで作らせたものなのです。ですから、王権の発展とともにラーマーヤナを広めていくということがあります。

　したがいまして、ヒンドゥー教の神々や、そのラーマーヤナのお話は、もともと、この北インドのヒンドゥーのものですが、その言葉であるサンスクリットなどとともに、かなり古くから伝わっていくということでございます。

　それで、ごく簡単にまとめますと、南インドの文物は、海運でもって、かなり伝播していたということ。これは古くからかなりあったろうということです。それからもう一つは、それに伴って動いたのは、まず第一には物ではあったけれども、物に付随して、そういうヒンドゥー教あるいは文化的なものも移っていったということです。

　最後になりますが、アジアで仏教がヒンドゥー教を取り入れたのか、ヒンドゥー教が仏教を取り入れたのかという言い方は、非常に微妙だと私は思っています。ヒンドゥー教を取り入れてやったとか、ヒンドゥー側にすり寄った、何でもいいですが、簡単にはわからないと思います。

あと、地図の中でいくつか、細かい線なんかが入っていますが、たとえば、セイロンのほうにいくつか行っているのは、仏教の伝播が、インド本土からセイロンへどういうふうに行ったかということで、最近の発見などもございますので、何かありましたら、また触れたいということで、私の発表を終わらせていただきます。

下田 ありがとうございました。ほんとうにたいへん短い時間で申し訳ございません。のちのディスカッションで先生がたには、御発言をお願いしたいと思います。

それでは、最後のパネリスト、久野先生、よろしくお願いいたします。

久野 お手もとに私のレジュメ、三枚綴りのものがいっていると思いますが、この図1（本書拙稿の図1に同じ）を別に、こういうふうにしていただいて、レジュメの内容を見ながら、聞いていただくとわかりやすいと思いますので、お願いいたします。

私は、「初唐の造形の思想的背景にある『カミとほとけ』についての試論」と題しまして、お話しさせていただきます。

一、はじめに。東大寺に対する、初唐の造形、思想の重要性といったものは、東大寺の大仏が造られた仏教思想上、また政治思想上の源が初唐の龍門石窟奉先寺洞の盧舎那大仏にあったであろうというようなことは、よく言われることです。また、東大寺の天平時代創建の伽藍、そしてその各伽藍の本尊、たとえば二月堂の十一面観音像、その光背には千手観音像などの造形があり、これらの菩薩像は初唐の洛陽や、長安や敦煌などにも見られる造形であります。

二以下の本論で私がお話ししますことは、実は初唐の造形に限る事柄ではなくて、五世紀ごろから、中国の造形の思想的背景に存在していたと私は考えております。

二にまいります。本発表の中心テーマは、尊格のオーヴァー・ラップにその土地の「カミとほとけ」に対する精神構造を見るというもので、その概要はいまこの別にしていただいた図1に表現されています。わかりやすさということを念頭に置きまして、多少大胆ではありますけれども、図に起こしてみましたので、その図1とレジュメを見ながら、お聞きになっていただきたいと思います。

まず、初唐の中国の仏教信者にとっては、二つのカミに近いような存在があったと考えられます。一つは、天帝であります。中国の皇帝は、天子というふうに申します。スライドにまいります。

今回、私は等身像についてお話を多少いたしますけれども、その等身像関係の内容は、参考文献に挙げました、早稲田大学の肥田路美氏の論文に負うところが多いことをお断りしておきます。

中国では古代から皇帝がみずからの肖像とか肖像彫刻を造る伝統があったようで、それを等身像と称するのは、六世紀はじめの梁武帝についての記述にも見られます。唐になってからも、太宗や高宗が行なっておりまして、玄宗は、中国全土に一州ごと一道観、それから一仏寺を造り、そこに玄宗等身の天尊像、そして、玄宗等身の仏像をそれぞれ奉安させた。そういうことが『唐会要』に書かれております。

スライドで見ていただいているのは、開元七年、七一九年の銘のあります、石造天尊像でありまして、山西省の南の運城市景雲宮から来たとされております。

玄宗が各道観に安置した天尊像といったようなものが、どういうものであったかということを今に伝えているかと思われますが、ここで、天帝と皇帝のオーヴァー・ラップといったような現象が見られるかと思います。

それから、二の法身でありますが、若干大胆な言い方ですけれども、釈迦仏から仏身観の発展した毘盧遮那仏が仏教信者のカミ的な存在ではなかったかと思うわけです。

敦煌莫高窟の第三三二窟、これは涅槃窟ですが、そこにあった聖暦元年（六九八）の銘が刻まれた『重修莫高窟仏龕碑』という碑に初唐の人の法身に対する考え方が書いてあります。すなわち「法身は常任で、本来形がなく、その本質は一つである。ときに応じて形を変え、真の力を顕しおこないす」とあります。法身に対するオーソドックスな考え方だと思いますが、つまり、この図1で言いますと、法身というものがあって、救済する目的に応じて、阿弥陀になったり、弥勒になったり、釈迦になったりすると。そうすると、これはもうカミ的なものではないかというふうに思うわけです。

二に行きますが、ここで私が初唐の造形と申しているのは、主に私はいま敦煌莫高窟、龍門石窟の初唐の造形の調査をしておりますので、それを指しております。初唐の造形に見られる特異な現象、アブノーマルというふうに言いますか、その中に造像の裏に潜む思想、仏教の中国的受容のありようが見られると考えます。

もちろん、ノーマルタイプというか、オーソドックスな、中央に阿弥陀さんがいて、阿弥陀浄土図、変であるということがはっきりわかるとか、さきほど、宮治先生がお示しになった、これは弥勒浄土変であると、はっきりわかるものもたくさんあるわけですけれども、そうではない、釈迦か阿弥陀かわからないとか、そういったアブノーマルな状況の中にも、中国的受容のあり方が考えられるのではないかと思ったわけです。

その図1の中に、まず、弥勒の左上のところにa．とありますが、天子と弥勒のオーヴァー・ラップ。有名な話ですが、武則天はみずからを下生した弥勒仏と、弥勒の王者性を強調して言い、また天子と転輪聖王のオーヴァー・ラップとして、武則天はみずからを金輪聖神皇帝というふうにも称しました。同じような意味のオーヴァー・ラップです。

それからb．といたしまして、釈迦仏と弥勒仏のオーヴァー・ラップ現象です。初唐の造形には、優塡王（思慕釈迦）像と、それから、弥勒仏像という造像がありますが、優塡王（思慕釈迦）というのは、釈迦が三十三天に上がったときに、上がってしまった釈迦を思慕して、優塡王が古代インドで造ったとされた伝説に基づいて造られた釈迦の倚像であります。

それから、弥勒の仏像、これも同じ龍門石窟にあるのですが、これが、如来倚像形式で、前に挙げた優塡王（思慕釈迦）像と形式が近く、敦煌の壁画などで両者の区別がたいへんにつきにくいときがあります。

それからc．といたしまして、釈迦、盧舎那と阿弥陀仏のオーヴァー・ラップ。まず一つ、いまここに挙げていますのは、初唐の龍門石窟に多くの触地印阿弥陀像があります。触地印はみなさんご存じのように、釈迦が成道したときの象徴的な印相ですけれども、初唐の龍門石窟では、如来坐像の内かなりの数がこの触地印阿弥陀ではないかと考えられます。

それから、触地印の阿弥陀が多いという現象のある初唐の龍門石窟にあって、伊河をはさんで東の山、龍門東山にあります擂鼓台南洞というところに、従来、菩提瑞像というふうに言われた像があるのです。菩提瑞像というのは、釈迦がブッダ・ガヤーで悟りを開いた時の姿を表した像です。王玄策などが、インドへ直に行って写してきて、そして都洛陽の周辺で流行したものなのですけれども、擂鼓台南洞像は、その菩提瑞像を応用した盧舎那仏ではないかというふうにしたのが、私の二〇〇二年の推論なのです。なぜこの擂鼓台の中央にある像を盧舎那と考えたかというと、『華厳経』というのが、釈迦の悟りのあと、二週間の沈黙の内に説かれているということで、説法印であるという必要がないわけでありまして、そして、触地印という、悟りということに重点を置いた印相ということに注目して、また、立派な宝冠を着けているという、そういったいろいろな点から、盧舎那と考えていいのではないか。

そして、この周囲にたくさんほとけさんがあって、これが千仏で、現在七二八体残っているのですけれども、一体が三〇センチぐらいの高浮き彫りで、非常に精緻なものであります。それで、みなさんから見て向かって右側のものは、触地印をしていて、非常に釈迦を思わせるわけですが、ここで思い出されるのが『梵網経』の千釈迦についての記述であります。そして、向かって左のほうは、いわゆるバーミヤンとかホータンによく見られます、「飾られたブッダ像」で、王者とブッダのオーヴァー・ラップみたいなものを象徴しているのですが、三叉形のアクセサリー、宝石をいっぱい付けた肩掛け、そういうものを着けている千仏像であります。

私は、この擂鼓台南洞の彫刻群は非常に精緻で、もしこれらの像を初唐期の制作時に見た場合には、彩色豊かできらきらしているものであったと思いますし、金色にも彩色されていたと思うし、そういうことから、宮廷につかえた高僧、例えば華厳宗第三祖の法蔵さんがプロデュースしたものではないかというふうに、いろいろな点から推論しました。

こういったような点から、ほかにも類似の造像があって、盧舎那と阿弥陀のオーヴァー・ラップというような現象も考えたところであります。

六九〇年から七〇五年の則天期、この龍門の東山には十一面四臂の観音がありますし、それから八臂の菩薩立像があります。こういうものは、東大寺の天平時代の伽藍の尊像を思い起こします。

いまお見せしているのは、陝西省の彬県大仏寺石窟というところにありまして、この向かって左の方に、「等身釈迦、観音、勢至」という、則天期長安二年（七〇二）の銘があります。で、この銘の「等身」の語句は、さきほど二の一で見ました、等身天尊像、つまり、「皇帝」「天尊」のオーヴァー・ラップのときに使った、「等身」という言葉を思い起こします。

同じような例が、これは敦煌莫高窟第三三五窟正壁の初唐のものですけれども、中央の如来さんの周囲に『法華経』関係の題材が三つくらいありまして、中央が限りなく釈迦に近い。しかし、向かって右の方の菩薩さんは、化仏を付けていますので、こちらは観音さん。左は宝瓶がはっきり見えますので、勢至さんという感じで、さきほどの等身釈迦、観音、勢至と同様のものではないかと思われます。

わが国では、法隆寺の救世観音像を、「上宮王等身観世音菩薩」と記録した資財帳があります。それは、天平宝字五年（七六一）に法隆寺東院の三綱が僧綱所へ提出した『仏経并資財條』にある記述です。ここでは「観世音」と今度「聖徳太子」がオーヴァー・ラップしているわけです。

同様の発想がインドにあることは、宮治先生の御発表のレジュメの二の二といったようなところにあったと思います。

あらためて、私、最近、初唐における釈迦信仰の重要性をもっと見直したほうがよいのではないかというふうに考えております。

というのは、初唐の莫高窟の全五十窟中、釈迦信仰系統の造形はけっこう多めというか、塑像とか壁面の中心尊格を何かと考えたときに、尊格がほぼ判明するものが一〇一例、その中の四八例、四八パーセントがだいたい釈迦と考えられるかと思われます。それから、初唐莫高窟全体で、本尊の造られる正壁に釈迦系統が占める割合が約六〇パーセントぐらいあります。

初唐と言いますと、どうしても、浄土教の善導さんが出て、浄土関係の造形をたくさん造ったということで、そういうものに目が行きがちではありましたけれども、もちろんそれもたいへん重要なことなのですけれども、あらためて釈迦信仰の造形も見直したほうがいいのではないかと思っております。

こういうときに思い起こされるのが、京都大学の曽布川寛先生が一九八八年にお書きになった論文です。

実は初唐龍門石窟では、阿弥陀の銘というのは確かに多いのです。阿弥陀銘は二七二ぐらいあって、釈迦銘は二〇くらいしかないのです。だから、阿弥陀さんは多いことは多いのですけれども、阿弥陀銘像は、みんな小さめの、三〇センチぐらいの像ばかりなのです。

その初唐の龍門の大きな像、たとえば、賓陽南洞とか、それから、これは潜渓寺洞といって、皆さんがいらっしゃると、一番初めに見る大きなほとけさんで、八メートルぐらいありますが、これなんかは釈迦ではないかと、曽布川氏はおっしゃったわけですが、この像の向かって右は、明らかに化仏が立っておりまして、限りなく観音と解釈できます。向かって左の像が、これであります。皆さんも見ていただいて、考えていただきたいのですが、この丸い宝珠形のようなものの上に見えるのが、宝瓶に見えるかどうかなのですが、さきほどの彬県大仏寺石窟の「等身釈迦、観音、勢至」、あるいは莫高窟の例から見ると、観音、勢至である可能性はあると思います。それから、ただ私が考えますのは、賓陽南洞や潜渓寺洞の本尊は、曽布川氏がおっしゃったような、「単なる釈迦」ではなくて、これは、阿弥陀の性格もオーヴァー・ラップしているというふうに私は考えます。

そしてまた北魏では、皇帝と釈迦がオーヴァー・ラップして造られた。これは、もう確定的なことなのですけれども、さきほどの等身天尊像のような、そういった釈迦、この八メートルの潜渓寺洞の御本尊もまた、そういった性格を持っているのではないかと。

最後、三のところにまいりますが、なぜこういった釈迦、盧舎那と阿弥陀のオーヴァー・ラップ現象が起きるかと。

阿弥陀仏も毘盧遮那仏も、大乗仏教運動の過程で、仏身観の発展に伴って強調された釈迦の二つの性格なわけです。一つは、無限の寿命を持つもの。これが浄土教系では、無量寿、アミターユスになり、『法華経』信仰では、久遠の釈迦ということになります。釈迦のもう一つの面は、無量の光明を持つものです。これは浄土教系では、無量光、アミターバになり、『華厳経』を中心とした毘盧遮那では、光明遍照ヴァイローチャナということになると。

すなわち、もとは釈迦という単一の存在なのですから、各地でいろいろ王権とオーヴァー・ラップしたりして、操作しているうちに、どこかで交わるということは、起きる当然の現象とも言えなくはありません。

以上のような構想のもとに、今後もっときちんと実証をしていきたいと思っております。終わります。

下田　どうもありがとうございました。

ただいま、非常に短い時間で各パネリストの先生がたにひと言ずつ御発言をいただきました。これからディスカッションに移っていきたいのですけれども、私なりの理解を通しまして、いまのコメントをいただいた先生がたのお話を宮治先生の御講演と結び付けて、そして、あらためて討議をしていきたいと思います。

まず、斎藤先生が取り上げられました、観音であるか観自在であるか。私どもにとって、いちばん身近なほとけさま、如来であり菩薩であるわけですけれども、この二つの名前のいずれが先行するかがわからないということが、長い間のテーマであって、研究史上でも大きな問題になって、今日まで検討が進められてきたわけであります。

仏教は、言葉となって伝わってくる世界と、それから、言葉を超えて造形となって伝わってくる世界と二つがあります。さきほど宮治先生からご説明をいただきました世界は、すべて、この姿になっているわけですけれども、もう一方、言葉となった世界があるわけであります。

斎藤先生は、この立場から問題を取り上げられまして、そしてアヴァロークという言葉が最初期の経典から数百年にわたって後にまで受け継がれ、変容されていく中をたどられまして、そして、そのコアを梵天勧請という説話の中一節に見出されたわけであります。

一つの言葉が、さらに変容を被りながら、言葉として受け継がれていく過程を観察していくと、そこに一つの共通した構造が見つかり、かつそこに、こう言ってよければ、本質というものが見えてくる。それは、観自在ということであったという御発表でありまして、宮治先生のきょうの御発表と、くしくもリンクをするものとして、たいへん興味深くおうかがいいたしました。

お二方目の高橋先生は、南インドの古典の文学の御専門なのですが、大変新鮮な視点から新たな問題を出していただきました。海路と、それから物という、二つのパースペクティブであります。

インドから何が伝わってきたかと考えるときに、私どもは、どうしても理念を考えてしまう。仏教が入ってきた。あるいは何とか教が入ってきたと、こういうふうに考えてしまいがちなのですけれども、それを先生はむしろ物という視点からとらえ直されまして、たとえば、サンダルであるとかサントメ織りというような、いつの間にか私どもの生活の中に入って親しくなって、身近になっているものがある。これは、物の親しさと言いますか、物として入ってくる文化の親しさというようなものをあらためて御指摘いただいた斬新な御意見としてうかがわせていただきました。

ですから、最後に、ヒンドゥー教と仏教というものが、どちらがどちらを取り入れたとか、あるいは変容させたとか、そういうことは簡単に言わないほうがいいのではないかというようなことをおっしゃったところにも、あらためて、宗教、あるいは文化というものをともに考え直していく問題を提起していただいたと思います。

最後の久野先生でありますけれども、これは、見事な見取り図で、先生のご理解を示していただきました。中国の初唐という、この東アジアの仏教世界を造り上げていく時期。ここに一つのコスモロジーができ上がっていく、その時点にフォーカスを合わせられまして、たいへん難しい構造もった思想と造形の関わりを明確に示していただいております。きょうは、宮治先生、斎藤先生、高橋先生に、インドという立場からの、視点からの内容提供をしていただいたわけです。それが、もう私が申すまでもなく、中国を中心に、漢字を中心にした新たな文化の姿となり、そこで、仏教がもう一度姿を取り直すということがあるわけであります。そうした立場でお話をいただいて、これで、日本に至るまでの何か一つ道筋を付けていただいたように思います。

それで、きょうは時間を厳守していただいておりますが、ディスカッションの時間が十分にございますので、まず、それぞれの先生がたから、簡単に御発表の内容に付言をしていただくこと、あるいはすこし内容を補足しながらでもけっこうでございますので、御意見を頂戴したいと思います。

宮治先生はいかがでしょうか。パネリストのかたのご意見のあとに、もし何かありましたら、お願いいたします。

宮治　斎藤先生に、観音のアヴァロークという言葉の意味を、梵天勧請の話と観音の語源とを結び付けてお示しいただきまして、非常に興味深く拝聴しました。

斎藤先生が言われましたように、観音の経典として有名な『法華経』の「普門品」のタイトルと内容から、観音は衆生救済のためにあらゆる方角に顔を持っているという特徴があると思います。これは、最初に岩本裕先生が提起されたお考えだと思いますけれども、十一面観音はそうした観音の特徴を端的に表したほとけで、十方に顔を付けているわけです。ただ、問題となるのは、十方の顔全部が慈悲の面を付けていれば、観音さまはあらゆる方向に顔を向けてすぐに助けてくれるというイメージで都合がいいのですが、十一面観音の化仏の顔を見ると、三面は菩薩面ですが、三面が憤怒面、それから三面が狗牙上出面で、牙を立てている。それから、いちばん後ろが笑っている大笑面です。観音さまというのは慈悲深いから、みんな優しい顔をしてくれたほうがよさそうに思うのですが、こういう、怒ったり、笑ったりする顔をもつ観音さまをどういうふうに解釈するのか問題が残ります。

その点は、私はシヴァの、ムカリンガと言って、顔を付けるリンガがありますが、その中にやはり慈悲面とか憤怒面とか、いろいろな表情が出てきまして、そういうものと関係するのではないかと考えています。いずれにしても、観音というのは非常に複雑なのですが、斎藤先生に、観音の言葉の整理、語源の由来をお話ししていただきまして、たいへん勉強になりました。ありがとうございました。

それから、私は全く不案内な分野で触れることができなかったのですが、高橋先生からは南インドの貴重なお話を伺うことができました。南インドでは、チョーラ朝という時代、九世紀から十三世紀にヒンドゥー教が非常に隆盛するわけですが、高橋先生がご指摘になりましたように、最近、この時代の仏像がかなり見つかっております。タミルナードゥやケーララでも仏像が発見されています。北インドでは、十三世紀の初めには仏教は滅びてしまうわけですが、南インドのほうは、十四、五世紀まで仏教が残ったのではないかと言われています。

だいたいの仏像はパターン化しています。足の組み方が、結跏趺坐でなくて、半跏趺坐になっています。仏像のスタイルが、スリランカとか東南アジアの仏像とよく似ています。今日は、スライドをお持ちできなかったのですが、中には、観音とヴィシュヌの特徴が一緒になったような造形もチョーラ朝のブロンズにあります。そういう混淆現象が見られるようなのですが、これからの研究課題だと思います。

仏教とヒンドゥー教が、どういうふうに混淆したり、あるいは住み分けされていたのか、信仰のあり方だとか、工人や工房のあり方など、具体的な面で、ヒンドゥー教と仏教の関係はどういうふうになっていたのかという、そのへんのことをお教えいただければ、非常におもしろいと思います。

久野さんのご発表は、唐の時代を中心にたくさん尊格が出てきて、それが、どういうふうに統合されるかという視点での興味深いお話だったと思います。確かに釈迦信仰というのは、阿弥陀信仰とか、弥勒信仰、薬師信仰、そういうものに比べると、ずっと信仰が少なくなってしまうようにみられていると思います。日本では鎌倉時代に、お釈迦さまの復興が起こったというようなことが言われるわけですが、釈迦信仰というのはやはり、ずっと骨格として仏教の中にあったと思うのです。それが、弥勒信仰、あるいは阿弥陀信仰、盧舎那・毘盧遮那信仰とどういうふうに関係し、また組み合って造形されたかということは、中国や日本の仏教、仏教美術を考える上でも大きな問題を提起していただいたと思います。非常に興味のあるお話で、ありがとうございました。

下田　どうもありがとうございました。いまのお話でずいぶんはっきりしてきたかと思いますが、パネリストのかたにお回しする前に、総括の小林先生のほうから、一つ問題提起をしていただけるということでございましたので、よろしくお願いいたします。

小林　問題提起というようなおおげさなことではないのですが、高橋先生の御発表で、南インドの地図を書いておられますので、私も南インドに五年ばかり留学していたものですから、懐かしいと言いますか、非常にいろいろなことを思い出すわけです。もとフランス領のポンディシェリーというところで、美術などをやっている極東学院の図像学セクションがあったのですが、そこでは、フランスの学者たちがタミル地方、南インドで発見した仏像やその写真をたくさん集めておられたということを、もう二十年も三十年も前の話ですけれども、思い出しております。まだ、このタミル、ないしこの南インド地方にたくさん仏像が残っていると思います。

それから、もう一つは、高橋先生もドラヴィダの地におられたのですが、この地図を見てみますと、ボディイル山というのがあります。南のほうです。タンバパンニ河の横です。三角を書いておられます。これもやはり、先生が何か御指摘いただくと、いわゆる観音の霊場と言われている場所ではないかという推定がありますので、それとの関連を先生からおうかがいしたいと思います。

それから、さきほどの南インドの博物館などを訪ねますと、私の若いころの経験では、図像的にアヴァローキテーシュヴァラですか、言葉の上から言いますと仏教の観音さんですが、実像は、ヒンドゥーの神さまだと思われました。そのころの私にはよくわからなかったのですが、つまり、いま宮治先生からヴィシュヌ神の系統のものではないかと言われまして、そういう点から見ますと、イーシュヴァラという言葉から見て、むしろ、アヴァローキテーシュヴァラというような名前からすると、ヒンドゥー教のほうが、仏教より先の存在ではなかったかというようなことも私は思いだすわけであります。

それから、久野先生の御発表、ないし御見解を提示された中で、やはり、仏教におけるほとけの存在と、それから、王位と言いますか、ないしは王権というような問題です。

この会場は御存じのように、「金鐘会館」というお名前ですが、もともと、これは、東大寺の大仏殿と言いますか、そういうものの発祥の名まえであるということを聞いていますし、かつそのもとが、『十地経』ないし「十地品」の、『華厳経』にかかわる一部分の中に出てくるということが、最近発表されて、森本管長さんもその点を詳しく『南都仏教』という研究誌に書いておられます。

そこで、もとは、金鍾という語だということです。実際現在残っている写本から推定しておられます。これは『華厳経』を、事実上、さきほどの王権の問題と言いますか、王との問題との関わりの中で、いわゆる、十地、大乗の菩薩が修行して最後のほとけへの道のりになるところで、たぶん八番目と九番目と十番目の中に、その王家に生まれた若い童子位、クラウンプリンスが、八地では、きちんとそういう王家の血筋、家柄に生まれたということを、第二段階は、立派な王子位、クラウンプリンスになられたということ、第九地です。そして、十地の、教えの上では法雲地という名前がついているのですけれども、最後は、灌頂位、いわゆる王権を継ぐ、王としての灌頂、香水を頭に注ぐと言いますか、その儀式によって、はじめて王になっていくのですが、それと、その灌頂する香水を入れた器が、実はこの「金鍾」というものらしいのです。

それはちょうど、仏教のほうの菩薩からほとけへの道のりと、それから、王子から正統の王になるという、この対照の中に、そういう俗の、背景は転輪聖王というものと、それから、ほとけという存在があると思いますが、俗なる世界と聖なる世界のいちおう対応が、そこに説かれていて、王のほうはむろん、譬喩でございますけれども、『華厳経』の「十地品」のそういう部分を読まれて、そこからお名前を持ってきたということは、大仏さんをお造りになる思想の背景に、そういうものがあったのではないかと思います。

そういうかかわりで、久野先生のご発表も、なかなかいろいろな面での習合現象を、いわゆるオーヴァー・ラップというような言い方において、日本において解説されていると、そういう点、ほんとうに有意義だと思っております。

下田　ありがとうございました。

それでは、それぞれのパネリストの先生がたに、質問あるいはコメントが求められておりますので、斎藤先生からお願いしてよろしいでしょうか。

斎藤　はい、ありがとうございました。宮治先生が指摘された十一面観音は、インドでは、カンヘーリーに一体しかないようにも聞いています。そのカンヘーリーの例では、憤怒面や暴悪大笑面などの異なる面相を、頭頂に各三面を三段に、つまり三、三、三でそれぞれに描き分けているような図柄になっていましたでしょうか。

宮治　いまご指摘のように、カンヘーリーという石窟に六世紀ぐらいのものと見られるのですが、十一面観音がインドで唯一残っております。それは、浮き彫りだということもあるのですが、三つの顔を三、三、三と三段に積み上げて九とし、そして、いちばん上にもう一つ付けて十としているのです。それらの顔は小さくて、わかりにくいのですが、いちばん下の三面は優しいお顔をしているのに対し、あとの上二段は、どうも憤怒面です。牙を出しているかどうかはちょっとはっきりわからないのですが、憤怒の面がかなり多い。

カンヘーリー以外では、カシミールなど北のほうに少し例がありますが、それもだいたい同じように、優しい慈悲の面と憤怒の面で、それも憤怒がかなり多いのです。暴悪大笑面はちょっとはっきりはわかりにくいのですが、表現されているようです。いずれにしても、菩薩面と憤怒面を分けていることは確かです。

斎藤　ありがとうございました。十一面観音のインドにおける意義づけというのは、岩本裕先生が指摘されたように、おそらくは、四方八方プラス上下の十方をもつこの宇宙すべてを見通しているということに由来すると私も理解しております。

また、これは、総括された小林先生のコメントにも関わるのですが、じつは、後代の『サーダナマーラー』などの密教系の文献になると、観音は多くのばあいローケーシュヴァラやローカナータという呼び名で登場します。ローケーシュヴァラとは、シヴァ神の別称ともなるもので、実際、東南アジアでも、観音はローケーシュヴァラの名でよく知られています。このような経緯もあってか、仏教学者でもあり、かつまたインド仏教美術史家としても著名なフランスのA．フーシェなどは、観音というのは、そもそもイーシュヴァラ、つまりシヴァ神を剽窃したものだ、という極論まで言います。ただし、そのフーシェもまた、シヴァ信仰の存在を裏づける古い時代の資料は、じつは仏教文献にしかないのが実状であると語っています。

このように、観音信仰とシヴァ信仰とを比較しようにも、文献上のギャップがどうしても行く手を阻んでしまいます。

それにしても、イーシュヴァラやイーシャー、あるいはイーシャーナと呼ばれる「自在神」信仰は、一体いつ頃に始まったのでしょうか。文献上の制約もあって、回答は容易ではないのですが、かつて、インド学のみならず古ジャワ語やインドネシア語研究でも知られるオランダの碩学J．ゴンダは、その起源を、紀元前数世紀に遡る『シュヴェーターシュヴァタラ・ウパニシャッド』に求めました。確かに、そこにはイーシャー、イーシャーナやイーシュヴァラの語が登場します。そのうえでかれは、おそらくイーシュヴァラの観念は、王権の伸張に深く関係するであろうと言います。この推測はおそらくその通りであろうと思います。

実際また、サーンキヤの学説にもとづいてヨーガの学説が整理される段階でも、無神論的な本来のサーンキヤ説とは異なって、『ヨーガ・スートラ』では、世界の開展に関わることのない、本来的に独存しているプルシャをイーシュヴァラと呼びます。このように、実態はともあれ、インド哲学の歴史においても、イーシュヴァラ信仰の影響が次第に表面化することになります。

仏教もまた、このようなイーシュヴァラ信仰を意識する形で、この世をありありと観察されたブッダを、アヴァローキテーシュヴァラ、つまり［世間を］観察することの自在なる方、という意味で観自在菩薩として具現させるに至ったと考えるのは、このように、インド宗教史の観点からは、およそ違和感のない理解であろうかと思います。

ところで、先ほど私は、翻訳者の羅什は、原文にないにも関わらず、「観音」の訳語を正当化するために「一心に名を称えば、観世音菩薩は、即時にその音声を観じて」という一文をあえて挿入した、という趣旨の話しをしました。観音菩薩あるいは観自在菩薩が、音声を観じるというようなことを本質とするのではなく、いかなる場合にも苦難にあえぐ人々を観察し、それぞれの苦難からの解放を果たすことを任とする菩薩であることは、『観音経』の内容にもうかがえます。どのような苦難に遭遇しようとも、観自在菩薩の名前を聴くだけでも、また大きな火事に遭ったようなばあいには、その名前を心にとどめるだけでもよく、また、可能であれば大声を出しなさいとも言います。要するに、観音信仰を奉じる者にとっては、聴いたり、とどめたり、称えたり、という行為の相違に重い意味があるのではなく、観音、すなわち観自在菩薩に救いを求めるか否かが重要なのであって、苦難に遭遇して観自在菩薩に救済を求める人々、そのような人々を例外なくありありと、自在に観察しているのがこの菩薩の特徴であり、それゆえ、「観自在」菩薩と呼ばれるという構成になっています。以上、質問に対する回答になったかどうか案じられますが、あわせて、多少の補足をさせていただきました。

下田　ありがとうございました。では高橋先生お願いいたします。

高橋　私がポディイル山を入れたのは、おそらく『観音経』とか観音信仰などのことで、斎藤先生など何かおっしゃりたいのではないかと思い、それで、ここにポディイル山があるよと示したわけです。それから、もう一つは、その近くから流れているのは、タンバパンニという河ですが、セイロンの古名が、タンバパンニとかタームラパルニと言うのです。それがなぜなのかというのは、まだ十分に検討されておりませんが、インド本土からのセイロンへの仏教の伝播というのは、点線で書いたようなグジャラートのほうからと思われています。なぜかと言うと、セイロンで話されているシンハラ語というのは、アーリヤ系、つまり北インドの言葉なものですから、南インドを経てこなかったのだろうという考え方です。

それからもう一つは、ヴィシャーカパトナムあたりから海路で来た可能性です。これはさきほどから宮治先生のご発表でもありましたけれども、このクリシュナ河あたりでは、アマラーヴァティーとか、ナーガルジュナ・コンダだとか、たくさんの上座部系のそういうものがあったということは明らかで、そういうものがあったのだろうと考えられています。

ところが、さきほどは申しませんでしたが、九八年か、九九年にセイロンの、ちょうど下から三分の一くらいの東海岸のところから、いわゆるいちばん古いブラーフミー文字の碑文というのが、セイロンには三千ほどあって、大部分がアーリヤ系のプラークリット語で書かれているのですが、タミル語のものが発見されたのです。これはつい最近です。

そうしますと、要するに紀元前二、三世紀ごろには、すでにはっきりとタミルと交流があったことを示していることになります。ここに書いてあるマンナールという湾は、真珠の生産で紀元前後から有名で、みんな素もぐりで真珠を取るのですが、これが大打撃を受けるのです。日本の御木本真珠で養殖真珠の粒ぞろいのができたものですから、インド真珠というのは、だめになるのですが、それまで、ずっと続いていたのです。彼らは、頻繁に船で行って、流されたら、セイロンぐらい行ってしまうわけで、ですから、かなり古くからタミルとの交渉があったのは、あたりまえと思っていたのですが、物が出なかったのです。そういう意味で何か関係あるかなと。

それから、さきほどのポディィル山なんかに関してちょっと言うと、だいたい北インドで何だかよくわからないと、南インドと結び付けようというようなことが、言葉のことでも何でもそうなので、ちょっと御関心があるかなと思って、この地図はサービスしただけでございます。

それから、ポンディシェリーのことが出ましたけれども、さきほど、海路というのは、海運というのは安全だというようなことを言って、それは陸路と比べると、というようなことで、あとで申し上げたいと言っておりましたが、実は、そのポンディシェリーには、フランスが東インド会社を持っていたのですが、十八世紀ぐらいの船乗りたちの平均寿命というのは、だいたい三十三、四歳なのです。つまり、非常に危険だったのです。ですから、紀元前後なんかの西域貿易だとか、あるいは東南アジアとやっていたなんていうのは、平均寿命で言ったら、ほんとうに二十代だったのではないかなというようなことをちょっと付け加えさせていただきたいと思います。

斎藤　ポディイル山というのは、いま高橋先生が書かれた地図でいいますと、南のタミルナドゥとケーララに近いところ—位置はもう少し南かなという気がしないでもないですが—にある、海抜二千メートル余りの、インド亜大陸南端では一番高い山です。ご承知のように、『華厳経』「入法界品」には、観音が居住するところについて、「此の南方に山あり、補怛洛迦（potalaka）と名づく。かしこに菩薩あり、観自在と名づく。」と出るのですが、ここにいうポータラカ（補陀落）がどこの場所なのかは、いまだに確定していません。これについて、かつてマドラス大に留学された彦坂周氏が、現在ではヒンドゥー教のアガスティヤ神が住むとされるポディィル山こそは、『華厳経』の伝えるポータラカ（補陀落）ではないか、という説を提起され、場所的にも、また言葉の上でも通じるものがあるという議論をされて注目を集めましたので、高橋先生にはここに印を付けていただいた、というわけでした。

じつは、観音菩薩が居住する聖地である補陀落（洛）については、日本でも、平安中期以降に熊野を中心に補陀落渡海（観音浄土への往生）が行われたり、那智山、あるいはまた日光—補陀落が二荒と書かれ、さらに音読みされて日光となった—などが補陀落山と呼ばれて信仰を集めるなどの例があります。また、中国では、浙江省沖合の舟山列島にある一つの島が普陀（普陀落迦）山と呼ばれ、中国仏教の四大聖地の一つに数えられています。チベットでは、ダライ・ラマは観音の化身と考えられていますので、ラサにあるダライ・ラマが住まわれる宮殿は、いみじくもポタラ宮殿と呼ばれています。

さて、インドに話しを戻しますが、いずれにせよ、北のカイラース山がシヴァ神の居住する聖山と言われていますので、南のポータラカは、何がしかそれを意識した面があるやも知れません。ただし、残念ながら、先のポディィル山がはたしてそのポータラカ（補陀落）に当たるかどうかは、今後の検討が待たれているというのが実際だと思います。

下田　久野先生、よろしくお願いいたします。

久野　では、補足として。おそらく、私が、龍門石窟東山の擂鼓台南洞の触地印の中尊像を盧舎那と言ったことについて、皆さんはやはり、大仏さまを盧舎那仏として拝んでいらして、たいへん違和感があったと思います。しかし、いま東京国立博物館の東洋館の一階に、七〇四年頃武則天が長安の七宝台に造った龕像群がありまして、その中にさきほどの擂鼓台南洞の盧舎那仏とそっくりの像で、そしてやはり、観音、勢至がついているという像があって、やはり円筒形のそっくりの冠を着けていて、触地印をしています。

それで、それは菩提瑞像とどう違うのかと言いますと、「菩提瑞像」という銘のあるものが実は四川省にありまして、その菩提瑞像と同じ形式の宝冠触地印像もまた、東京国立博物館の一連の龕像群の中にあり、その像の冠の中の唐草の巻具合まで同じなのです。そこでこちらが菩提瑞像と考えられるのです。

だから、そういうものもあり、同じ武則天が造った七宝台にはまっていた仏龕の中でも、違う尊格として、いちおう造っている。そこには、阿弥陀もあるし、阿弥陀かどうかわからない、釈迦かわからないみたいなものもあるし、という、そういうので、七宝台というタワーのようなものを武則天は造っていたらしいのですけれども、そこにはまっていた龕像群を、きわめて幸いにもいま東京の国立博物館でほとんどいつも見ることができますので、もし、この私の説の話を思い出していただいて、見て比べていただくと、その違いが、そして、さきほどの擂鼓台と同じような冠をかぶったのは、やはり、観音、勢至さんがくっついていて、釈迦系統と阿弥陀系統のオーヴァー・ラップというのが、目の当たりにできるかと思っております。

それから、盧舎那仏さんはときどき、奉先寺洞とか、こちらの東大寺の大仏さんとか、非常に大きい像で造られて、天皇とか皇帝が関わるということが、釈迦信仰系のものには多いかなと中国でも思うわけです。

さきほどの八八年の曽布川氏の論文では、阿弥陀はみんな小さいので、庶民が関わったというふうにおっしゃったのですが、ここはやはり、そういう造形を造った施主がどういう信仰を持ったか、もう少し考えなければいけない。たとえば華厳宗の法蔵さんとか、それから善導さんは盧舎那仏をプロデュースしているわけですが、みなさん宮廷にお仕えになったかたで阿弥陀信仰を熱心に持ってらっしゃるわけですから、やはり、「庶民が造ったから阿弥陀は小さい」といったことではちょっと割り切れないというふうに思っていて、今後そういう造形を造った施主というようなことも頭の中に入れていきたいと思っております。以上です。

斎藤　ちょっと、宮治先生にご質問よろしいでしょうか。

宮治　はい、どうぞ。

斎藤　一つの質問は、観音像の特徴の一つとされる、髻や宝冠の正面に置かれたいわゆる「化仏」についてです。初期の観音像に化仏が置かれているばあい、それは、はたして阿弥陀仏なのか釈迦仏なのかという議論があるかと思います。私には、初期の観音像の例にあっては、先ほどのようなモチーフからしても、髻や宝冠の正面に置かれた仏は、ゴータマ・ブッダが観音の姿をとっているということを標識として表しているように理解されますし、このような解釈はすでに一部の研究者によって提示されているかと思います。質問は、その仏が釈迦仏であったばあい、「化仏」という表現がそもそも適切であるのかどうか、という点です。「化仏」といわれる仏が釈迦仏である場合には、むしろ釈迦仏は観音の本地仏であることの標識として置かれているのであって、その意味では、観音の方が化仏、つまり変化身を表していると考えるのが相応しいように思うのですが、いかがでしょうか。

宮治　日本では、化仏という言い方は一般化していると思うのですが、私の記憶では、『観無量寿経』に、その観音観のところに「天冠の中に一の立化仏あり」というふうに出てきたと思います。観音が立化仏をとるという表現が出てきます。しかし、そこには、その化仏は阿弥陀なのか、釈迦なのかということは書いてありません。化仏という言い方をすると、観音の一種の化身と言いますか、変化した姿、という意味に一般にはとらえられるわけですが、本当にそうなのか、また後世のようにその化仏が阿弥陀を意味していたのか、テクストからはそこのところはわからないと思います。造形的に見ても、ガンダーラの菩薩像には頭前に化仏をつけた例がありますが、それらは説法印や禅定印をとっていて、やはり阿弥陀仏を表しているかどうか疑問です。

ところで、『観無量寿経』とも関係深い『観弥勒経』、正式には、『観弥勒菩薩上生兜率天経』という経典ですが、この経典では、弥勒菩薩は兜率天にいるのですが、この弥勒菩薩も天冠中に化仏をとることが書いてあるのです。実際に中国の北京・北魏時代では、交脚弥勒などが頭前に化仏を付けているのです。どうも古い時代では、先生がおっしゃるように、やはり本地仏的な意味で釈迦の化仏を付けていたのではないかというふうに私も思うのです。

ところが、密教になりますと、たくさんのほとけができてきて、それらのグループ分けをするわけです。クラと言いますが、部族に分けるわけです。そのときにいわば、リーダーというか、お父さんのブッダを化仏として頭前に付けるようになります。そのときは、インドですとパーラ朝になりますが、観音さまは、化仏として決まって禅定印の阿弥陀仏をつけます。観音菩薩は阿弥陀仏をリーダーとする蓮華部の部族に属するからです。ガンダーラなど初期の段階では、観音菩薩後の化仏を見ますと、説法印をとったり、いろいろバリエーションがあります。

そういうことから見て、どうも初期の段階では、観音や弥勒が化仏をつけますが、その化仏は釈迦の可能性が強いのではないかと、私は思っています。

西インドのアウランガバード石窟というところに、観音の諸難救済の大きな浮彫図があります。真ん中に観音菩薩を大きく表し、その左右に危難に遭遇した人々を観音が飛来して助ける場面を表しています。中央の観音菩薩は頭前に化仏をつけていますが、諸場面の飛来する観音さまは、頭前にストゥーパを付けているのです。このことは最初に山田耕二先生が指摘されたのですが、インドでは、このほかにもカンヘーリー石窟に、蓮を持ち、ストゥーパを頭前に付ける観音さまがあります。

時代が下りますと、ストゥーパをつけるのは弥勒菩薩、化仏をつけるのが観音菩薩と固定されますが、初期の段階では流動的で、どうもストゥーパも化仏も釈迦仏を表していたのではないかと思います。

ところが、密教になりますと、ほとけたちの部族、つまりクラのリーダーとしてのブッダを化仏として付けるようになるというふうな大きな流れがあると思います。

斎藤　もう一点おうかがいしたいのは、観音菩薩とともに阿弥陀仏の脇侍となって阿弥陀三尊を構成する大勢至菩薩についてです。観音と阿弥陀仏の結びつきは、『無量寿経』ばかりでなく、『観音経』偈頌部（梵本、チベット語訳）にも見られます。これに対して、大勢至（マハースターマプラープタ）という、宝瓶を頭頂に載せた菩薩の出自はよく分かりません。推測というよりはまったくの憶測なのですが、この大勢至は、さかのぼれば、何がしか、先ほどの水瓶を手にもった弥勒菩薩と繋がりがあるのやらないのやら、このあたりをおうかがいしたいのですが。

宮治　大勢至、マハースターマプラープタという菩薩は、尊格として、ほとんど単独で信仰されたことはなかったと思います。阿弥陀三尊の脇侍として、『無量寿経』と『観無量寿経』に出てくるだけで、勢至菩薩は、独立して造られたり、信仰されたりしたことはなかった。観音菩薩は単独でもたくさん造られたわけですが。

　そして、勢至菩薩が宝瓶を頭前に付けるということは、『観無量寿経』に説かれていますが、インドには宝瓶を頭前につける菩薩像は皆無です。インドでは阿弥陀三尊像は一例も確認されないのです。ガンダーラでは、両脇侍に観音菩薩と弥勒菩薩をとる仏三尊像が多くあり、その場合、弥勒菩薩は手に水瓶（宝瓶）を執っています。私の考えでは、観音、弥勒という両脇侍菩薩をとる仏三尊を阿弥陀信者が、弥勒菩薩が持つ宝瓶を大勢至菩薩に見たてて、阿弥陀三尊像に仕立て上げた可能性もあるかもしれないと、これはまったくの憶測なのですけれども、思ったりもします。しかし、ほとんど資料が出てきません。

斎藤　ありがとうございました。

下田　司会を逸脱しまして、私からも宮治先生に質問よろしいでしょうか。

　経典がつくられていく世界と、それから、造像がなされていく世界、今から見ますと二つのコミュニティが個別に存在しているように思えますが、私はこの二つがちゃんと大きな一つのコミュニティをつくっていたのではないかと思います。ところが、『阿含経』やニカーヤ、つまり原始経典を見ましても、これは、仏像の記述はパーリ聖典には出てこないわけですし、後期の、ちょっと時代を下った大乗経典になりますと、むしろ比丘たちが、こういう仏像を造ったり、そういう儀礼に関わっているということについて、批判的な経典が出てきたりしているのです。いま、先生は、そこをどういうふうにお考えでいらっしゃるのでしょうか。いわゆる、経典に表し出されるような仏教の世界と、一方、像が造られていく世界とは別だったのでしょうか。ことばの世界に表された意味を造形に現すように指示していく出家者と言いますか、リーダーがいないことには、成り立たなかっただろうと思うのですけれども、そのあたり、どういう御見解をお持ちですか。

宮治　いや、まったく難しい御質問なのですけれども、中国や日本、特に中国の場合とインドの場合とでは、ずいぶん事情が違っていると思うのです。中国では、一般的に言って、やはり文字というものを非常に重視して、特に唐代以降、経典を図像化すると言いますか、経典に基づいて造形される、そういうことはかなり行なわれたと思うのです。しかし、インドに関して見ますと、なかなか経典とイメージ、言葉・文字と図像とが結び付かないケースが非常に多く出てきまして、それをどういうふうに考えたらいいか。

　一つはやはり、文字化したテキスト以外の、口承と言いますか、オーラルな、そういう伝統を考えなければいけないのかなというふうに思うのです。絵解きの問題でありますとか、何かオーラルな伝統、それはおそらく、かなり深い知識を持っていた出家僧というか、プロのお坊さんたちが主導していたと思うのですが、在家の人々に説いたり、さまざまな宗教実践に関わっていたのではないかと思います。それが必ずしもそのままの形で経典には残っていなくて、その場その場の口承であって、そして、一般の信者と結び付ける働きをしていた。僧団の中の、いわゆる教義的と言いますか、思想的な面を追求するお坊さんからちょっと外れた、非常に深い知識と実践を積んだ高僧でありながら、かつ在家と交わりながら、仏教図像・イメージを重視して説法した僧たち、何かそういう存在を考えないと、なかなか解けないかなと、これは全く漠然とした見方なのですが、いま、そんなことしか私には言えません。もっとこの問題は詰めなければいけないのですが、それを埋める資料が非常に少ないように思えます。むしろ下田先生が切り開かれておられる、新しい仏教学の視点と方法をはじめ、近年の仏教学の先生がたの御研究をうかがえればというふうに思います。

下田　ありがとうございました。これは、大乗仏教がいったいどうやって出てきたのかという、非常にホットな議論にもかかわってくるところでしたので、ぜひ先生におうかがいしたいと思ったことでございます。

いま会場から、質問をいくつか、同じ先生から受けております。まず、宮治先生のほうに寄せられました質問ですが、先生が御覧になった大仏の諸形態について、久野先生が示されたほとけのオーヴァー・ラップ形式はありますかという質問でよろしいでしょうか。

会場（吉津）　そういうルールではなかったのかもしれませんが、すみません。久野先生のご発表にちょっと刺激されましたので、御質問させていただきます。

久野先生に最初にお尋ねしたほうがいいと思うのですけれども、初唐のこのオーヴァー・ラップというのは、初唐の特異な現象なのでございましょうか。それとも、これは、皇帝即如来というようなことで、けっこう皇帝の姿がほとけに刻まれているような例のある、中国仏教独特の南北朝ぐらいからもあるようなことなのでしょうか。それとも、初唐だけではなくて、そのあとも、そういうパターンがあるのかどうかということが、第一の質問なのです。

それから、久野先生が、法蔵に言及されて、華厳の法蔵が何か仏像を造ったということを申されましたので、それはどこを典拠に申されているのかということをちょっとおうかがいしたいというのが、二点の質問です。

それで、その延長で、宮治先生におうかがいしたかったのでございまして、先生は、大仏という形態が、あまり中インドのほうにはなくて、ガンダーラのあたりから、中央アジア、中国にかけて、どんどん大仏という形が出ると御本などに書いておられるのですが、これは、いまのほとけの形態が、久野先生のおっしゃいましたオーヴァー・ラップするようなものが、けっこう事例としてあるのかどうかということを、久野先生の御発表に刺激を受けて、ちょっとおうかがいしたかったわけです。

それから、ついでに全部発言してしまいますが、これは、久野先生の世界と関係するかと思うのですが、あるいは、どうでしょうか。皇帝即如来ということによって、造像が行われる北魏などの形態を連想して、大仏創建において、聖武天皇の誓願であったということを鑑みてみますと、聖武天皇に、天皇即ほとけ、あるいは天皇即如来というような考え方があったかどうか、これはほんとうにまったく思いつきの質問なのですけれども、あのひとつの情熱を考えますと、そのような質問もしてみたくなったということでございます。以上です。

下田　それでは、久野先生からお願いいたします。

久野　いま、先生がおっしゃったように、『魏書釈老志』に書いてある雲岡石窟四六〇年ごろから、ああいう曇曜五窟というものが造られる、それ以前に皇帝の体のほくろの位置などに合わせて、仏像が造られたというような記述から始まって、やはり、かなり前からあります。でも、もしかしたら、その思想はもっと西の方にあるのかもしれないとも思います。

ただ、大仏を造るということだけに限ってオーヴァー・ラップ現象があるわけではなくて、私のこの疑問の発端は、このレジュメにも挙げておきましたけれども、八九年の「造像背景としての生天、託生西方願望」という拙稿から始まっています。これは中国の主に北朝期の造像記に見られる現象を扱い、『仏教芸術』ですのですぐ御覧いただくことができると思いますが、そこに、釈迦を造って西方往生を願うという銘文がかなりたくさんあって、以前の先生がたは、観念が錯綜しているということで片づけておられたものを、そうとは言えないだろうと思って、考え出して、一つは、おそらく『法華経』の「薬王菩薩本事品」などに西方往生が説いてあるので、そういうことと関係するかということとか、それから、『法華経』の「普門品」の現在残っている形には、西方往生が付いていないのですけれども、隋の闍那崛多の訳の「序」のところに、昔の鳩摩羅什の訳も竺法護の訳も、その西方往生のところは欠落しているということが書いてあるので、そういう、『法華経』「普門品」系統からの西方往生を願う思想の流れが、北朝期にあって、そのような釈迦を造って西方往生を願うというようなことが現れたのではないかと。

そうすると、もうそのころから、尊格のオーヴァー・ラップという事について、何らかの思想上の交わりがあったということが考えられると思います。

それから、聖武天皇イコール如来と大胆に考えられるかということでありますけれども、それは、やはり、大胆にはできないのですが、ただ、きのうの開眼供養の話で、ちょっと気になったことは、聖武天皇が、すでに病を得てらしたので、開眼供養に直接あたられず、菩提僊那があたったといったことで、やはり天皇が魂を入れるということで、その天皇が病であると、「天皇の息吹」というかそういうことが大きく関係していて、造られた大仏さまに障りがあると考えられたのではないかと。

これは、日本の考古学の佐原真氏が書かれたことですが、三笠宮さんのお話として、昭和天皇が器に息を吹き込むと、持っている穢れがその中に入ってしまうので、それに蓋をして水に流すということをやっておられたということです。「天皇の息吹」「生気」というようなことと関連して、やはり聖武天皇の魂もお元気でないと、立派な開眼供養もできないという考え方にはつながっていたかなというふうに思われます。

それから、法蔵さんが龍門の擂鼓台南洞に関わったかどうかということは、私、成城大学の大学院出身なものですから、そこの二〇〇二年紀要に、『梵網経』と、わりあいと逐一対照させて論を展開しておりますので、後日お送りいたします。

それで、外国のかたを味方につければいいというものではないのですが、二〇〇四年夏に龍門と敦煌で、学会で発表したときに台湾と韓国のかたが私と同じ見方をしてくださって、三人で喜んだというようなこともありまして、まだ、でも、今後こういった立場を実証に、さらに確実なものにしていきたいと思っております。

下田　ありがとうございました。では、宮治先生お願いいたします。

宮治　大仏についてですが、インドでは大仏はあまり見られません。玄奘の記録を見ますと、十メートル以上の仏像があったことは、数例ですけれども、確認されるので、皆無とは言えないと思うのですが、しかし、そんなには造られなかったと思います。現存するものでは、カンヘーリー石窟の大仏で高さ七メートルほどです。

これに対し、インド周辺域には大仏がたくさん出現します。最初に出てくるのは、西北インドのスワートのずっと北の山奥、ダレルというところに、かつて弥勒の大仏がありました。この弥勒大仏が木彫で造られていたことは、法顕や玄奘の記録でわかりますが、いまはありません。それから、バーミヤン石窟の二大仏は有名ですが、近年破壊されてしまいました。キジル石窟などにも、仏龕だけですけれども、かなり大きな大仏があった跡があります。それから敦煌に、北大仏と南大仏のいずれも椅子に座った弥勒大仏があります。一番大きいのは、楽山の凌雲寺の七十一メートルの大仏ですが、これも倚坐の弥勒大仏です。こういうふうに見ていきますと、中央アジアから特に東アジアで、弥勒大仏が大変流行したということが言えると思うのです。

これは、どうしてかということなのですが、一つには、インド世界では、出家と在家、出家の仏教世界と、世俗の世界というのを、非常にきちんと分けるというのが、原則としてあったからではないかと思うのです。つまり、大仏というのは王たる世俗権力によって造られるのが一般的だと思いますが、そうした国家仏教的なあり方がインドにはなかったから大仏が造られなかったと思います。尤も、後期のパーラ朝になると、国王が非常に大きな寺院を造るということがありますけれども、基本的にインドでは、世俗の王権と僧団というのは、それぞれ独立性が保たれていたということがありますので、おそらくそういうことがインドでほとんど大仏が造られなかった背景としてあると思います。

一方、中央アジアや中国で大仏が出現するのは、一つには弥勒の下生信仰が基礎にあると思います。『弥勒下生経』を読みますと、弥勒が遠い将来この世に現れるわけですが、そのときに転輪聖王という、世界を支配する理想的な帝王が同時に現れる。転輪聖王が現れたときに弥勒が兜率天からこの世に下りて悟りを開くという、転輪聖王と弥勒がセットになって出てくるのです。このことが、王権と仏教が結びつく理論的な根拠になったのだと思います。則天武后はそれを利用したというわけですが、弥勒信仰は中央アジアから東アジアで大きく広まります。弥勒が下生する時、転輪聖王も現れ、聖俗両界にわたって繁栄し、理想世界が実現するわけです。その時、人々の寿命も身長も延びて、弥勒自身は巨大な身長をとって現れると経典に記されています。そういうことがバックボーンにあって、中国で弥勒大仏がたくさん造られたのだろうと思います。

久野さんのオーヴァー・ラップ理論という考え方で述べますと、弥勒の大仏は、帝王のイメージとかなりオーヴァー・ラップすると思います。

椅子に座る、倚坐仏ですが、この座り方は王様の座り方と関係があるということをお話ししました。椅子に座るというのは、もともと遊牧民の王様に出てきます。また、弥勒仏が王冠を付ける場合もあって、やはり王者のイメージと弥勒とがオーヴァー・ラップします。

もちろん、大仏はみな弥勒仏というわけではなくて、阿弥陀仏とか盧舎那仏の大仏も造られています。ただ、盧舎那仏の場合は、世俗的なイメージは昇華されて、もっと仏教の理想化した世界になっていると思います。日本では、弥勒信仰だとあまりに世俗のイメージが強すぎたのではないかと思うのです。やはり、東大寺の大仏は盧舎那仏でないと理想的な仏教世界のイメージとして受け容れにくかったのではないでしょうか。奉先寺洞の盧舎那仏の先例も影響したと思います。

しかし、東大寺の大仏の背後にも弥勒信仰の影を見ることができるように思います。笠置の弥勒大仏というのが、どうも東大寺の大仏とほぼ並行して造られたのではないか、両者は何か関連があるのではないかと想像しています。私は不勉強で、むしろ歴史学の先生がたにお尋ねしたいのですが、東大寺の盧舎那大仏と笠置の弥勒大仏というのは、何か関係があるのではないかなというふうに思っているのです。また、行基は四十九院を造っていますが、四十九院はもともと弥勒の兜率天の宮殿のことですから、弥勒信仰と関係するのではないかと思います。このような訳で、東大寺の大仏造立の背後にも、弥勒信仰がはたらいているのではないかという気がしております。そんなところでよろしいでしょうか。

下田　ありがとうございました。

そろそろ時間が押してまいりました。まだ、このディスカッションを続けたいのですけれども、残念でありますけれども、時間が来ております。最後にパネリストの先生がたにお一言ずつ、付言していただくこと、ご感想等がありましたらお願いいたします。

斎藤　今日は、美術史セクションと歴史学セクション、それに思想セクションでしたか、「ほとけとカミ」のテーマをめぐって、その文化的・社会的な背景をふくめ、多角的なアプローチをもって議論が展開され、私自身もたいへんに勉強になりました。今後ともぜひ、興味深いトピックをとりあげ、このようなシンポジウムの形で、特定のディシプリンを超え、多角的なアプローチのもとに、さらに議論を深めていっていただきたいと願っています。

下田　高橋先生、いかがですか。

高橋　きょう言葉も出ましたけれども、その受容と展開というのを考えるときに、いつも単なる影響関係というふうに、非常にシンプルな形に戻してしまう。そうではなくて、もっと対立しながら、溶け込んでいったというような、積極的なものと消極的なものというのをもう少し考えてみるべきだと思います。それから、たいていの問題というのは、今回出たことだけではなくて、ほとんど、いったん議論されたり、いったん問題が出されて仮説が出されると、もう済んでしまったような気がするものですから、今回のように、最近はやりの言い方をすると、インターディスプリンといいますか、領域を超えた形で、何もわからないのだというところから、もう一回問い直してみるということは、非常に重要かなというような感想を得ました。ありがとうございました。

下田　ありがとうございます。

久野　私もほかの分野の先生がたにたいへんに教えていただくこと

が多く、とても益の多い会でありました。

下田　ありがとうございました。それでは、最後に小林先生のほうからまとめをお願いいたします。

小林　広範な内容でまとめにならないのですが、まとめにならないということをお話ししたほうがいいのではないかと思いますが、斎藤先生、高橋先生、久野先生の三パネラーの先生がいまおっしゃったことが、むしろ、まとめになるのではないかと思っております。

それから、ひと言だけ。観音さまと阿弥陀さんの関係の中で、四世紀ごろ中国で翻訳されたと言われる、観音さんを招請する、お呼びするという、『請観音経』というのがあります。これは、観音懺法と言いまして、観音さんの救済をお願いする儀礼の基礎となる経典になって、日本でもよく使われているのですが、これが、例の、インドのバイシャリーで、政治的な混乱までいったかどうか知りませんが、飢饉があって、疫病があって、人々が混乱したとき、ジーバというお医者さんさえも治すことができなかった。そして、お釈迦さんに救済の要請があったという、それがお経の発端ですが、その物語はもっと古い相を持っているのですが、そこへいわゆる阿弥陀さんと観音さんと勢至さんを持ってきまして、阿弥陀さんは、一応、救済代表ということで、その中で、具体的には観音さんが主に救済をつかさどると言いますか、救済されるという経典があります。これは中国の天台宗などもよく依用し、もともとこの注釈は天台大師智顗が書かれたという説もあるぐらいなのですけれども、そういうことで、その観音さまと阿弥陀さんの関連、いわゆる観音さまは阿弥陀さんの長男だというような、後々の観音信仰です。そういうものを産み出した大本になっているのではないかと、そういう考え方の一つではないかと私は思っています。

そして、最後に宮治先生、非常にインド、中国、日本まで、広範囲に及びまして、いわゆる形のない聖なるものをどのように形をつけるかということ、いわゆるイメージは、われわれの心の中にあるわけですが、それを具体的にどのように形づけるかということは、時代と民族と地域によって、それぞれ交互しながら、最初に造ったものが、また経典等のテキストになり、テキストからまた新しい仏像が展開していくというような、またその中に変容ということもどんどんなされたということを、詳しく説いていただきましたことを、心から御礼申し上げます。

非常に楽しい時間であったと私は思っております。どうもありがとうございました。

下田　ありがとうございました。おかげさまをもちまして、ご発表の先生がた、それから会場のみなさまのご協力によりまして、無事に時間どおりに終わらせていただくことができました。たいへん実り多いシンポジウムを心から感謝いたします。

それでは、このシンポジウムはこれで閉じさせていただきます。どうもご協力ありがとうございました。

論集 東大寺の歴史と教学 ザ・グレイトブッダ・シンポジウム論集第一号 二〇〇〇円

論集 東大寺創建前後 ザ・グレイトブッダ・シンポジウム論集第二号 二〇〇〇円

南都仏教史の研究 上 東大寺篇 堀池春峰著 一三〇〇〇円

南都仏教史の研究 下 諸寺篇 堀池春峰著 一五〇〇〇円

南都仏教史の研究 遺芳篇 堀池春峰著 九八〇〇円

東大寺修二会の構成と所作 全四冊 東京文化財研究所芸能部編 上中下各一四〇〇〇円 別巻 一六〇〇〇円

悔過会と芸能 佐藤道子著 一四〇〇〇円

中世初期 南都戒律復興の研究 蓑輪顕量著 一六〇〇〇円

価格税別

法藏館

ザ・グレイトブッダ・シンポジウム論集第三号
論集 カミとほとけ―宗教文化とその歴史的基盤―

二〇〇五年十二月十日 初版第一刷発行

編 集 GBS実行委員会

発 行 東大寺
〒六三〇―八五八七
奈良市雑司町四〇六―一
電 話 〇七四二―二二―五五一一
FAX 〇七四二―二二―〇八〇八

制作・発売 株式会社 法藏館
〒六〇〇―八一五三
京都市下京区正面通烏丸東入
電 話 〇七五―三四三―五六五六
FAX 〇七五―三七一―〇四五八
振 替 〇一〇七〇―三―二七四三

The Gods and Buddhas: Religious Culture and Its History:

Papers from the Great Buddha Symposium No.3

The Hachiman Deity and the Development of Early Shinto Images

Ryusaku NAGAOKA

It is commonly accepted that Buddhism influenced the development of Shinto images, however, studies in this area have been insufficient. This paper examines the development of Shinto images, through the deity Hachiman, whose image was constructed for similar motives, rituals, and functions as Buddhist images. In particular, the *Hachiman Keka* (the repentance rite to Hachiman), which was held in the first year of the Tenpyō Shōhō era (749), attested that he was venerated in order to expel transgressions in the same way as Buddhist deities were venerated.

Images of Hachiman appear in two general types. One manifestation is that of a lone, old Buddhist monk; the other is that of a young monk accompanied by one or two female deities. The painting of Hachiman from Jingo-ji Temple represents the former example, while the Hachiman Triad from Tō-ji represents the latter. The difference between these two paintings, attributed to Kūkai (774-835), can be found in their function. The former painting appears to have been used at the Konpon-dō Hall of Jingo-ji in *fusatsu* meetings, in which the Buddhist teachings and precepts are expounded to the monastic order and which also involves repentance. In contrast, the latter, according to the legend of Empress Jingū, was created in the form of a guardian deity to show his efficacious power against the Silla army.

Tracing the Multiplicity of Syncretism:
The Construction of the Great Buddha and Concepts of Gods in Japan

Tadashi MITSUHASHI

The construction of the Great Buddha—initiated on the basis of Emperor Shōmu's (701-756; r., 724-749) understanding of Buddhism—became a protracted undertaking, which resulted in many Shinto-Buddhist syncretic manifestations and practices. Examples include the consecration ceremony for the structural framework of the Great Buddha at the detached palace Shigaraki-no-miya during its early period, which reflected a pre-Buddhist "pillar" ritual from the Kofun period (c. 260-c. 590); the Court's incorporation of indigenous *sangaku shinkō* (belief in sacred mountains) practices in selecting a site to reinstate the Heijōkyō capital; and the entrance of the deity Hachiman into the capital when the Great Buddha was completed in 749 as recorded in *Shoku Nihongi* (The Continued Chronicles of Japan). *Shoku Nihongi* tells of an Imperial decree that announced an oracle that the Hachiman deity would bring together all the deities of heaven and earth to fulfill the Imperial wish to build the Great Buddha. These events indicate a feature of Shinto-Buddhist syncretism in the Nara period—that is, its practices preceded the recording of its ideas, a process that can be understood as the diverse and multifaceted nature of Shinto-Buddhist syncretism. The *Shoku Nihongi* entry on the Hachiman deity entering the capital, however, poses problems as a historical source; specifically the section on the Imperial decree that records the Hachiman oracle. The highly apocryphal content of this entry appears to have been added later at Todai-ji. In this paper, I reexamine the documentation of early syncretic thought in Japan through this problematic section.

Shinjin Ridatsu and the *Keka* Repentance Ritual

Michio KAMIKAWA

Buddhism in Japan from around 730 to the latter half of the ninth century can be marked by the government's policies of propagating Mahayana precepts on a national level. During this period, the Japanese government advocated and systematized lay precepts. In particular, it held the repentance ritual called *keka* (confession of transgressions against the Three Buddhist Treasures of Buddha, Dharma (Teaching), and Sangha (Community)) on many occasions to promote the unifying concept of Sangha, the Buddhist fellowship. The explanation of the mythological dimension behind this idea laid in *shinjin ridatsu*, the concept based on the legend that the Japanese gods repented their sins and were saved by becoming Buddhists. Through the act of *keka*, the gods set an example for people to also become Buddhists.

In practice, *keka* rituals were held at the Imperial Daigokuden and Seiryōden halls, the Daijōkan Office of State Council, and various other government offices, as well as the national *kokubunji* temples under directives from the political center during times of crisis such as natural disasters, pestilence, and foreign invasions, such as the tense military situation with Silla, which were major factors of social unease. As a result, the ritual of *keka* was used by the government as a countermeasure to propel political cooperation of its lay participants.

The Formation of Buddhist Images: The Development through the Receptivity of Foreign Religions

Akira MIYAJI

Buddhism was not originally a religion based on the worship of the refuge in absolute or transcendent, supranatural beings. However, as Buddhism began gaining both monastic and lay followers, the fusion of faith in the historical Buddha Śākyamuni, the philosophical and doctrinal development of Buddhism (especially Mahāyāna Buddhism), and the receptivity of other religions and cultures, led to the rise and formation of various Buddhist images as objects of worship. Part I analyzes the close relationship between Buddhism and the *Caitya* cult indigenous to India prior to the creation of Buddha images and the unity of those beliefs and practices that led to Buddhism initially taking root in India. Part II focuses on the factors that contributed to the creation of Buddhist images in Gandhara and in Mathura, and clarifies how these sculptures took as its inspirational source ascetics/monks, kings, and gods through the social and cultural conditions of a respective region. The origin of the images of past Buddhas and Mahāyāna Buddha images are also considered. Part III shows that the bodhisattvas Maitreya and Avalokiteśvara developed through the fusion of Mahāyāna concepts of bodhisattvas and ideas and images of Brahmā and Indra. The origin and transformation of Myō-ō (*Vidyārāja*) and Ten-bu (*Deva*) images are also discussed from the viewpoint of the receptivity of different religious thoughts.

Conceptualizing Gods and Buddhas in Early Tang-dynasty China

Miki KUNO

This paper explores the conceptual background in the formation of Chinese Buddhist and political models of the Tang dynasty, which influenced Tenpyō-era Buddha images, the first to be produced in Japan, starting with the Great Buddha of Tōdai-ji. It is thought that early Tang Buddhists believed in two godlike existences: (1) gods called "heavenly honored [one]" (*tenson*) or "heavenly kings" (*tentei*); and (2) the Dharma-body (*hosshin*), the body of the Buddhist teachings or the manifestation of all existences, which developed from the concept of the historical Buddha Sakyamuni's physical body. The early Tang emperors appear to have formatively and politically created images by superimposing themselves with the gods and buddhas. At the same time, when conceptualizing early Tang Buddhist art, there exist images that are undistinguishable whether they represent Sakyamuni, Maitreya, or Amitabha, which indicate that the various Buddhas overlapped and were venerated as such. In viewing Buddhist art, such theory suggests the importance of examining the "Buddhas," "native gods," and "sovereignty," and how these concepts were superimposed and worshipped in early Tang-dynasty China.

Views of the Soul in Ancient Japan

Satoshi KAWANO

Concepts of the soul in ancient Japan greatly changed with the transmission of Buddhism. Buddhist views of the soul greatly differed from those of the ancient Japanese. For example, the Buddhist "eye-opening" ritual brought "life" to an image by calling its spirit to enter the image. Although it was problematic in ancient Japan that the spirit in the "eye-opening" ceremony was that of a Buddha and not a human being, early historical sources indicate that such a ritual was held for the Great Buddha at Tōdai-ji during the Nara period.

In this paper, I traced the origins of the eye-opening ceremony in China and India, then surveyed ancient Japanese views of the soul prior to the transmission of Buddhism by looking at the souls that represent the character or nature of the dead as well as various ranks of soul, such as the quality or nature of the soul, the power of the spirit, and the power of spells. After Buddhism was introduced to Japan, the Buddhist ritual for the dead, *Urabon*, came to be held as a rite that powerfully signified Buddhist views of the spirit. Although this ritual is practiced to the present day, such ancestral worship has been widely carried out throughout East Asia and is not unique to Japan. Lastly, I looked at views of the soul from the Six Dynasties period in China that strongly influenced ancient Japan and examined together with ancestor worship in Japan.

Barabudur Temple and the Buddhist *Mandala*

Timbul Haryono

Barabudur is one of the seven man-made wonders in the world and is registered as a world heritage. This unique Buddhist temple is the largest in Java and is a product of cultural achievement in early ninth century AD. The architecture of Barabudur temple looks like 'step-pyramid' rests on a quadrangular plan with projections on each side. The processional walks as well as each of the first three galleries have repeated projections. As soon as one enters the first gallery there appears to be a major starting point for our circumambulations. The way to circumambulate around the structure is to walk to the right with one's right shoulder facing the building as shown by the relief, thus showing respect and moving 'clock-wise', i.e. in agreement with the course of the sun. This direction is called *pradakshinā* (from *dakshinā*, 'right', 'right side'), which is connected to the idea of 'endlessness', 'eternity', 'totality', in the way that a circle or circular movement has neither beginning nor end.

Candi Borobudur consists of ten terraces of six quadrangular and four circular terraces (including the main stūpa). The stūpa plan of Borobudur seems to represent a *mandala*. The *mandala* is basically a circle inscribed within a square, drawn on the ground with colored powders or outlined with threads or, for convenience, drawn as a painting on cloth or paper. It is a centered space used for ritual action. The oriented plan of the stūpa is a *mandala*. *Mandala* may be regarded as a microcosm, a much-reduced replica of the universe. All gods who manifest themselves in this universe have their fixed places in the *mandala*: the Highest God in the centre is a personification of the Ultimate Reality, of Oneness. The various gods located all around are his successive manifestations.

Barabudur is fundamentally a stūpa. In a whole, the temple could be related to the *tri-dhātu* (the triple world realms) concepts. Whether Barabudur is *mandala* or not has been debated among scholars. Some authors state that Barabudur symbolizes a mandala. Snellgrove wrote that stūpas such as Barabudur correspond to the pattern of a *mandala* but is not intended for ritual consecration. Lokesh Chandra concluded that Barabudur is a representation of the *Vajrā-dhātu Mandala*. Moreover, he stated that this *mandala* is of the Vajrāyāna School because the 504 Buddha statues of Barabudur can be equated to the symbol of a thousand Buddhas in the *Vajrā-dhātu Mandala*.

M. J. Klokke disagrees that Barabudur is a *mandala* and therefore suggests that it is not a monument of Vajrayāna Buddhism. Based upon a contextual approach, the arrangement of the various terraces, which occur as concentric circles and squares in the groundplan, does not conform exactly to the arrangement of the squares and circles of any *mandala*. Also, the five cosmic Buddhas play a prominent role in the number of *mandala*. However, none of these account for the sixth Buddha in *vitarkamudra*, which is present in Barabudur. From the viewpoint of the relief, Klokke said that there is no *mandala* in which narratives play such a prominent role as they do in Barabudur.

Hudaya Kandahjaya is of the opinion that Barabudur is a *mandala*. He started by studying Amoghavajra's interpretation of the *Mahavairocana Sutra* in the construction of *Garbha-dhātu Mandala* and Vajrabodhi's description on how to construct a *Vajrā-dhātu Mandala*. He found that Vajrabodhi's and Amoghavajra's description of the *Vajrā-dhātu* and *Garbha-dhatu Mandala* corresponds to Barabudur's case. Barabudur is said to be a solid *mandala*. It embodies the *mandala* of the five Buddhas of Victory (*jina-buddha*), each of whom rules over a direction: Vairocana, "the Sun" or "the Brilliant", is at the centre; Ak-

sobhya, "the Unshakable", is in the east; Ratnasambhava, "Jewel Birth", in the south; Amitabha, "Infinite Light", in the west; and Amoghasiddhi, "Attainment that is not void", in the north. The plan of stūpas such as this, with the five *jina* Buddhas are expressions of *Vajrā-dhātu-Mandala* (Diamond World Mandala).

Buddha statues in niches at each cardinal direction in Barabudur number 108 statues. Also, the radius of the dome (*anda*) of the central stūpa is one third of the radius of the circular terrace in the ninth level. Moreover, the top view or the shape of the balustrades from the first level up to the sixth level resembles the shape of the *vajra* lines as described by Vajrabodhi. Buddhism does not view the *Vajrā-dhātu* and *Garbha-dhātu Mandala* as two separate *mandalas* but as two sides of the same coin. the *Garbha-dhātu Mandala* demonstrates principle, while *Vajrā-dhātu Mandala* represents knowledge. The distribution of 504 Buddha statues and 1460 panels of relief at Barabudur follows a geometrical calculation as prescribed by Amoghavajra in a construction manual for laying out the *Garbha-dhātu Mandala*.

Lastly, I preseut the idea of Barabudur as the 'Diamond World Mandala' (*Vajrā-dhātu Mandala*). The Diamond World Mandala consists of nine separate *mandalas*. The central one is sometimes said to symbolize the jewel tower on Mt. Sumeru. Barabudur's form and hilltop location recall the setting of the jewel tower on the summit of Mt. Sumeru. The statues in the niches on the balustrades, which face the four compass directions, correspond to the four buddhas who surround the Supreme Buddha in the Diamond World Mandala. The layout of the stūpas of Barabudur corresponds to that of the *mandala* in which it consists of a domical stūpa supported on three circular terraces that are in turn supported by five square terraces, rising one above the other to form a stepped, truncated pyramid with stairways rising to the upper terraces on each of the four sides. This allocation of Buddhas is also the same as that found in the Diamond World Mandala, where four Buddhas surround a central Mahāvairocana in the same direction as at Barabudur.

第３回 ザ・グレイトブッダ・シンポジウム

平成16年12月18日（土）《研究シンポジウム》

１．華厳思想セクション

総　括：木村清孝（東京大学名誉教授・国際仏教学大学院大学教授）
報　告：堀伸一郎（国際仏教学大学院大学国際仏教学研究所副所長）「中央アジア出土『華厳経』サンスクリット写本」
コメント：松田和信（佛教大学教授）
報　告：河野　訓（皇學館大学助教授）「古代日本の霊魂観と仏教」
コメント：吉津宜英（駒澤大学教授）

２．美術史学セクション

総　括：紺野敏文（慶應義塾大学名誉教授）
報　告：稲本泰生（奈良国立博物館企画室長）「中国仏教美術にみる神と仏―神仙と鬼神の図像を中心に―」
報　告：長岡龍作（東北大学教授）「『僧形』の神―古代日本の神のかたち―」
コメント：山岸公基（奈良教育大学助教授）
　　　　　藤岡　穣（大阪大学助教授）

３．《記念講演》

ティンブル・ハリョノ（ガジャマダ大学教授・インドネシア）「ボロブドゥールと曼荼羅」

平成16年12月19日（日）

４．歴史学セクション

総　括：栄原永遠男（大阪市立大学教授）
報　告：三橋　正（明星大学助教授）「大仏造立と日本の神観念―神仏習合の多重性を探る―」
報　告：上川通夫（愛知県立大学教授）「神身離脱と悔過儀礼」
コメント：和田　萃（京都教育大学教授）
コメント：堀　　裕（大阪樟蔭女子大学助教授）

５．《東大寺国際シンポジウム》

総　括：小林圓照（花園大学教授）
進　行：下田正弘（東京大学助教授）
基調講演：宮治　昭（名古屋大学教授）「ほとけたちの誕生―異宗教（カミ）の受容と展開―」
パネラー報告：久野美樹（女子美術大学非常勤講師）「初唐造形の思想的背景にある「カミとほとけ」についての試論」
全体討論会
パネラー：斎藤　明（東京大学教授）
　　　　　高橋孝信（東京大学教授）

ボロブドゥール寺院と仏教曼荼羅

ティンブル・ハリョノ

1　背　　景

ボロブドゥール寺院（チャンディ・ボロブドゥール）は世界で最も印象深い大建築物の一つとしてユネスコ世界遺産にも登録されている、ジャワ島では最大の仏教寺院である。その独特なたたずまいは九世紀初頭の文化の集大成として、プランバナンのヒンドゥー寺院と共に中部ジャワ地方の輝かしい歴史を今に伝えている。(Poesponegoro and Nugroho Notosusanto 1984）しかしながら奇妙なことに、この寺院の一辺はある程度の長さを持つにも拘わらず、その高さは他のいかなるジャワ王朝時代の建造物よりも低いのである。現在の全高は31.5m、突起部を含めると一辺の長さは113mで、軸線の長さは123mである。一方もともとの高さは42mに達していたと推測される。最初の設計では一辺の長さは現在より短く、従って建物全体の傾斜はより急であったと考えられるが、その後基壇の周囲に右繞廻廊（*pradaksinapatha*）が設けられ、それによって旧基壇は隠されてしまった（Dumarçay 1978)。

ボロブドゥール寺院の立地にも特別な意味合いがあったと推測される。インドにおいてガンジス川とヤムナ川の合流地点が聖地とされていたことを真似て、この寺院もプロゴ川とエロ川の合流地点付近に建てられているのである。二本の川の合流場所を聖地と見る信仰があり、現在でも特別な時には人々はこれらの川で沐浴をする習慣がある。また、プロゴ川とエロ川流域では建築に使用された黒色の安山岩を産していることもあり、中部ジャワ地方のほとんどの寺院はこれらの川の近くに建てられている。一方ボロブドゥールが位置しているケドゥ盆地は肥沃な土地であり、そのことも寺院の位置決定に関係したかもしれない。この土地は南方のメノレ山、北東のメラピ山（標高2911m）とムルバブ山（標高3142m)、そして北西のスンビン山（標高3371m）に囲まれており、メラピ山以外はすべて死火山である。ボロブドゥールから南へほんの数キロメートルのところに位置するメノレ山が天然の障壁をなしているが、人々はこの山の稜線はボロブドゥールの伝説的建築家であるグナダルマの横顔を表していると信じていた（Bernet Kempers 1976：11-12)。

2　遺跡の再発見と修復

ボロブドゥールを紀元800年頃に建設したインド・ジャワ系王朝は930年頃にはジャワ島中部を放

棄したので、この大建造物のその後の歴史はほとんど全く知られていない。マジャパヒト王国のラジャサナガラ（別名ハヤム・ウルク）王を讃える頌徳詩である『ナーガラクルターガマ』（1365年）の第77偈には金剛持宗仏教団の領地としてブドゥル（Budur）という地名が現れるが、これはボロブドゥール寺院のこととも考えられる（Pigeaud 1962）。いくつかの目透かし格子の仏塔から発見された東ジャワ時代の中国の貨幣と合わせて考えると、14世紀頃にはボロブドゥールを訪れる人もいた可能性がある。

その後1709年か1710年頃、キ・マス・ダナという名の反逆者が「ボロブドゥール山」にひそんだが捕えられた、との記述が、ジャワ島の史書「ババド・タナ・ジャウィ」に見られる。別の文献には、1757年あるいはその翌年に、あるジャワの王子が「おりの中の貴人」を見るために「千の彫像」を訪ねた、との記述がある（Krom 1927：31-32）。不吉なことにこの訪問の後ほどなく、王子は死んでしまった。「おりの中の貴人」とは、おそらく目透かし格子の仏塔の中の仏像のことであろう。地元の伝承では、最上層の仏塔内の仏像の一つに手を触れると幸運が訪れるといわれる。このことは当時、いくつかの仏像はまだ外部から見えていたことを示している。19世紀初頭にはここで宗教儀式が執り行われており、香がたかれ、花が上層の仏像に捧げられていた。現在に至るまで最も人気があるのは東面の階段を上って最上部の第一円壇に達した右側にある仏像で、この像は『マハーバーラタ叙事詩』に登場するパンダヴァ兄弟の二番目の王子にちなんでビマと呼ばれている。

19世紀の報告では、当時ボロブドゥール寺院は樹木に覆われ、廻廊は部分的に土に埋まっていた。荒廃の原因としてはまず地震が考えられる。地震帯がスマトラ島、ジャワ島、そして小スンダ諸島を通っており、火山も多い。実際、ボロブドゥールが位置するケドゥ盆地も幾つかの火山に取り囲まれている。20世紀の間だけでも、この地域では1923年、1924年、1936年、1943年、そして1961年に地震があった。もう一つ寺院にとって有害なのが降雨で、この地域の年間降雨量は2200㎜以上であり、年によっては3000㎜に達することもある。

ジャワ島中央部に眠る大きな遺跡を再発見したのはトーマス・スタンフォード・ラッフルズ（Thomas Stamford Raffles）卿であった。彼は1811年から1816年まで、ジャワ島がイギリス統治下にあった期間、副総督として赴任しており、1814年にジャワ島北部のセマランを訪れた際にボロブドゥール寺院について初めて耳にした。

ラッフルズはただちに彼のオランダ人副官で軍事技師であり、数年前にプランバナン遺跡の調査に携わっていたコルネリウス（H.C.Cornelius）に調査を命じた。200人以上の労働者により木々が切り倒され、灌木は焼き払われ、転がっている石は動かされた。これらの作業はラッフルズの後継者達により、1817年から1822年の間にも行われている。1822年頃までには遺跡の配置は判明し、廻廊を覆う土が取り除かれてから1835年に訪問者に公開された。

19世紀中頃には、破壊された中央のストゥーパの上に訪問者のための東屋のようなものが建てられていた。英国統治の後、ブリュッセル出身の画家パイアン（A.A.Payen）がこの地で公的な立場でしばらく働いているが、1820年頃にボロブドゥールの絵を残している。アマチュア画家のジーブルフ（H.N.Sieburgh）が1837年から1842年頃にかけてジャワ島を旅行した際にも寺院の記述や絵な

どが残された。1849年から1853年にかけては製図家のウィルセン（F.C.Wilsen）がシェーンベルグ・ミュラー（G.Schönberg-Müller）の助けを得てボロブドゥールについての詳細な調査を行っており、この折に記録された千点もの浮彫は、ライデン考古博物館館長のレーマンス（C.Leemans）によって刊行された、同遺跡についての最初のモノグラフに収録されている。1873年には、著名な写真家であるファン・キンスベルヘン（I.van Kinsbergen）がガラス乾板に浮彫や彫刻を複写している。彼はまた廻廊の一部を発掘し、そこで200もの保存状態の良い浮彫を発見した。その後、ファン・エルプが円壇の幾つかの石を移動させた。

1882年には遺跡から浮彫をはがして博物館に納める案が出されたが却下された。1885年には極めて重要な発見があった。イーゼルマン（J.W.Ijzerman）により、寺院の旧基壇が発見されたのだ。この隠れた基壇は160もの浮彫パネルによって飾られており、1890-1891年にはセファス（K.Cephas）による写真撮影のためにすべてが発掘された（Krom 1927：41）。1900年には寺院を更なる破壊から守り、その保存方法を探るため、ブランデス（J.L.A.Brandes）博士を委員長としてボロブドゥール委員会が設立された。メンバーのなかには公共事業省のファン・デ・カメル（B.W.van de Kamer）と若い技術将校であるファン・エルプ（Th.van Erp）中尉が含まれていた。まず、最大の問題である雨から寺院を守るために、鉄板を使用したピラミッド型の屋根で全体を覆う案が出された。雨水は石の壁や床にしみ込み、濡れた壁は苔や藻の生育を促していたし、ミネラル分が表面に浮き出ることにより石はもろくなっていたのだ。しかし、結局この案は採用されなかった。

1907年から1911年にかけて、ファン・エルプによりボロブドゥール寺院の修復が初めて行われた。円壇と目透かし格子の仏塔がいったん解体され、再建されたが、内部の仏像をよく観察できるように、二つの目透かし格子仏塔は再建されなかった。第五層の欄楯もまた全長にわたって解体、再建された。合計432の仏龕のうち151は完全に復元され、41の枠が再建された。一方塔門に関しては、合計24のうちほんの幾つかしか完全に復元できなかった。失われた数多くの彫刻の施された石、特に鬼瓦や彫像の頭部は新しいものとは取り替えられなかった。それは、オリジナルの偽造と見なされるので、古代遺跡では行われるべきでないことだからだ。バーネット・ケンパースは「中部ジャワの大建造物は古代の遺跡であり、それらは当時の素材を使用して同じ場所に注意深く修復かつ再建されるべきだが、決して偽の素材と見分けがつかないようにされてはならない」と述べている（Bernet Kempers 1976）。古代遺跡を訪れる人が目にするものはすべて本物であるべきなのだ。

修復の場で許容されることとされないことについてのファン・エルプの考え方は、彼の後継者達に引き継がれた。彼の慎重さの一例として、中央ストゥーパを挙げることができる。これは時とともにほぼ完全に崩れてしまったため、大体の姿を図面に復元することは可能であったが、細部に関しては不確かであった。そのため彼は推測で復元することを避けたのである。ファン・エルプの遺跡の復元に対する考え方は、当時のオランダで主流であった考え方よりもずっと進歩的なものであった。その三十年後、当時の考古局長官であったスタッテルハイム（W.F. Stutterheim）博士がボロブドゥール寺院に新しい仏塔を加える計画を立てたが、博士の死去によりその計画は放棄され、現在に至っている。1929年には作業部会がボロブドゥールの現状に関する詳細なレポートを作成し、

それ以来寺院を保存するための努力が払われてきた。1948年にインドネシア考古局はインドから二人の専門家、シヴァラマムルティ（C.Sivaramamurti）とスリニヴァサン（K.R.Srinivasan）を招き、ボロブドゥールの現状の調査を依頼した。

調査の結果、石材の背後に水がたまり、土が泥と化したために幾つかの壁が後方に傾き、あるいははみ出ていることが判明した。インドネシア考古局は寺院全体を解体し、土台を補強したうえで再建する案を出し、国際的な協力が得られるようユネスコに依頼した。この解決策の要は、コンクリート製の平板やリングで方形壇をそれぞれ支えることにある。建造物の芯部、盛り土と石材の間には、内部から表面の石材へと水がしみ出るのを防ぐためのフィルター層が設けられた。円壇に関しては、特別な保護は必要ないと判断された。作業は国際的な協力のもと、1965年に開始された。それは、ボロブドゥール遺跡が全世界の遺産であることを示している。1983年にはスクモノ（Soekmono）長官の指揮下、全ての作業が終了した。

ボロブドゥール寺院は階段ピラミッドの形をしており、ピラミッド部分は各方向に張り出しのある四角形の壇の上に乗っている。現基壇、そしてその上の方形壇はすべて張り出し部分を持ち、そのそれぞれに堂々とした塔門がある。最初の廻廊に入ったところが寺院の巡礼の起点となり、巡礼者は右肩を浮彫に向けて右方向に、すなわち太陽の運行のように時計回りに進まなければならない。この方向はプラダクシナ（*pradakshina*「右繞」・—*dakshina*は「右」「右側」の意）と呼ばれ、円には始まりも終わりもないことから、聖域におけるそのような動作は永遠や完全、更には生命や死後の生といった概念と関係があるとされている。逆に反時計回り（*prasvya*）は生命とは反対の意味を持っており、従って死に関連した儀式に現れる。(Bernet Kempers 1959；1976)

寺院の土台は幅３mほどの外縁部の廻廊に取り囲まれており、この廻廊にあがる階段は、寺院頂上部までまっすぐに上る主階段にそのままつながっている。現在では崩れ去ってしまったが、元々は他の廻廊にあるのと同じような塔門が存在したものと考えられる。方形壇のそれぞれにある廻廊には、浮彫で飾られた欄楯と、その上部には仏龕に納められた高さ約1.06mの仏像がみられる。円壇には欄楯はなく、青空にそびえ立つ格好である。

現在は隠れている最下部の基壇には『分別善悪応報経』をもとに、人間の行い（*karma*）に基づく因果応報の物語、地獄の苦しみや極楽の楽しみなどが浮彫で表現されている。欄楯の上部の仏龕に納められた仏像に関しては、第一廻廊と第二廻廊のそれぞれに104体ずつ、第三廻廊に88体、第四廻廊に72体、そして第五廻廊に64体の仏像があり、合計432体である。円壇には合計72（32＋24＋16）もの釣り鐘型の目透かし格子の仏塔があり、内部に仏像が納められている。寺院全体の中心でもある三層の円壇の中央部には大きな仏塔があり、これが最も重要なストゥーパである。三つの円壇の半径はそれぞれ25.60、19.20、13.40mであり、そのそれぞれに一列ずつ並ぶ仏塔は高さ3.50-3.75mである。

3　名称と意味

「ボロブドゥール」(Barabudur) という名の由来は謎とされており、多くの仮説が出されてきた。

ペルバチャラカ（Poerbatjaraka）は「バラ（Bara）」は寺を意味する「biara」、「budur」は古代インドネシアの地名であろうと考えている。一方スタッテルハイムは「budur」は「出っ張り」を意味するとしている。この地名は「丘の上に建てられた僧房」を意味するという訳で、実際この寺院は小さな丘の上に建てられている（Stutterheim 1929；1956：13-17）。他にもボロブドゥールの名は「沢山の仏陀」を意味する「パラ・ブッダ（para Buddha）からきているという説もあり、仏龕や目透かし格子の仏塔の中の504体の仏像の存在はこの説に合致しているように思われる。更に別の人々は、「ヴァラ・ブッダ（Vara Buddha）」すなわち「よろこびの仏陀」という意味を当てはめている。

デ・カスパリスは、ボロブドゥールという地名は「*kamulan i bhumi sambhara [buddhara]*」に由来すると考えている（De Casparis 1950：169）。この文は842年に年代づけられる碑文に現れ、「ブーミサンバーラという名の聖域」という意味である。「カムラン」とは「（シャイレンドラ朝の）故郷の地」、「ブーミサンバーラ」とは壇を伴う建築物の形のことか、あるいは「悟りの因を助ける様々な善法」または「菩薩の十地の修行の成果（の積み重なった山）」と解することも可能である。実際、ボロブドゥールの土台は三つの丘が安山岩や凝灰岩などで埋められ、拡大されたもので、中央の丘の一方を掘り起こし、他方を補強することによって壇が形作られた。

フダヤ・カンダヒャヤは「*bara*」の由来をシンハラ語の「*vihara*」としている。彼によればこの単語はその後「*vahara*」、「*vara*」そして「*bara*」に変化した。「*budur*」の方はスリランカの地名ブドゥルヴェガラ（Buduruvegala）に関連づけている。「*Budu*」はサンスクリット語の「*buddha*」、「*ruve*」は「*rupa*」に対応し、「*gala*」は「石」の意味としている。*Buduruve*はその後「*buduru*」次いで「*budur*」に変化したというのだ。従って、ボロブドゥールは「すばらしい仏陀ルパ」を意味するとしている。このことは、かれの研究テーマでもあるカユムウンガン（Kayumwungan）の碑文とも一致する（Kandahjaya, 2004：143-148）。

4　重要な仏教遺跡

ボロブドゥール寺院、あるいは現地の人々が呼ぶところのチャンディ・ボロブドゥールには六つの方形、そして四つの円形の壇（頂上のストゥーパを含む）がある。ジャワ語でチャンディ（Chandi）は「寺院」を意味し、ヒンドゥー教の女神チャンディカからきているが、しかし多くのジャワの人々にとり、宗教を問わずすべての古い寺院はチャンディである。外縁部に位置する高さ1.32m、幅３mの基壇は旧基壇を覆っており、俗界と聖域の境界をなしている。ここから見上げると、第一廻廊の欄楯の外側にヤクシャ、ナーガ（神話上の蛇）、ヴィジャーダラ、アプサラ、ガンダルヴァその他の仏教世界のさまざまな半神の姿が彫られているのが見える。

上層の廻廊の場合とは異なり、第一廻廊の欄楯の仏龕頂部にはストゥーパではなく「宝塔（*ratna*）」の装飾が見られる。廻廊の幅はすべて等しく、約２mである。一方第一廻廊の主壁はそれ以外の廻廊よりずっと高く、3.66mであるのに対して、それより上部の壁はそれぞれ高さ2.94、2.62、2.54mである。主壁、欄楯の内側の双方に刻まれた浮彫は計1300パネル（『方広大荘厳経』が120パネル、

ジャータカおよびアヴァダーナ説話が720パネル、『華厳経入法界品』が388パネル、『普賢行願讃』が72パネル）にのぼり、隠された旧基壇には160パネルあるので、合計1460パネル、長さにして約3㎞にわたる。

装飾パネルは1212点あり、廻廊では2500m、旧基壇では400mを占めている。第一廻廊の主壁と欄楯にはそれぞれ上下二列の浮彫が見られるが、他の廻廊では浮彫は一列ずつしか見られない。塔門は最初の設計では16あった。雨水を流すための巨大な水落ち口は合計100個あり、それらはマカラ（怪魚、基壇の主壁部）あるいはカーラ（鬼面、各廻廊の主壁のコーニス部）の形に彫られていた。その他にも1740点の三角形の装飾、324点のラトナ、1472点の小ストゥーパ、32点のライオン（すべて同じ高さで1.25m）があり、この寺院の建設に使用された石材は合計約二百万個におよぶと見られている。

5　旧基壇の浮き彫り：分別善悪応報経

旧基壇を飾る浮彫は大変興味深いものである。この部分は廻廊として整備されたが、途中で設計が変更された。フォンテイン（J.Fontein）は、これは建物の崩落を防ぐために基壇部分の補強が必要であると考えられたか、あるいは宗教上の理由で外縁廻廊の構築が意図されたためであろうと述べている（Kandahjaya 2004）。『カユムウンガン碑文』（カランテンガ碑文としても知られている）を再調査したカンダヒャヤは、同碑文の第6-8節に建設計画の変更が示唆されていることを発見した。これは実際の考古学調査の結果とも一致しており、それらによると寺院の上部と下部の双方で変更があったようである。第8節ではサマラトゥンガ王が寺院の下部を拡張したことが述べられている。（Kandahjaya 2004：130-140）

旧基壇の浮彫の内容は、フランス人研究者レヴィ（S.Levi）が『分別善悪応報経』に基づくものと同定した。仏教の考え方では、我々が住む世界は実際には現象的なものにすぎず、因縁や外部の変化に深い影響を受けている。人間を含めてあらゆるものは移り変わるものであり、いろいろな要素が常に組み合わせを変え、そして相互に作用している（ダルマ）。特定のダルマは因果応報（カルマ）によって説明され、業に基づく十二因縁が輪廻を決定付ける（Fontein 1989）。誕生、老い、死、そして輪廻は人間の業であり、人間が目指すべきは輪廻の鎖を断ち切ることである。（Bernet Kempers 1976）

大乗仏教には因果応報を詳しく説明する幾つかの経典があり、その一つ、ボロブドゥールの旧基壇の160ものパネルに表現されている『分別善悪応報経』ではカルマの働きが描写されている。1940年代以降、南東隅の四つの浮彫パネルのみ、訪問者が見られるように露出したまま残されている。浮彫パネルはそれぞれ幅約2m、高さ67㎝の大きさで、常に最初にある行動が、ついでその結果が示されている。善因善果、悪因悪果の両方が描写されており、それらは二つに分類される。

浮彫番号1-117番では様々な行動が同じ結果をもたらすことが示されており、逆に118-160番では特定の行動が様々な結果を引き起こすことが示されている。その例としては、生命の長短、苦痛の多寡、不具や優雅さ、生まれの低さ、貧富、地獄への再生、動物や霊や人間としての再生などをも

たらす行いが挙げられる。善因善果の例として、特別の贈り物、放浪者の精神的な生き方、僧院の崇拝などが挙げられる。

35のパネルには古代ジャワ文字で47の短い刻文が見られる。これは彫刻家がパネルにどの場面を刻むか忘れないためのメモであったのか、あるいは巡礼者のための説明であったのかもしれない。もともと、旧基壇のすべてのパネルの上部にはこのような碑文があり、「*vyapada*（悪い望み）」、「*svargga*（極楽）」、「*ghanta*（鐘）」、「*cakravartti*（世界の王）」、「*chatradana*（傘の奉納）」、「*vastradana*（衣服の奉納）」、「*anjali*（敬意を表する）」、「*virupa*（悪い顔）」、「*pataka*（旗）」などが読み取れる。これらの碑文は８世紀のものであると考えられる（Krom 1927, vol.I）

旧基壇の浮彫の役割は、巡礼者に善悪の因果応報を知らしめ、また生の苦しみから逃れた解脱の素晴らしさを示すことによって、寺院に上がる準備をさせることであったと考えられる。

6　ボロブドゥールは大ストゥーパである

「ストゥーパ」（Stūpa）という単語は「蓄積する」「集める」を意味する「√stūp」から来ている。建築学的には、これは仏舎利を納めたピラミッド型またはドーム型の建造物であり、仏教寺院によく見られる（Snodgrass 1985）。また奉納品や聖遺物入れとしてミニチュアのストゥーパが作られることもあった。ストゥーパの建設は功徳を積む行いであり、多くの大乗経典がその結果としての極楽への転生や長命について述べている。幾つかの経典では、幼児が遊びの中で砂を盛り、勝利仏ジナへの奉納の気持ちを込めて作った場合でさえも解脱を可能にすると説いている。これはストゥーパが仏法と同一視されるからである。

ストゥーパには、仏舎利その他の仏法の象徴となるものを納める聖遺物入れ、釈迦の生涯における出来事を記念するモニュメント、そして奉納品としての三つの用途がある。初期の伝えによると釈迦が涅槃に入った後、遺体は荼毘に付され、遺灰を巡って八人の王たちが相争った。バラモン僧のドロナが遺灰を八つに分けることによって争いを解決し、王達はそれぞれの国で遺灰を納めるストゥーパを建立したという。ドロナは遺灰の入っていた容器を納めるストゥーパを建立した。

だがすべてのストゥーパが聖遺物を納めている訳ではなく、釈迦の生涯で重要な出来事の起きた地を記念するために建立されることもあった。『大般涅槃経』によると釈迦は、入滅後に信者によって巡礼されるべき、そしてまたストゥーパが建立されるべき四つの場所を指定したという。それらは誕生、成道、初転法輪、そして入滅の地であり、それに応じてインドのカピラヴァストゥ（誕生）、ブッダガヤ（成道）、ヴァーラーナシーの鹿野苑（初転法輪）、クシナガラ（入滅）にストゥーパが建立された。それ以降、世界のあちこちに同様にストゥーパが建てられている。ストゥーパの構造は通常、底部の円形または方形の基壇、半円形の本体覆鉢、そして傘竿の三部分に分かれる。

『カムサデサヴャカラナ（*Kamsadesavyakarana*）文書』によると、これらの主要なストゥーパはそれぞれ八例ずつ含む二つのグループに分けられる。すなわち如来の八ストゥーパと仏舎利の八ストゥーパであり、仏舎利を納めない八大ストゥーパと納める八大ストゥーパとも称される（Dorjee 2001）。あるいは、八大聖地の大ストゥーパと八大都市の大ストゥーパとも呼ばれている。前者は

釈迦の生涯の八つの主要な出来事を記念して、ゆかりのそれぞれの地の住民が建立したものであり、後者はバラモン僧ドロナが仏舎利を八つに分けた後に各地に建立されたものである。しかし両方のグループのなかの幾例かについては、建立者、場所、名称について、研究者の見解が分かれている。(Dorjee 2001：11-16)

7　曼荼羅としてのストゥーパの配置

曼荼羅は宇宙を象徴しており、この世界のすべての神々がそこに定位置を持つ。中央の最高神は真理や宇宙の不変性を表し、周囲に配された神々はその化身である。サンスクリット語で曼荼羅は「円」を意味し、宗教儀礼が行われる中心のスペースのことである。通常四角形の中に描かれた円であり、地面に色粉で描かれたり糸で縁取りされたり、または簡単に布や紙に描かれたりする。ストゥーパの配置は曼荼羅と一致し、前者を配する儀礼は後者を描く作法と同じである。

クロムは、ボロブドゥールは基本的にストゥーパであると考えている（Krom 1929 vol.I：6)。スタッテルハイムは、同寺院は三界を象徴しているとし、その研究を925-950年頃に書かれたジャワ語仏典である『聖大乗論』に依拠している。ボロブドゥールが曼荼羅であるか否かについては研究者の間でも意見が分かれており、スタッテルハイム（1933)、シュネルグローヴ（Snellgrove 2000)、ロケシュ・チャンドラ（Lokesh Chandra)、ハッチントン（Huttington 2004)、フダヤ・カンダヒャヤ（Hudaya Kandahjaya 1995；2004）らはこれに肯定的である。シュネルグローヴは、ボロブドゥールの配置は曼荼羅のそれに一致しているものの、曼荼羅としての奉納が意図されていた訳ではないと述べている。ロケシュ・チャンドラは、ボロブドゥールは金剛界曼荼羅を表現していると考え、さらに寺院の504体の仏像が金剛界曼荼羅の千体仏の象徴と同一視されるため、この曼荼羅は金剛乗仏教のものと結論づけている。

クロッケはボロブドゥールが曼荼羅であり、金剛乗派に属するという考えに反対している。(Klokke 1995）彼女によれば、ボロブドゥールの円壇や方形壇の同心円状の配置はいかなる曼荼羅にも見られない。また多くの曼荼羅では五体の宇宙仏が重要な役割を演じているが、ボロブドゥールに見られる転法輪印の印相をなす六番目の仏はどこにも現れない。さらに、ボロブドゥールの浮彫のように物語が重要な役割を果たしている曼荼羅は存在しないとしている。

フダヤ・カンダヒャヤの大変重要で興味深い説明によると、ボロブドゥールの幾何学的な配置から考えて、同寺院は曼荼羅である（Kandahjaya 1995；2004)。彼はまず、不空三蔵による胎蔵界曼荼羅を作るための『大日経』の解釈と、金剛智三蔵による金剛界曼荼羅の作成方法についての記述を研究した。その結果、金剛智三蔵と不空三蔵によるそれぞれの曼荼羅の記述がボロブドゥールの状況に一致することを発見したのである（Kandahjaya 1995:28-34)。

ボロブドゥールのストゥーパは、それぞれがある方向を支配する五体の勝利仏（*jina-buddha*）の曼荼羅を体現している。すなわち毘盧遮那仏は中心、阿閦仏は東方、宝生仏は南方、阿弥陀仏（無量光仏）は西方、そして不空成就仏は北方である。このように五体の勝利仏を伴うストゥーパは金剛界曼荼羅を表していると考えられる。

両界曼荼羅を説明するなかでカンダヒャヤは、『金剛頂経』に基づいた金剛界曼荼羅の作成方法を述べている。それによると金剛智三蔵は、曼荼羅は四角形と円の組み合わせであり、四角は曼荼羅の境界を、円は金剛界と五体の仏をそれぞれ表すとした。中央の仏の円の半径は金剛界を表す円の半径の三分の一である。周囲の四つの仏の円は中央の円に一点で接するように上下左右に置かれており、また八本の金剛線が、これら四つの仏の円にそれぞれ一点で接するようにひかれている。曼荼羅の作成者は、世尊の数を37、あるいは108と定めることができる。

これらの点を比べてみると、ボロブドゥールの仏龕に納められている仏像は各方角に108体ずつある。また中央のストゥーパのドームの半径は最上層の円壇の半径の三分の一であり、更に基壇と五つの方形壇の欄楯を上から見ると、金剛智三蔵によって説明された金剛線に似通った配置となっているなど、類似点が多い。密教において金剛界曼荼羅と胎蔵界曼荼羅は同じ事象の二つの側面のように見なされており、胎蔵界曼荼羅は「理」を、金剛界曼荼羅は「智」を表すと考えられている。ボロブドゥールにおける504体の仏像と1460の浮彫パネルの配置は、不空三蔵が胎蔵界曼荼羅の作成において指示している幾何学的な構成に従っている。(Kandahjaya 2004：105)

8　金剛界曼荼羅としてのボロブドゥール

これまで多くの研究者がボロブドゥールの意味についてさまざまな仮説を出してきた。ある研究者は、この寺院は立体的な金剛界曼荼羅であると考えている。金剛界曼荼羅は九つの小曼荼羅により構成され、中央の曼荼羅は須弥山の宝楼閣を表しているともいわれる。実際、ボロブドゥールの形、そしてこれが丘の上に位置しているということは、須弥山上の宝塔を思い起こさせる。欄楯の上の仏龕に納められた四方を向く仏像群は、金剛界曼荼羅で中央仏を取り囲む四体の仏に通じる。ストゥーパの配置もまた、曼荼羅に似ている。ボロブドゥールでは五層の方形壇の上に三層からなる円壇が乗り、その最頂部にドーム状ストゥーパが位置しており、全体が階段ピラミッドのように構成されている。そして上の壇に上がるための階段が各方向に設けられている。

方形壇の第一層から第四層の仏像は92体ずつがそれぞれの方角を向いており、その姿は方位ごとに全く同一である。東方に向いているのはすべて触地印の印相をなす阿閦仏、南方には施与印の印相をなす宝生仏、西方には禅定印の印相をなす阿弥陀仏、そして北方には施無畏印の印相をなす不空成就仏である。方形壇最上層の64体の仏像は四方向ですべて同一な印相をなしており、これは説法印をなす毘盧遮那仏と考えられる。三層の円壇上の、目透かし格子の仏塔の中におさめられた仏像は全部で72体あり、すべて転法輪印の印相をなしているが、金剛輪を象徴する智拳印の印相であるとの説もある。このような諸仏の配置は、金剛界曼荼羅で四体の仏が中央の大日如来を取り囲むさまと、方角に至るまで一致している。

仏教寺院としてのボロブドゥールは、古代ジャワにおける仏教について知る上で欠かせない、格好の教科書であるといえよう。本稿で検討したのは同寺院に関わる幾つもの問題点の一つにすぎないが、ボロブドゥールが立体曼荼羅を表しているのは確かであると思われる。今後の更なる調査が期待される。

(ティンブル ハリョノ・ジョグジャカルタ市ガジャマダ大学人文科学部考古学教授)

参考文献

Bernet Kempers, A.J.

1959 *Ancient Indonesian Art*. Amsterdam : C.P.J.van der Peet.

1976 *Ageless Borobudur*. Wassenaar : Servire

De Casparis, J.G.

1950 *Inscripties uit de Çailendra-tijd. Prasasti Indonesia I.*

Dorjee, Pema

2001 *Stupa and Its Technology : A Tibeto-Buddhist Perspective*. New Delhi : Indira Gandhi National Centre for the Arts and Motilal Banarsidass Publishers Private Limited

Dumarçay, Jacques

1978 *Borobudur*. Singapore, Oxford, New York: Oxford University Press.

Fontein, Jan

1989 *The law of Cause and Effect in Ancient Java*. Amsterdam : Koninklijke Nederlandse Akademie van Watenschappen, Verhandelingen Afdeling Letterkunde, n.s., vol.140.

Kandahjaya, Hudaya

1995 *The Master Key for Reading Borobudur Symbolism*. Bandung : Yayasan Penerbit Karaniya.

2004 A Study on the Origin and Significance of Borobudur. Dissertation, Berkeley, California

Klokke, M.J.

1995 "Borobudur : A Mandala?" In *International Institute for Asian Studies Yearbook*, pp.191-219.

1996 "Borobudur A Mandala? A Contextual Approach to the Function a Meaning of Borobudur" in *Pertemuan Ilmiah Arkeologi VII*, Jakarta : Pusat Penelitian Arkeologi, jilid II pp. 1-27.

Krom, N.J.

1929 *Beschrijving van Barabudur*. Vol. I.

Miksic, John

n.d. "Borobudur and the Rise of Buddhism" , In John Miksic (ed.) *Ancient History*, Singapore : Archipelago Press, pp. 66-67.

Pigeaud, Th.G.Th

1960-3 *Java in the Fourteenth Century. A Study in Cultural History*. 5 vols. 's-Gravenhage : Martinus Nijhoff

Poesponegoro, M. dan Nugroho Notosusanto

1984 *Sejarah Nasional Indonesia*. (National History of Indonesia). 6 vols. Jakarta : P.N.Balai Pustaka

Snodgrass, Adrian

1985 *The Symbolism of the Stupa*. New York : Southeast Asia Program, Cornell University.

Stutterheim, W.F.

1929 *Candi Borobudur . Naam, Vorm en Beteekenis.*

1933 Is Candi Barabudur een mandala, *Jawa 13:233-237*

1956 Candi Barabudur Name, Form, and Function, In W.F. Stutterheim, *Studies in Indonesian Archaeology*. The Hague : Martinus Ni jhoff

[報　告]

古代日本人の霊魂観

河　野　　　訓

1　大仏開眼と開眼供養

1）開眼供養と入魂（大仏開眼の背景となった霊魂観）

『続日本紀』によれば東大寺では大仏が完成した後、天平勝宝4年（752）4月に開眼供養が行われている。孝謙天皇は文武百官を率いて行幸し、一万人の僧を招き斎会（僧侶に食事を施す法会）が行われたと伝えられている。この時の様子は

　佛法東歸齋會之儀未嘗有如此之盛也。(1)

と記され、仏教が東方すなわち日本に伝わって以来このような盛儀はなかったという。この時に行われたのが開眼供養という法要である。開眼供養とは一般に仏像に魂を入れる儀式とされている。

以下、開眼供養の歴史を日本、中国、インドと遡り、一方で古代日本人の霊魂観と祖先の供養をみていくことにする。

日本における開眼供養というのは東大寺の大仏の開眼供養以前にも記録がある。『日本書紀』の天智天皇10年（671）10月に内裏で百仏の開眼が行われたと記録されている。

　辛未、於内裏開百佛眼。

辛未は8日に当たる。ただし、前後の記述からこの時の百仏は織物の仏像であろうと考えられている。

ついで持統天皇11年（697）7月、飛鳥の薬師寺で開眼会が催されたことが記されている。

　癸亥、公卿・百寮、設開仏眼会於薬師寺。

癸亥は29日に当たる。

また『上宮聖徳法王帝説』裏書には次のような記事がある。

　乙酉年三月廿五日點佛眼。山田寺是也。(2)

乙酉の年とは天武天皇14年（685）であり、その3月25日に山田寺の丈六の仏像の開眼がなされたことをいうのであろう。

織物の仏像であれ、仏画、木彫りあるいは金銅仏であれ、仏像が製作されて、それがただの布や木ではなく、宗教的に意味のあるものとされるには何らかの儀式を伴ったはずであり、その儀式により仏の魂が迎え入れられ、崇拝の対象とされたのである。

東大寺大仏の開眼にあたっては『東大寺要録』巻三によれば聖武太上天皇に代わって菩提（遷那）僧正が筆をとって開眼している。その時の筆に開眼縷が付けられており、それによって参列者が開眼の功徳にあずかったとされている(3)。

では次に、当時の日本に強い影響を与えた中国の開眼供養について考えてみたい。

2）中国における開眼供養

日本で行われた開眼供養と同様な儀礼がすでに中国の唐の時代に行われていた。『仏祖統紀』（南宋・志磐撰）の唐の貞観八年の条に次のようにある。

（太宗）詔為穆太后建弘福寺。車駕親臨自開佛眼(4)。

これによれば、唐の貞観８年（634)、唐の第二代皇帝太宗は詔して穆大后のために弘福寺を建立し、出向いていって自らその場に臨み、自ら仏の眼を開いている。弘福寺というのは、のちに玄奘もとどまり、道宣らと仏典の漢訳を行ったとされる寺院で、その建立の際の供養を記している記事である。

その時に何が行われたかはわからないが、盛大な開眼の法要が執り行われたことが推察される。

開眼供養の式次第については唐代のものではないが、10世紀末、宋代に施護の訳した『佛説一切如来安像三昧儀軌経』に述べられている。

然得於彼寺舎殿塔之内造諸尊像。若所造佛像儀相闕少、不得安像慶讃。若儀相不圓、令彼衆生現世未來得大苦怖。是故一心求造圓滿。若圓滿已、令前知法阿闍梨依真言儀軌請佛安像供養慶讃。即得如來賢聖降臨隨喜成就功德。若造像畢已經久時而不行安像慶讃、於其後時反獲不吉。設復有人供養禮拜、終無福利。（中略）

如是供養儀則既已周備、復為佛像開眼之光明。如點眼相似。即誦開眼光真言二道。……

（『佛説一切如来安像三昧儀軌経』前段大正21、933中、後段同934下）

初めの部分は安像慶讃の必要性を説いた部分である。造られた仏像に仏像なりの風采が備わっていなければ安像の慶讃はできず、仏像なりの姿形が欠けている場合には未来に大苦怖をもたらすという。円満に像が造られた場合、安像供養の慶讃をすれば、如来賢聖が降臨してきて功徳も成就するという。像を造って長い間安像の慶讃を行わない場合には逆に吉ならざることが起こり、たとえ誰かが供養礼拝したとしても福利はないだろうと述べている。

後半は実際の法要のなかの開眼の場面である。省略しているが、法要では仏像の沐浴の後、種々の真言が唱えられながら香華などの供養がなされ、次に引用の開眼の場面になる。眼を点ずるような仕草をして眼の光を開く真言を二つ唱えられ、法要はこのあと護摩へと続く。

日本では伝統的に開眼に「事の開眼」と「理の開眼」の二つがあるとされる。『黒谷上人語灯録（和語灯）』巻十五に次のようにある。

開眼ト申スハ本体ハ仏師カマナコヲイレヒラキマイラセ候ヲ申候也。コレヲハ事ノ開眼ト申候也。ツギニ僧ノ仏眼ノ真言ヲモテマナコヲヒラキ、大日ノ真言ヲモテホトケノ一切ノ功徳ヲ成就シ候ヲハ理ノ開眼ト申候也（大正83、228上）

即ち、仏師が仏像に眼を入れて開くことを事の開眼といい、僧が仏眼の真言によって眼を開き、大日の真言によって仏の一切の功徳を成就することを理の開眼といっている。

3）インドの神像の開眼

中国の密教文献において安像に関する記述があるということは、インドにおける儀式に遡りうる可能性を示している。

開眼供養にあたることばはプラティシュター（Skt. pratiṣṭā）であり、インド密教におけるプラティシュターについては金沢大学の森雅秀氏がインド後期密教の代表的な儀礼文献である『ヴァジュラーヴァリー』（Vajrāvalī）に基づいて、11、12世紀頃の仏教徒によるプラティシュターを紹介している[(5)]。このようなインド密教の儀式のおおもとにはヒンドゥー教の儀式が想定され、ヒンドゥー教の神像奉納儀礼及びリンガの奉納儀礼については愛知学院大学の引田弘道氏の論考及び関連する文献（Sāttvata Saṁhitā）の解釈付きの英訳がある[(6)]。

森雅秀氏の論文などに基づけば、プラティシュターは神像や仏像などの尊像、あるいは僧院、仏塔などの宗教的な施設が造られたときに、その最終段階で行われる儀式である。造られた仏像などが聖なるものとしての礼拝や崇拝の対象となるために、宗教的な意味つまり聖性を与える特定の儀式である。プラティシュターの対象となるのは僧院（vihāra）や仏塔（caitya）などの宗教的な施設、僧院の中の貯水池、庭園、教えを記した経典（pustaka）、念珠（akṣasūtra）をはじめとする仏具など様々である。

具体的にはプラティシュターの儀式は前半の「尊格の招請」と後半の「（狭義の）プラティシュター」の二部からなっている。後半部では、金の匙で、銀の椀に入れたバターと蜜を尊像の眼に塗る、といういわゆる開眼作法が執り行われる。

引田弘道氏の紹介するガルダ・プラーナにおける神像の開眼においては、青銅または銅の器に蜂蜜とヨーグルトを入れ、黄金の小さな棒をもって像の両目に塗る、とされている。

このような聖別の儀式は宗教を問わず行われるもので、仏像に関してのみいえば、大仏開眼供養においても「開眼」として眼が象徴的に考えられて、開眼の儀式が行われているが、要は聖別されること、その中に仏の魂が迎え入れられることに他ならない。

事の開眼とか、理の開眼というちの、事の開眼については所により方法が異なっているとしても、理の開眼という魂が入るということについては共通した考えがあるとみてよいであろう。

2　古代日本人の霊魂観

1）日本人の霊魂観

では、次に仏の魂という話から人の魂などいわゆる霊魂といわれるものを古代日本人がどのように見ていたか、という問題を考えたい。

民俗学という学問分野があるが、伝統的な生活文化･伝承を研究するもので、日本では柳田国男、折口信夫にはじまるとされている。その一人、折口信夫は日本人の魂観について深い考察をめぐら

した人であり、「霊魂の話[7]」という一文のなかで、「たま」と「たましい」について考察をすすめている。「たま」と「たましい」は違うもので、最初に「たま」の考えがあって、後に「たましい」の観念ができたという。日本人の「たま」に対する考え方には歴史的変化があり、日本の「神」は昔の言葉で表せば「たま」と称すべきものであり、それがいつか「神」と翻訳されてきた、という。「たま」は抽象的なもので、時あって姿を現す。「たま」には善悪の二方面があり、人間から見て善い部分が「神」となり、邪悪な方面が「もの」として考えられるようになったといっている。「もの」というのは物の怪など霊妙なはたらきをする存在で、妖怪などといわれるものである。折口信夫は「鬼の話」という一文のなかでは、以上の「たま」、「かみ」、「もの」に「おに」を加えて、この四つが日本の古代の信仰では代表的なものであるとしている[8]。

折口の論じている以外に古代の日本で自然物の威力・霊力を表していた言葉としては「チ」・「ヒ」・「ニ」等の語が挙げられる[9]。

霊魂観というと霊魂に関する見方ということになるが、霊魂というと人間の肉体に内在する身体霊ないしは生命原理であり、これは肉体を自由に出入りする存在即ち遊離霊あるいは遊離魂でもあり、死後も存続し、死者の人格を代表する様な存在であると考えられている。古代の日本人にはこういった霊魂以外に霊力についての観念も見られる。宇野圓空氏の『宗教民族学』の言葉を借りれば霊質、霊威、呪力などといわれるものがそれで、日本の国語にはそれがよく保存されている[10]。

「チ」とか、「ヒ」、「ニ」というのは一音節の語で単独には存在しないが、他の独立後または付属語と複合して、名詞や動詞として記紀や『万葉集』のなかで用いられている。土橋寛氏の所論[11]によれば、「ニ」というのは普通名詞の赤い色を表す「丹」(丹生を意味する丹、丹という字)、あるいは八坂瓊之曲玉の瓊などで赤い色、玉を意味するとともに、それに内在する霊力をも意味する。

「チ」も人間の血の血、お乳の乳そのものを意味するが、もとは生命力、霊力としての「チ」を内蔵するものとの観念に基づくとされる。「チ」を格とする神名は自然神に多く、雷の神格化が「イカヅチ」である。イカヅチの「イカ」はいかめしい、猛々しいさまをいう語であり、「ツ」は現代語の「の」であり、雷のありさまをよく表す語である。火の神格化は「カグツチ」、木が「ククノチ」、草が「ノツチ」という具合に神の名として『日本書紀』には出ている[12]。普通名詞では「ミヅチ」という蛇のような想像上の動物がいたとされるが、「ミ」は水の意味であるから、水の霊という意味になる。大蛇を表すオロチの「チ」も霊力を表す語である。

「ヒ」という語も霊力を表しており、『古事記』では天地開闢の初めに高天原に登場したとされる造化の三神の中に高御産巣日神、神御産巣日神という神があるが、その「ムスヒ」は天地万物を生み成す霊妙な神霊を意味している。「ムス」は生む、産まれるの意で、「ヒ」は霊力を表している。伊耶那岐命が黄泉の国から帰って来て阿波岐原で禊をしたときに成りませる神に八十禍津日神と大禍津日神がいるが、そのなかで禍津日といっているが、「マガ」は「ナオ」即ち直の反対の語で、曲がっていること、凶事・災厄・災いを意味する語、「ツ」は助詞、「ヒ」は霊力を意味する。

日本の古代の言葉では「ニ」「チ」「ヒ」などが霊力を意味する語であり、複合語の形で残り、霊魂そのものを指すのではなく、霊力の存在を広く認めていたことが伺える。

次に「たま」及び「たまふり」「たましづめ」についてであるが、『日本書紀』の天武天皇14年11月条では「招魂」と書いて「みたまふり」と訓ませている。あるいはまた、『延喜式』の四時祭では「鎮魂祭」と書いて「おほむたまふり」と訓んでいる[13]。この招魂とか鎮魂という漢語そのもののもつ意味は日本の古語で「たまふり」という語の意味するところとは違っている。職員令の鎮魂の義解に「招離遊之運魂、鎮身体之中府、故曰鎮魂[14]」とあるが、これによれば身体から遊離している魂を招き、身体の中に鎮めることから、鎮魂という、という。しかし、原田敏明の「「魂」について[15]」など先学の指摘しているとおりこの解釈は的を得ていないといわれている。本来は「令義解」の解釈とは違い、「たまふり」とは、魂を振るい起こしその威力を発現させること、を意味した。中国における類似の行事から招魂又は鎮魂と書かれていたために、後に、文字に支配されて「たましづめ」という語もできたのではないかとされている。

原田敏明はこの中で、霊魂観念には霊魂という言葉で考えられる個体的な若しくは人格的な存在である場合と、その働きとしての霊力など一種の非人格的な存在である場合があるが、古代日本人にあっては「たま」と称せられるものがその両者何れも包含していたとしている。

2）人間（死者）の霊魂に関する記事

現代人にとって霊魂というとき、霊力というよりどちらかといえば個体的、人格的な存在を想定するであろう。死んだ人間の霊魂について、日本の古い文献に幾つかその例見ることができる。

次は『古事記』下巻の顕宗天皇の記事である。

> 天皇深怨殺其父王之大長谷天皇、欲報其霊。（中略）
>
> 天皇詔之、欲報父王之仇、必悉破壊其陵。何少掘乎。答曰、所以為然者、父王之怨欲報其霊、是誠理也。然其大長谷天皇者、雖為父之怨、還為我之従父、亦治天下之天皇。（以下、略）

これは死後の霊魂についてふれた非常に珍しい箇所である。顕宗天皇の父は市辺忍歯王（市辺押磐皇子）といい、天皇位の継承を目されていた人であったのが、雄略天皇に狩に誘い出されて殺されてしまった。資料に出る大長谷天皇というのが雄略天皇で、顕宗天皇は父を殺した雄略天皇を深く怨んでその霊に報復しようとして、雄略天皇陵を破壊しようと思った。つまり、御陵を破壊することで亡くなった雄略天皇の霊魂に報復しようとしたのである。

中略のところでは顕宗天皇が御陵を破壊するために誰かを遣わそうとしたときに、同じく市辺忍歯王の子で父を雄略天皇に殺された兄の意ケ命（次の天皇である仁賢天皇）が「他の人を遣わしていけない、わたしが行く」と言って雄略天皇陵を破壊しに出かけた。しかし、意ケ命は雄略天皇の御陵のそばの土を少しだけ掘って帰り、顕宗天皇には、御陵を掘って壊した、と報告した。

それに対する顕宗天皇の言葉が引用の後半部分で、父の仇を討とうとすれば、その御陵を完全に破壊し尽くすところなのに、どうして少しだけ掘っただけなのか、と顕宗天皇は問いただした。兄の意ケ命がいうには、父の怨みをその霊魂にはたそうと思うのは誠にもっともなことである。しかし、大長谷天皇すなわち雄略天皇は父の怨敵といっても叔父であり、天皇でもあったのである。これに続く箇所では、御陵を破壊したら後世の人も非難するであろう。御陵のそばを少し掘るだけで

父の仇を討ちたいという自分らの気持ちは後世に伝わるであろう、と顕宗天皇に申し上げる。

雄略天皇の陵墓を破壊することでその霊魂に報復するというのは何を意味するかというと、一つには確かに雄略天皇の偉大さの象徴であるその陵を破壊することでその権威を失墜させようとするという意味もあるであろう。宗教という点から見るなら、確かに死後の霊魂の存在が意識されているし、陵墓を破壊するというのはその陵墓に雄略天皇の霊があると考えたとみてよいのではないか。墓のあるところに魂はあり続けるというのは、現代の日本人が普通にもっている霊魂観念である。『古事記』のこの物語もそのような霊魂観を象徴しているのではないか。[16]

次の例は『続日本紀』の聖武天皇の天平２年（730）９月29日条の記事である。

安藝・周防国人等妄説禍福、多集人衆、妖祠死魂、云有所祈。

安藝・周防の国の者で死者の魂をまじないまつっている人がいるのでこれを禁ずるという詔の一部で、この直後に行基の集団かと思われる平城京の東方の山に集まる人のことが書かれていて、これも同様に禁じられている。

以上が死者の霊魂について記している比較的古い史料である。

3　祖先崇拝

1）東アジアの祖先崇拝

祖先崇拝は中国を中心とした東アジアに共通してみられる習俗である。

かつて柳田国男は古来日本人の死後観について、『先祖の話』という一文の中で「千数百年の仏教の薫染にも拘わらず、死ねば魂は山に登っていくという感じ方が、今なほ意識の底に潜まっているらしい」と述べた。[17]昭和20年（1945）秋のことである。この考えは昭和24年に書かれた「魂の行くへ」という一文にも継承されている。[18]

柳田国男の述べた祖霊観については仏教界を中心として数々の批判がある。すなわち、本当に古代日本人が現代人のもつ祖霊観と同様なものをもっていたかどうかである。井之口章次氏は祖霊信仰の条件が整備されたのは近世初頭か、せいぜい中世末と推測されている。[19]

柳田国男の考えを支持する神道家も多い。現に神社本庁の外国人向け英文パンフレット（*The Japanese View on Ancestral Spirits*）では柳田国男の祖霊観が日本人のもつ祖霊に対する考えの一つとして紹介されている。[20]

盆行事とたま祭、先祖祭について、前田卓氏はわが国の盂蘭盆は仏典である『盂蘭盆経』の説くところとは全く関係なく、仏教渡来以前から日本人の間に存在していた「たま祭」の慣習と、外来の死者供養の行事とが融合して出来たものであろうとされる。[21]

その一方で田中久夫氏は、柳田国男が先祖祭を正月と盆の基調であると考え、日本の祭の根幹に先祖祭があって、それが正月と盆に典型的に現れていると理解していた、という。田中氏は日本の盆行事については『盂蘭盆経』による講会の定着とみている[22]（これについては後述する）。

たしかに、仏教が日本に伝来する以前に、死者の葬送儀式や死者ないし祖先崇拝は存在したであろうが、仏教渡来前の土俗的な死者、祖先崇拝を原型のままに復元することは困難とされている。

日本民族の形成については種々の論があろうが、縄文時代以来、数回にわたり渡来人が日本列島にやってきて、異なる文化を伝えたことは認められるところであり[23]、そこから普遍化できる形態を抽出することは困難であろう[24]。

次の史料は河内観心寺阿弥陀如来造像銘である。

戊午年十二月為命過名伊之沙古而其妻名汗麻尾古敬造弥陀仏像。

以此功徳願過往其夫及以七世父母生々世々恒生浄土。

乃至法界衆生悉同此願[25]。

戊午の年とあるのは阿弥陀仏の流行という観点から斉明天皇４年（658）をさすと考えられている。後半部分で、「此の功徳を以て願はくは過往ぎにし其の夫と、七世の父母と、生々世々、恒に浄土に生まれんことを。乃至、法界の衆生、悉く此の願を同にせんことを」といい、七世の父母が浄土に生まれることを願い、七世の父母の追善のために阿弥陀仏が造られたことがわかる。しかし、このようなことが日本独自のものではないことはすでに先学の指摘しているとおりである[26]。

次の二つの史料はいずれも龍門石窟造像記である。

○劉洛真兄弟造弥勒像記

延昌元年歳次壬辰十一月丁亥朔四日。

清信士弟子劉洛真兄弟為亡父母敬造弥勒像二区。

使亡父母託生紫微安楽之処。又願七世父母師僧眷属見在居門、

老者延年少者益算、便法解相生一時誠仏。所願如是。

○仙和寺尼道略造弥勒像記

永平四年十月七日。仙和寺尼道僧略造弥勒像一区。

生生世世見仏問法。

清信女同阿足、願現世安隠一切衆生並同斯願[27]。

永平４年及び延昌元年は北魏の元号でそれぞれ511年、512年にあたり、すでに中国で同様のものが存在していたことがわかる。例に挙げたものは弥勒仏の造像記であるが、阿弥陀仏のものもある。七世の父母の追善を願い、一切衆生が同様にこの願いを同じくせんことを願っている。

祖先の追善からくる祖先崇拝と仏教との習合は日本よりも中国で先に行われており、日本の仏教的な祖先崇拝はそれを踏襲したものであることがわかる。

このような仏教的な祖先崇拝の受容に対してわが国固有の祖霊信仰がどのように関係したかということについては前述のとおり種々の議論のあるところである。祖霊信仰が先に存在していたとみて、七世の父母を祖霊一般とし、その祖霊鎮魂の心情が仏教に新しい祖霊鎮魂の儀礼を見出し、仏像に仮託されて造像が盛んとなり、礼拝の対象となった、という考えがもっとも妥当ではないかと思われる。

2）六朝時代の仏教者の霊魂観

日本には大陸から直接、あるいは朝鮮半島を経由して渡来人が幾たびとなくわたってきている。

そのもたらした諸文化は中国の先進文化であり、仏教伝来前後について考えるなら、中国の六朝時代の思想を検討する必要がある。

では、日本に影響を与えた中国の六朝時代の霊魂観はどうであったのであろうか。

中国では六朝時代に肉体が滅んだ後、精神も滅するのか、滅しないのかという、神滅論と神不滅論の論争が繰り広げられた。また、中国においては伝統的な徳目である孝との関連で、僧侶の祖先供養の可否が問題とされた。

神滅、神不滅論争について廬山の慧遠などの仏教者が皆、同じような神不滅論の立場をとったのかというと、微妙な違いはある。

いま、霊魂という語を用いているが、原語は「精神」、「魂神」、「神霊」、「神識」、「魂魄」、「識神」、「魂霊」、など多岐に亘っている。この時代の霊魂観を分かりやすく説明するためにレジュメに「生者の中にある霊魂」と「死者の霊魂」と二つの分類を示した。生きている人の霊魂と死んだ人の魂という意味である。死んだ人の魂というのは死後、転生する神であり、輪廻転生という思想に密接に関係するものであることはいうまでもない。

初めに死者の霊魂について述べたい。

次は4世紀に袁宏（328～376）によって撰述された『後漢紀』の中の一文である。

西域天竺有佛道。…又以爲人死精神不滅、 隨復受形。生時所行善惡皆有報應。故所貴行善修道以鍊精神而不已、以至無爲　而得爲佛也。…王公大人観死生報應之際莫不矍然自失。（『後漢紀』後漢孝明皇帝紀巻第十）

仏教では人が死んでも精神は不滅であり、ひきつづいて再び肉体を受ける。生前に行った善悪にはすべて応報があるから、善を行い、道を修めることを大切なこととし、精神を鍛錬してやむことなければ、無為（涅槃）に至り、仏となることができる、という。つまり精神は生前は鍛錬の対象であり、死後は次の肉体を受けるものとされている。袁宏は仏教者ではないが、仏教の教えを当時、注目の集まっていた神不滅と応報の角度からほぼ正確に叙述しており、この文は後に『後漢書』等仏教内外の書にも引用されている。

また、『晋書』には次のような逸話をのせる。

（王）坦之與沙門竺法師甚厚、毎共論幽明報應、便要先死者當報其事。後經年、師忽來云、貧道已死、罪福皆不虚。惟當勤修道徳、以升濟神明耳。（『晋書』巻75列伝第45）

東晋時代の王坦之（330～375）のもとに、親交のあった沙門竺法師が現れて、私は死んでしまった、生前の行いにしたがって禍福を受けなければならない（「罪福」）というのは嘘ではなかった、生前には道徳をよく修めて、魂（「神明」）を天に上らせ、救うようにつとめなければならない、といったという。竺法師の伝えた言葉から、一つには報応の思想が間違いのないものとされていること、一つには魂が救われるように道徳を修めるべきことが読みとれる。こういった報応説が六朝時代の仏教徒の関心の中心であったことがわかる。(28)

郗超（336～377）の『奉法要』は仏教教理の基本概念を説明し、仏教徒の実践すべき要義をまとめたものである。『奉法要』では霊魂という意味で神という語が用いられる箇所もあるが、郗超の

応報の考えでは善悪行の禍福は本人自らが受けるというのみであって、応報の主体としての魂神というものの考えは明示されていない。(29)

次に生者の中にある霊魂についてである。

東晋貴族仏教の代表的存在である支遁（314〜366）は貴族社会と交わり、知識人の清談に加わっていた。支遁が大品、小品般若経を比較した著作に付した序である『大小品対比要鈔序』では「神《しん》」についてこう述べている。

衆生之喪道、溺精神乎欲淵。（大55、55中）

且神以知來。夫知來者莫非其神也。（大55、56上）

衆生が道を失って、その「神」を欲望の淵に溺れさせているとか、「神」が未来を知るのである、未来を知るのはその人の「神」以外にはありえない、などと死後の霊魂としての「神」は説かれず、人のうちに存在する「神」のみが説かれている。支遁は『大小品対比要鈔序』の中では仏教の応報には触れてはいない。

廬山の慧遠（334〜416）は「神」（精神）と肉体の関係について、精神と肉体とは異なっているけれどもともに変化するもので、内なる霊魂と外なる肉体という違いはあっても渾然として一体をなしている、という。次に引く所論のように、慧遠は仏教者の立場から、自分のうちにある精神をみがくことを人々に求めている。

夫稱三昧者何。專思寂想之謂也。思專則志一不分。想寂則氣虛神朗。氣虛則智恬其照。神朗則無幽不徹。…此假修以凝神。積功以移性。（「念仏三昧詩集序」大52、351中）

故洗心靜亂者以之研慮。悟微入微者以之窮神也。（「廬山出修行方便禅経統序」大55、65下）

相顯於真境、則知迷情之可反。心本明於三觀、則睹玄路之可遊。然後練神達思水鏡六府、洗心淨慧擬跡聖門。（「阿毘曇心序」大55、72下）

人のうちにある精神について、形《にくたい》との関係、その不滅の立場、さらに三昧、禅、涅槃に関係させて、人のうちにある精神を磨き、窮めることが仏道修行の究極におかれていると考えている。(30)

では、先祖の供養とりわけ孝について、仏教側の具体的な対応はどうであったのか、インドから伝来してきた仏教にとって、中国の伝統思想ともっとも噛み合わない点といってもよいものに、仏教の出家と孝の問題がある。『弘明集』に収められている『理惑論』など、仏教と儒家の論点となったのは、僧侶が父母から受けた身体髪膚を損なって剃髪すること、出家することによって父母に対する孝養を放棄すること、家の後継ぎを残さないこと、先祖祭祀を行わないこと、などである。仏教の側では『盂蘭盆経』という孝行を説く経典が撰述されたのである。

次の資料は出家者の親孝行について浄影寺慧遠（523〜592）が仏教を弾圧したことで有名な北周の武帝の出した詔に対して行った反論である。

遠曰、詔云、退僧還家崇孝養者、孔経亦云、立身行道以顕父母。即是孝行。何必還家。帝曰、父母恩重交資色養。棄親向疏未成至孝。遠曰、若如是言、陛下左右皆有二親。何不放之。乃使長役五年不見父母。帝曰、朕亦依番上下得帰侍奉。遠曰、仏亦聴僧冬夏随縁修道、春秋帰家侍養。故目連乞食餉母。如来担棺臨葬。此理大通、未可独廃。（大正52、153下）(31)

詔の中で、父母の恩は重いのに、沙門は敬うことをしない、という。それに対して、慧遠は、出家者も春と秋に家に帰り父母を侍養するのである、という。出家者が春と秋には父母のもとに返り、孝行を尽くすことが浄影寺慧遠の頃には行われていたことを示唆する文献である。

3）日本の死者の魂の供養

先に造像銘についてみたが、死者の魂を供養する盂蘭盆会も飛鳥時代にすでに行われていた記録が残っている。『日本書紀』推古天皇14年（606）の条には

自是年初毎寺四月八日、七月十五日設斎。

とある。これが４月８日の灌仏会、７月15日の盂蘭盆会に関する最初の記事とされるものである。

斉明天皇３年（657）７月辛丑（15日）条には

辛丑、作須弥山像於飛鳥寺西、且設盂蘭瓮会。

とあり、盂蘭瓮（盆）会という語の初出である。

二つの記事の間が約五十年もあるが、この間も寺院では灌仏会、盂蘭盆会ともに行われ続けられたであろうことは想像に難くない[32]。

時代が聖武天皇の時代まで下るが、『続日本紀』には玄昉の死を記す場面で藤原広嗣の霊のために玄昉が殺された、という世人の評を伝えている。玄昉は遣唐使として養老元年（717）に唐に渡り、天平７年（735）に帰朝し、後の天平写経に用いられた経論五千余巻を将来した僧である。帰朝後、聖武天皇の観世音寺に左遷されて死ぬが、天平18年６月己亥（18日）条には

世相傳云、爲藤原廣嗣霊所害。

すなわち、玄昉の死は世間の人々には非業の死を遂げた広嗣の霊の祟りと思われたようで、後々の御霊信仰（貞観５年（863）神泉苑の御霊会など）に連なるものと考えられる。

4　古代日本人の霊魂観と仏教のまとめ

以上のような資料にもとづけば次のようなことがいえるのではないだろうか。

仏教が伝来する以前の古代の日本人は自然物に霊威を感じ、それを崇拝するようになったのであろう。これは現在、古代の素朴な祭祀形態をとどめている諸々の神社においてみることもできる[33]。

一方、『日本書紀』の天武天皇14年11月条にみられる「招魂」、あるいはまた『延喜式』で四時祭とされている「鎮魂祭」にしても、人間には霊（たま＝魂）があり、肉体から離れないようにするとともに、その活性化が試みられていた。

『日本書紀』の顕宗紀、あるいは『続日本紀』の聖武天皇の天平２年（730）の詔から考えられるように、死後も生前の人格を継承するような霊が存在していると考える傾向が強く、霊魂は葬られたところにあると考えられたのではないか。

さらに穏やかな死を迎えなかった霊魂は『続日本紀』の藤原広嗣の場合のように、死者の霊が祟るという考えも存在した。

古代日本においては仏教の霊魂観が伝えられると、大きな変化を余儀なくされた。推古紀、斉明

紀にみるような盂蘭盆会も行われるようになり、仏教の追善の考えが定着し、仏教のもたらした先祖供養のかたちが受け入れられ、祖先崇拝の大きな柱となるに至ったと考えられる。

（かわの さとし・皇學館大学助教授）

註

（1）以下、本論文における『日本書紀』、『続日本紀』の引用は新訂増補国史大系本による。

（2）『群書類従』傳部『上宮聖徳法王帝説』334頁。

（3）『東大寺要録』巻2「開眼師進佛前取筆開眼。亦筆着縄、令参集人等開眼了」（筒井英俊『東大寺要録』（全国書房　1944年））。

（4）『仏祖統紀』巻39、大正49、364中。

（5）森雅秀「インド密教におけるプラティシュター」（高野山大学密教文化研究所紀要第9号　1995年）。

（6）引田弘道「プラーナ文献に見る神像奉納儀礼」（愛知学院大学文学部紀要25　1995年）、Hiromichi Hikita "Sāttvata Saṁhitā: An Annotated Translation, Chapter 25 (1)" 愛知学院大学人間文化研究所紀要　人間文化10　1995年）。

（7）折口信夫「霊魂の話」（初出『古代研究』民俗学篇第2　1930年。『折口信夫全集』第3巻所収）。

（8）折口信夫「鬼の話」（初出『古代研究』民俗学篇第2　1930年。『折口信夫全集』第3巻所収）。折口のこのような考えに対して松村武雄は神話学の立場からわが国の古典的体系神話に登場する基礎的な宗教的表象として⑴チ（神秘的勢能）によって呼ばれる霊格、⑵タマ（霊魂若くは精霊）によって呼ばれる霊格、⑶カミ（人態的・人格的な霊格）によって呼ばれる霊格が認められ、それぞれが流動・変化をしてそれぞれのうちに若干の小段階を包有しつつ相互の混融過程が生起したとする。かくして日本の古典神話には⑴チ、タマ、カミそれぞれに基づく神話が混在し、⑵屡々チ的・タマ的な要素をカミ的な要素に包摂された霊格の神話が存在し、⑶それ以上に純粋にカミを中心とする神話が存在して、それが神話の本体をなすとしている。三者の相互関係については、⑴チが進展してカミとされた場合、⑵タマが進展してカミとされた場合があるが、⑶チとカミ、及びタマとカミには進展の可能性があるが、チとタマの間にはその可能性は全く若くは殆ど存在しなかった、という。（『日本神話の研究』第四巻第四章「古典神話に於ける霊格観」（培風館　1958年）。

（9）チ、ヒ、ニ等古代の霊格に関して溝口睦子氏は「記紀神話解釈の一つのこころみ」と題する諸論文（『文学』41巻10号、12号（以上、1973年）、同42巻2号、4号（以上、1974年）のなかで記紀に登場するすべての神々を（1）語尾の「神」の語をとっても名称として独立できるもの、（2）語尾の「神」の語を切り離すことのできないもの、（3）固有名詞としての名前をもたないものに類別し、そのうち（1）の類型としてイ.「神」を切り離したとき語尾が「チ」で終わる類型、ロ. 同じく「ミ」で終わる類型、ハ.「ネ」「ノ」で終わる類型、ニ.「ヒコ」「ヒメ」「ヲ」「メ」で終わる類型、ホ.「ヒ」で終わる類型、ヘ.「ヌシ」で終わる類型、ト.「タマ」で終わる類型、チ.「モチ」で終わる類型及びその他の八種を掲げ、各々を詳論している。（この論文の存在についてはシンポジウム終了後、白江恒夫芦屋大学教授のご教示をたまわったものである。厚く感謝したい。）

（10）宇野圓空『宗教民族学』（岡書院　1929年）。

（11）土橋寛『土橋寛論文集下』日本古代の呪祷と説話（塙書房　1989年）。土橋寛『日本語に探る古代信仰』（中公新書　1990年）。

（12）カグツチ（軻遇突智：『日本書紀』神代上第五段一書第二）、ククノチ（句句廼馳：同神代上第五段正文、同一書第六）、ノツチ（野槌：同神代上正文）。

（13）『延喜式』巻2　新訂増補国史大系本　42頁。

（14）『令義解』巻1　新訂増補国史大系本　29頁。

（15）原田敏明「「魂」について」（『宗教研究』新10巻5号　1933年）。

(16) 西宮一民「日本上代人の霊魂観」(『皇學館大学神道研究所紀要』2　1986年)。
(17) 柳田国男『先祖の話』(初出1946年。『定本柳田国男全集』第10巻　岩波書店　1962年)。
(18) 柳田国男「魂の行くへ」(『定本柳田国男全集』第15巻　岩波書店　1963年)。
(19) 井之口章次「柳田国男の祖霊信仰論」(『近畿民俗』109　近畿民俗学会　1986年)、同「柳田国男の仏教観」(『仏教民俗学大系』1　名著出版　1993年)。何れも同『生死の民俗』(岩田書院　2000年) 所収。
(20) T. Hideaki, *The Japanese View on Ancestral Spirits*, JINJA-HONCHO.
(21) 前田卓「死者への態度」(『密教文化』66　1964年)。
(22) 田中久夫『祖先祭祀の歴史と民族』(弘文堂　1986年)。
(23) 岡正雄「日本文化の基礎構造」(『日本民俗学大系』2　平凡社　1958年)、大林太良「神話論」(岩波講座『日本通史』第1巻　岩波書店　1993年)。
(24) 檜垣巧「日本と韓国の祖先崇拝」(『密教文化』145　1983年)。
(25)「観心寺阿弥陀如来造像銘」大谷大学編『日本金石図録』解説21頁 (二玄社　1972年)。
(26) 檜垣巧「中国仏教と祖先崇拝」(『密教文化』160　1987年)。竹田聴州『祖先崇拝』(平楽寺書店　1957年) ではほかに談山神社所蔵の宝塔の伏鉢の銘、天平写経の願銘も挙げる。
(27)「劉洛真兄弟造弥勒像記」拓殖大学図書館　佐藤安之助文庫「龍門石窟造像記」拓本分類目録　94～95頁、「仙和寺尼道略造弥勒像記」同114～115頁。
(28) 森三樹三郎『六朝士大夫の精神』152頁以下 (同朋舎出版　1986年)。
(29) 拙論「東晋時代の仏家の魂観」(『韓国仏教学結集大会論集』第2巻 (2)　2004年5月) 参照。
(30) 註(29)所掲拙論参照。
(31)『広弘明集』巻第10「周祖平斉召僧叙廃立抗拒事」(大正52、153上～154上)
(32) 田中久夫氏は盂蘭盆会の定着について、『続日本紀』天平5年 (733) 7月6日条に「始令大膳職修盂蘭盆供養」とあることに関し、「始」とあるからこのときから国家的な規模及び援助によって盂蘭盆会が行われるようになったと考えている。(『祖先祭祀の研究』202頁、212頁 (弘文堂　1978年))。
(33) 仏教の伝来以前について、下出積與氏が『神仙思想』(吉川弘文館　1968年) や『日本古代の道教・陰陽道と神祇』(同　1997年) のなかで主張するように神仙思想を中心とした民間道教の伝来が確実とみるなら、原日本人の霊魂観を明らかにするにはさらに民間道教に接する以前の日本人とそれ以降を分けるなど、さらに厳密な論を立てることが求められるが、渡来人が数次にわたり日本列島に来ったことを考えると、その考察は筆者の任に堪えない。本論では、仏教の伝来の与えた霊魂観の変化に注目し、それ以前をひと括りとした。

[コメント]

河野 訓「古代日本人の霊魂観」へのコメント

吉 津 宜 英

河野 訓氏の「古代日本人の霊魂観」へのコメントが求められた。河野氏は第一節において、最初に東大寺の大仏開眼を取り上げる。全体的にはその背景となった霊魂観を論じる。中国とインド仏教の開眼の用例も指摘する。第二節で古代日本人の霊魂観という主題を扱い、魂の多様性を取り上げつつ、特に死者の魂を論じる。第三節では死者に関連して祖先崇拝を論じ、中国の霊魂観との対比から日本人の霊魂観を浮き彫りにする。

さて、本論文へのコメントが求められているが、筆者は古代日本人の霊魂観について正面から論評することができない。河野氏が聖武天皇の大仏開眼供養に言及し、死霊の供養である先祖崇拝を論じていることに因んで、聖武天皇の仏教観を論じている二つの論文と、仏教伝来により死者の魂の扱いがどのように変化したかを論究した一つの著書を紹介することにより、コメンテイターとしての責務に代えることを了解願いたい。

論文の第一は石井公成氏の「聖武天皇の詔勅に見える誓願と呪詛」(石井公成『華厳思想の研究』所収、春秋社、1996年2月)である。石井氏は国分寺の創建の根拠となった金光明経と大仏建立に象徴される華厳経とが聖武天皇の仏教信仰において、どのような関係にあるかを問題提起する。

石井氏は天平13年(741)に発せられた国分寺創建の詔勅、翌年14年の大仏建立の詔勅、天平勝宝元年(749)の「華厳経為本」の詔勅の三つを分析し、そこにさまざまな誓願が述べられると同時に、その誓願に背くものへの厳しい呪詛のあることを指摘する。たとえば、最初の詔勅では国分寺ならびに国分尼寺創建による奉仏の善行の誓願から始まり、藤原氏の一族達の庇護などを願い、最後に「若し悪君邪臣にしてこの願を犯し破る者は、彼の人及び子孫、必ず災禍に遇い、世々長く無仏法の処に生れんことを願う」というように、誓願の形での呪詛が添えられている。この誓願もまた呪詛も仏法の守護神としての四天王を強調する金光明経の内容に根拠していることを明らかにする。

第二の大仏建立の詔勅では華厳経の毘盧舎那仏に触れていることは当然であるが、華厳経ですら護国・延命という四天王信仰や金光明経信仰の立場から関心を向けたと判断する。第三の詔勅はさすがに華厳経を表に出しているが、そこでも彼の金光明経への重視の姿勢は変わらず、華厳一乗の教えが四天王などの善神の活動を根源的に支えるものとして位置付けられているとする。

結論で、石井氏は聖武天皇の華厳信仰は金光明経を代表とする護国仏教の海に浮かぶ氷山に過ぎ

ないとし、その誓願と呪詛の構造は臣下たちに強烈な忠誠を強要する権威の源であり、彼の信仰はまた伝統的な神祇を取り込んで何ら矛盾のない構造であったとする。

この石井公成氏の論文に言及していないが、森本公誠氏の「東大寺と華厳経―聖武天皇による華厳経止揚への過程を追って―」（『南都仏教』83号、東大寺図書館、2003年12月）は石井氏と同様に華厳経と金光明経との関係を問う。森本氏も華厳経と金光明経を聖武天皇が国家指導の二本柱としたと結論付けるが、副題に見られるように森本氏は華厳経が聖武天皇の自覚において次第に止揚され、グレードアップした意義付けが成されてゆくとする。律令国家を護持するレベルでは金光明経は終始重要な経典の意義を失わなかったが、律令国家の範囲を超えた普遍的世界観の象徴としての華厳経が最高の教えとして選択され、毘盧舎那仏の鎮座する都城の建設こそが聖武天皇の夢であったと論じる。

さて、森本氏は「金光明経と律令国家」、「華厳経と聖武天皇」の二節で論究する。前者では金光明経の政治理念が明らかにされ、宣命などに見られる「現神」もしくは「明神」の成立の背景に金光明経の仏身論が反映しているとし、金光明経が天武・持統両天皇の律令国家建設に際し、その精神的バックボーンを提供したことは間違いなく、聖武天皇もそれを継承しているとする。

さて、華厳経と聖武天皇の関係であるが、天平12年（740）に難波の智識寺の毘盧舎那仏像を見たことが機縁となったという従来の通説に対して、天皇の宸翰『雑集』の中に唐代の僧、釈霊実が書いた「盧舎那像讃一首并序」が存在し、これが天平３年に書写されているから、天皇と華厳経との出会いは９年も早い段階で存在したことになる。

また、夭逝した基親王の菩提を弔うために山房を建立し、のちにここが金鐘寺とも、金鍾寺とも言われる寺となり、ここで審詳による華厳経の講説が行われる。森本氏はこの寺名について釣り鐘を意味する鐘よりも、壺を意味する鍾が正しいことを論証した。華厳経「十地品」に出る経文に拠るが、第十地法雲地において太子が転輪聖王に相応しい人物に成長した時に父王は黄金の瓶、すなわち金鍾を取り、太子に灌頂するという。まさに基親王への天皇の思いを込めて「金鍾寺」と名づけたことが明らかになったことは欣快である。

さらに天平12年の智識寺での毘盧舎那仏との出会いが、法身の具象化への志向、大仏造営を感得したこと、歴史家たちにより彼にマイナス評価が下される多くの遷都、これは実に毘盧舎那仏と都城とが一体化した宗教的都市空間の建設を目指す彼の真摯な模索の旅であったこと、ついに信楽の地にそれを成就しようとしながらも叶わず、平城京の地で妥協することになった経緯が語られる。

また、聖武天皇の行跡がいかに華厳経の経文に啓発された面があるかを指摘する。天皇が天平３年に巡幸の道すがら獄舎を訪い、囚人に慈愛の言葉を述べたことは華厳経「入法界品」の第39番目の善知識の話と符節が合い、また天皇が出家して、同時に退位する経緯も「入法界品」の第41番目の瞿夷夫人が善財童子に語った内容と合致するという。

以上、石井氏と森本氏の華厳経と金光明経に関する聖武天皇の依用についての論文を概観した。石井氏の「聖武天皇による華厳経信仰は金光明経を代表とする伝統的な護国仏教の海に浮かぶ氷山」という説は、森本氏の「聖武天皇の華厳経信仰は律令体制を護持する金光明経を超えて普遍的世界

を構築した世界」という説とかなり対照的である。森本氏には石井氏の誓願と呪詛という詔勅の分析に対して、石井氏には森本氏の華厳経止揚説に対して、それぞれ意見を聞きたいものである。

次に、河野氏が扱われた日本人の霊魂観を宗教学の立場から検討した池上良正氏の『死者の救済史―供養と憑依の宗教学―』（角川選書、2003年７月）を紹介したい。池上氏の本書では安らかな死者のイメージと、浮かばれない死者のイメージの中で、あえて後者に焦点を当てる。伝統的な日本の民族宗教では、後者をいかに前者に変えるかが最大の課題であった。祟り、障り、霊障があり、御霊、怨霊、幽霊などと呼ばれていた存在を、いかに祀り、祓い、鎮魂し、慰霊するかという問題である。

池上氏は仏教の輪廻転生の教えと追善回向（供養）の実践が、この困難な問題への解決を与えたところに仏教が日本に根付いた根拠を見る。浮かばれない死者は輪廻転生しているが、遺族や生者の追善供養が彼らを成仏へと導く。成仏とは個人が実現することが原意でありながら、他人が死者を成仏させる論理を外来宗教として日本に入った大乗仏教が具えていたことは幸いであった。

池上氏は供養に対して仏教の苦しむ死者救済のあり方としてもっと強力な調伏という儀礼も導入し、以下のような「苦しむ死者に対処する二つのシステム」を提案する（33頁、著者の図を取意的に文章化した）。

＊日本への仏教インパクト以後の後発システム
供養（仏教的功徳を死者に施し、救済を援助する）←→調伏（仏法の力により死者を教化し鎮める）

＊日本への仏教インパクト以前の在来システム
祟り―祭り（自分たちよりも強いと判断された死者を神として祀る）←→穢れ―祓い（自分たちより弱いと判断された死者を穢れた霊威として祓う）

供養は在来の「祟り―祭り」に、また調伏は「穢れ―祓い」にそれぞれ対応し、仏教システムは在来システムを正面から否定せず、むしろ巧みにこれと接合して効果を発揮した。両方が共存して、日本の民衆社会を生きてきたという。池上氏は本書の後半ではシャーマニズムを見直し、独特の憑依論を展開し、さらに時代を追って死者救済の歴史的展開を叙述するが、ここで詳論することはできない。

ただ、池上氏がこれまでの研究方法論の問題として、実体論を避けることに注目する。従来しばしば固有信仰対仏教、神（神道）対仏（仏教）という対比的論法が取られてきた。こうした特定の宗教や信仰が、まず完結した実体として存在するかのような発想は避けたいと言明する。うらみ苦しむ死者への対処というような一般生活者の個別的な思考・行動様式の襞に深く入り込む宗教の具体相を取り扱う場合には、たしかに実体論的な○○教や○○信仰をまるごと対比させるような方法には無理が生じやすい。むしろ人々が直面する現実問題を具体的に処理する思考・行動様式のシス

テムに着目する方法が有効であると述べ、池上氏は先ほどのようなシステムを提案する。

河野氏が分析的に説明しているように日本人の霊魂観は柳田国男や折口信夫などの民俗学の研究成果をベースにして進められてきた。ただ、仏教との議論になるとすぐに神仏習合に収斂してしまう。なぜそのような神仏習合現象が起きたのかという背景を考察することが重要である。その際に池上氏のシステム的考察は現在の硬直した原理論をより現実的な柔らかい議論にするために有効であると思料する。

（よしず よしひで・駒澤大学教授）